中国社会科学院登峰项目计划

中国民主发展丛书

主编：房 宁　执行主编：周少来

行动中的政治人
中国公民政治参与实证研究

郑建君 ⊙ 著

中国社会科学出版社

图书在版编目（CIP）数据

行动中的政治人：中国公民政治参与实证研究/郑建君著．—北京：中国社会科学出版社，2020.4（2021.6 重印）
（中国民主发展丛书）
ISBN 978 - 7 - 5203 - 6233 - 7

Ⅰ. ①行⋯　Ⅱ. ①郑⋯　Ⅲ. ①公民—参与管理—研究—中国　Ⅳ. ①D621

中国版本图书馆 CIP 数据核字（2020）第 059800 号

出 版 人	赵剑英
责任编辑	马　明
责任校对	任晓晓
责任印制	王　超

出　　版	中国社会科学出版社
社　　址	北京鼓楼西大街甲 158 号
邮　　编	100720
网　　址	http://www.csspw.cn
发 行 部	010 - 84083685
门 市 部	010 - 84029450
经　　销	新华书店及其他书店
印　　刷	北京明恒达印务有限公司
装　　订	廊坊市广阳区广增装订厂
版　　次	2020 年 4 月第 1 版
印　　次	2021 年 6 月第 2 次印刷
开　　本	710×1000　1/16
印　　张	18
插　　页	2
字　　数	316 千字
定　　价	88.00 元

凡购买中国社会科学出版社图书，如有质量问题请与本社营销中心联系调换
电话：010 - 84083683
版权所有　侵权必究

《中国民主发展丛书》
编委会

主　　　编：房　宁

执行主编：周少来

编委会成员：(以姓氏笔画为序)

　　　　　　王炳权　冯　军　田改伟　卢春龙
　　　　　　陈红太　房　宁　佟德志　周少来
　　　　　　周庆智　赵岳红　赵秀玲　季正聚

编　　　务：李　梅　张　君

总序　构建中国特色民主发展理论

伟大的时代需要伟大的理论，中国特色的现代化实践呼唤和催生中国特色的民主发展理论。

新中国成立后特别是改革开放以来，历经一次次艰难探索和实践创新，中国的工业化、现代化建设终于取得了历史性突破，中国正在步入以工业化、城市化为主要特征的全面小康社会。在这一进程中，中国的社会结构、利益关系、生活方式、思想文化等都处于巨大的变动之中，并深刻地影响着中国的政治制度与体制，从根本上推动着中国的政治发展。一方面，经济社会的持续发展，在客观上对政治制度与体制提出了新的要求；另一方面，政治制度与体制，通过不断的改革，适应着经济社会发展的需要，并成为经济社会发展的必要保障。

中国迎来了实现全面建成小康和中华民族复兴的伟大时代。崛起的中国需要世界眼光、需要发展战略，崛起的中国同样需要智力支持、需要新的知识创新。正是时代与国家的需求，为包括政治学在内的社会科学提供了前所未有的巨大动力，同时也呼唤着中国政治学者加快构建有中国特色的民主发展理论。

理论探索：一代有一代之胜

不同的时代有不同的学问，从内容到方法都会有所区别。改革开放以来，中国政治学得到了恢复和发展，政治学界陆续介绍了大量西方政治学说，也对马克思主义政治理论和中国传统政治思想作了很多研究整理工作，这些都给政治学研究提供了丰富的滋养。然而，现在的问题是，中国政治学界在各式各样的理论面前，没有自己的经验系统，缺乏足够的判断和鉴别能力。因此，与西方政治学尤其是几十年前美国学者所做的一样，中国的政治学也要经历一个"经验主义"阶段，即以实证研究、经验性研究为主，系统研究总结本土社会实践和经验的发展时期。这也就是说，当代政治学者应当深入开展调查研究，全面系统深入地了解国情，更加注重现实问题的认识与解决。只有以调研、个案为基础，从点滴做起，像拼图一样，拼出一张中国政治发展的"地图"，中国特色民主发展理论的构建才有可能实现。

对于如何从经验层面推进中国本土政治学的研究，我们的体会是要注重"两个层次"和"一个视野"。其中，"两个层次"指的是顶层的政治实践和基层的政治实践，"一个视野"指的是政治研究的国际比较。顶层政治一般是指一国的意识形态、基本政治制度和政治发展战略，也就是我们常说的理论、路线、方针和政策，这里最核心的就是研究中国特色社会主义民主政治发展道路。对于普通政治研究者来说，研究顶层政治面临难以避免的障碍，存在社会学里所讲的"到场"问题。在无法"到场"的情况下，我们研究顶层政治主要是通过对重大政治事件的观察分析和对重要政治文献的文本解读、语言分析，以此帮助理解和认识中国政治的宏观发展。相比顶层政治，基层政治研究比较容易"到场"。政治学者可以通过现场观察、深度访谈、问卷调查等研究方法，对某些具有典型意义的基层政治实践进行全景式的扫描和分析，进行社会发展、政治进程的"场景再现"，这对于我们了解某一政治实践的具体发生机制、运行过程都十分有益。同时，由于在中国政治场景中，基层政治很大程度上能够映射出国家层面的政治问题，因此，基层政治研究做好了，也有助于我们加深对顶层政治的认识与理解。

此外，我们正在走中国特色社会主义发展道路，但这并不意味着中国的一切都是独有的，中国的发展需要参考和借鉴世界其他国家的经验教训，比较政治研究可以为更好地理解中国政治提供有益启示。毕竟，中国的事情有时在中国还真看不清，走出国门看看却能获得很多启发。

实践创新：为有源头活水来

政治科学本质上是经验科学，它有理论但不是空洞的，是从调查研究、从经验总结中逐渐升华而来的，一定走过"实践—经验—理论"的全过程，非此就谈不上理论创新。因此，中国特色民主发展理论的构建，必然要以改革开放以来的丰富实践经验为基础，进行系统的研究和总结，同时参照分析与我国历史起点相近、发展环境相似的那些国家和地区的政治发展进程。如果舍弃了这一"源头活水",那么就不可能产生真正为中国所需要的、反映时代精神的政治理论。

作为中国社会科学院唯一专职政治学研究的学术机构,政治学研究所历来高度重视本土政治学的建构工作,尤其是重视研究提炼中国特色民主发展理论。近十多年来,紧紧围绕这一主题,政治学研究所密切跟踪中国民主政治的发展进程,不断总结来自顶层和基层的政治实践经验,对中国的民主政治理论进行了深入探索,可以说在决策咨询和学术成果产出等多个方面都作出了一定的成绩。

在关注顶层政治实践方面,政治学研究所充分利用落实中央交办任务的有利契机,总结中国民主政治建设经验,不断强化咨政建言意识,通过高质量的对策研究成果,积极服务于党和政府决策。比如,2004—2005年,受国务院新闻办公室委托,专门组织研究力量,在大量专题调研基础上,广泛听取中央和国务院各部委意见,完成《中国的民主政治建设》白皮书的撰写工作,提出了衡量民主的客观标准,即"关键要看最广大人民的意愿是否得到了充分反映,最广大人民当家作主的权利是否得到了充分实现,最广大人民的合法权益是否得到了充分保障"。此外,按照中央要求,分别于2005—2006年、2007—2008年组织撰写了有关"中国民主政治重大理论研究""政治学领域重大理论问题研究"等主题的系列文章,进一步深入总结我国政治发展进程中的民主创新经验。

在跟踪基层政治实践方面,政治学研究所倡导经验性研究方式,提出"行万里路、读万卷书",大力提倡深入生活、深入基层、深入干部群众开展调查研究,全面系统了解国情、党情、民情、世情,关注重大现实问题的解决,不断总结实践经验,进一步推进理论探索和学术研究。例如,政治学研究所以2006年参加院重大调研"科学发展观在浙江的实践"为契机,在接下来的几年时间里,以浙江为样本,建立了一个省市县镇四级层面上的国情认知模式,开展了持续性、多层次的调查研究。2008—2009年,政治学研究所又参加了中组部交办的"中国国家吏治改革的目标与途径研究"重大调研项目,先后在中央部委和全国18个省市自治区开展了调研活动,对我国政治体制的关键部分即党政领导体制和干部选拔制度进行了比较系统的调查研究。2013年以来,政治学研究所牵头进行了"公民政治参与度调查""政治认同与政治稳定问题调查""中国人民主观的经验性调查"等多项全国范围的大规模调查,为总结我国社会主义民主政治建设经验提供了大量的基础性数据。另外，自我院哲学社会科学创新工程实施以来，政治学研究所加大实地调查研究力度，调研密度、频次、人数、时长等不断提高，全所科研人员由此对地方层面的治理实践有了更切身、更准确的认识和把握。

在借鉴国外政治发展经验方面，政治学研究所注重对工业化时代以来的各国政治发展状况与进程的调研。自 2008 年起，政治学研究所牵头成立"亚洲政治发展比较研究"课题组，在六年多的时间里，完成了对韩国、日本、印度尼西亚、泰国、新加坡、伊朗、越南、菲律宾、印度以及我国台湾地区政治发展经验的比较研究，基本理清了亚洲主要国家工业化过程中政治发展的内在规律，初步完成了对这些国家政治转型的动力学研究。目前，正在考虑将这项研究延伸到欧美等地区，希望对全世界 20 个左右不同类型的国家进行系统考察研究，深入探索工业化、现代化条件下的政治状况与政治发展规律等问题。

正是由于扎扎实实的调研带来了宝贵的"源头活水"，政治学研究所的科研产出得以显著提升，对中国政治发展进程的思考不断走向深入和成熟，近几年来陆续出版了《民主的中国经验》、《中国的民主道路》、《自由 威权 多元——东亚政治发展研究报告》、《民主与发展——亚洲工业化时代的民主政治研究》、《东亚民主生成的历史逻辑》、《中国政治参与报告》（2013—2016）《中国基层治理发展报告》（2015—2016）等一系列著作，为构建中国特色民主发展理论打下了坚实基础。

未来构建：吾将上下而求索

西方谚语有云，罗马城不是一天建成的。政治理论的构建，也不可能毕其功于一役。未来前路漫漫，政治学研究所将继续深入探究中国特色社会主义民主政治，有序推进中国特色民主发展理论的构建工作。

回顾改革开放近四十年来的政治发展历程，可以将中国特色社会主义民主政治建设的主要内容，归结为党内民主、人大民主、协商民主、基层民主和治理民主等五个方面。这其中，"党内民主是党的生命"已经成为全党共识，党内民主的核心内容是尊重党员主体地位，保障党员的民主权利，将党员的知情权、参与权、选举权、监督权落到实处。人大民主事关人民主权的制度落实，是广大人民参与国家权力和公共决策的根本渠道，是最重要、最主要的民主实现形式，同时也是未来我国民主发展的根本任务。协商民主是符合中国国情的民主实现形式，能够比较有效地克服选举民主的一些缺陷，广泛、多层、制度化的协商民主创新，将极大地提升中国民主的品质和内涵。基层民主直接关系到广大人民群众的切身政治权利，是发展社会主义民主政治的基础性工程，一直以来也是我国民主政治建设的重中之重。治理民主以治理为核心，在治理中吸纳公民参与，在公民参与中提升治理品质，其实践形式具有条件性和多样性，目的是在公共生活的各个领域实现民主的价值。

从上述五个方面出发，在以往国内外大量调研和不断思考基础上，我们考虑正式推出"中国民主发展丛书"。丛书涉及的主题包括但不限于：民主社会的理论构建、中国的协商民主与国家治理、地方政府创新与民主治理、基层民主与乡村社会治理、基层民主与社会组织参与等等。

我们完全有理由相信，从本土政治学研究的基础性工作做起，从全面观察和厘清当代中国政治发展的基本事实入手，不断探索民主发展的经验和规律，逐步深化对中国民主发展的认识和理解，继续推进中国特色的民主发展实践，中国特色民主发展理论终会呈现在世界面前。

房　宁

2017 年 3 月

前　言

在中国特色社会主义进入新时代的今天，中国特色社会主义在长期建设中取得了历史性成就、党和国家事业发生了历史性变革，特别是党的十八大以来取得了全方位、开创性的成就和深层次、根本性的变革，我国社会主要矛盾也已经从"人民日益增长的物质文化需要同落后的社会生产之间的矛盾"转化为"人民日益增长的美好生活需要和不平衡不充分的发展之间的矛盾"。所有这一切，在为我们提供了更为丰富的研究实践资源的同时，也对我们从事政治科学研究提出了新的、更高的要求。结合全面深化改革所提出的完善和发展中国特色社会主义制度、推进国家治理体系和治理能力现代化的总体目标，应更加重视对中国公民政治参与的理论与实践研究，为国家发展、民族复兴、社会稳定提供有益的研究支持。这其中，有关中国公民的政治参与研究，就是一个非常重要的研究主题。

围绕公民个体政治属性（即"政治人"）的思考以及关于公民个体政治参与的探究，一直以来都是以政治学为代表的社会科学领域关注的持续性重要议题。特别是改革开放以来的40多年间，在中国"政治人"以及政治参与研究方面，我国积累了大量具有重要理论价值和实践启示的成果发现。恰好我所在的工作单位——中国社会科学院政治学研究所，在上述领域具有良好的研究传统与积累。例如，1994年中国社会科学出版社出版《中国"政治人"：中国公民政治素质调查报告》（张明澍著），2002年人民出版社出版、由房宁和王炳权研究员领衔完成的《成长的中国：当代中国青年的国家民族意识研究》，2011年在社会科学文献出版社出版首部政治参与蓝皮书《中国政治参与报告（2011）》（房宁主编），2013年中国社会科学出版社出版《中国公民政策参与研究》（史卫民、郑建君等著），2013年社会科学文献出版社出版《中国人想要什么样民主：中国"政治人"2012》（张明澍著），2014年中国社会科学出版社出版《政治认同与危机压力》（史卫民、周庆智等著）等，这些研究成果不仅获得学术界的广泛好评与高度认可，更是为我们培养和打造了一支高水平的研究队伍。党的十八大以来，在中国社会科学院创新工程项目的资助和支持下，政治学研究所连续五年牵头主持开展了"中国公民政治参与"和"政治认同与政治稳定问题"等项目，在全国范围内进行大样本问卷调查，累计调查近5万人次，获得了宝贵的一手数据；同时，政治学研究所也通过"政治参与蓝皮书"这一发布平台，从2012年开始至2018年，利用大规模调查数据先后针对中国公民的政策参与、自治参与、选举参与、社团参与、表达参与、公共服务参与等内容出版《中国政治参与报告》多部（房宁主编、周庆智执行主编），形成了重要的科研成果发布机制和特色研究品牌效应。我于2010年进入中国社会科学院政治学研究所工作以来，有幸参与了上述研究项目的多数工作，并从中受到了系统的训练和有益的启发，在政治科学研究核心议题上逐步形成了基于政治心理学视角的研究领域与方向。本书所呈现的研究内容与发现，正是基于中国社会科学院政治学研究所多年来在中国公民政治参与研究项目和创新工程项目组近5年在有关"基层社会治理"的实地调查中所获得、积累的数据完成的。从总体上看，本书具有以下三点"特色"。

第一，本书在形式上表现为研究者个人的学术专著，实际上却在某种程度上代表了一个学术单位多位学者近30年对中国"政治人"及其政治参与研究主题的共同探索、持续思考与深耕总结。这其中，既有研究者对学术前沿的理论思考，也蕴含学术团队对现实问题的精准分析；所述内容，从变量选取、研究设计、样本抽样、数据分析以及结果分析等方面，均可有所体现和感受。

第二，本书基于政治心理学作为切入视角所开展的系列研究，在国内外有关中国"政治人"及其政治参与的研究中并不多见，这算是本书的第二点"特色"。特别是全书所呈现的系列研究发现，紧紧围绕政治心理科学这一主线，同时广泛借鉴相邻学科在相近研究主题上的关注重点，形成了较好的对政治学核心研究议题研究的科际整合效应。这一方面与整体学术团队对该领域研究趋势的掌握水平和前沿发展的引领意识有关，另一方面也与全所上下多年来重视学科建设所奠定的良好基础有关。

第三，本书所进行的系列研究，均采用实证研究范式中的量化分析方法完成，是对已有项目所积累数据资料深入挖掘分析的结果。在具体研究的推进过程中，我们秉持如下策略和理念，一是强化研究的理论基础，力戒纯数据模型驱动；二是提升变量测量的信度、效度水平，最大限度降低各类偏差的干扰；三是重视结合中国现实语境对结果的分析，避免脱离实际的"书斋"式研究。此外，本书研究在量化分析方法的运用上，特别强调"研究假设→数据检验"的执行路径，以凸显相关理论的指引者和研究者在其中的主体作用；据此，所获得的研究结果，具备了与既往研究相比较、与理论研究相印证的可能与能力。

这里需要特别指出的是，本书的完成与完善，还要感谢来自学术共同体的同行、学者的帮助和支持。本书所呈现的系列研究在推进和完成初期，曾先后在多地、多个学术会议向来自清华大学、北京大学、中国人民大学、北京师范大学、复旦大学、南京大学、浙江大学、中国政法大学、中山大学、武汉大学、南开大学、华东师范大学、华中师范大学、天津师范大学、厦门大学等高校和科研机构的老师、专家进行汇报与交流，并从中得到了许多中肯且富有建设性的意见和建议。在此，作为本书作者，我要再次向这些慷慨而充满智慧的同行、老师致以诚挚的谢意！

郑建君
2019年6月

目　录

第一章　绪论 ………………………………………………………（1）
　一　"政治人"：政治参与的重要行为主体 ……………………（1）
　二　政治心理与行为——本书研究的切入视角 ………………（4）
　三　本书聚焦的内容与研究框架 ………………………………（8）

第二章　中国公民选举参与：个体与区域因素的影响作用 …（11）
　一　引言 …………………………………………………………（11）
　二　数据获取、变量测量与调查设计 …………………………（19）
　三　影响公民选举参与的因素甄别：个体与区域两个水平 …（22）
　四　讨论与总结 …………………………………………………（27）

第三章　政治信任与选举参与：计划行为理论的分析框架 …（35）
　一　引言 …………………………………………………………（35）
　二　数据获取、变量测量与调查设计 …………………………（41）
　三　政治信任在政治效能感、参与意愿和行为关系中的作用…（43）
　四　讨论与总结 …………………………………………………（47）

第四章　政治信任、社会公正与政策参与心理的关系 ………（52）
　一　引言 …………………………………………………………（52）
　二　方法、设计与数据测量 ……………………………………（58）
　三　政治信任与参与心理的关系：基于社会公正的调节效应 …（60）
　四　讨论与总结 …………………………………………………（69）

第五章　政治参与行为的影响机制：政治知识的边界效应 …………（74）
  一　引言 ……………………………………………………………（74）
  二　样本情况、变量测量与过程设计 ……………………………（81）
  三　政治效能感与政治参与：参与意愿和政治知识的作用 ……（84）
  四　讨论与总结 ……………………………………………………（90）

第六章　政治知识与政治参与行为：社会公平、媒体使用的作用 ……（93）
  一　引言 ……………………………………………………………（93）
  二　研究方法与过程 ………………………………………………（103）
  三　认知对政治参与发生的影响：政治态度与行为偏好 ………（106）
  四　讨论与总结 ……………………………………………………（113）

第七章　社团参与行为的影响机制：个体认知、态度与社团有效性 …………………………………………………………（117）
  一　引言 ……………………………………………………………（117）
  二　数据获取、变量测量与调查设计 ……………………………（121）
  三　社团参与的影响机制：假设检验与分析 ……………………（125）
  四　讨论与总结 ……………………………………………………（142）

第八章　青年群体政策参与的认知、态度与行为 ………………（146）
  一　引言 ……………………………………………………………（146）
  二　数据来源与研究设计 …………………………………………（149）
  三　结果与分析 ……………………………………………………（151）
  四　讨论与总结 ……………………………………………………（160）

第九章　政治认同与国家稳定：青年群体政治参与的作用 ………（164）
  一　引言 ……………………………………………………………（164）
  二　样本情况与研究方法 …………………………………………（168）
  三　政治沟通中介作用、政治参与调节作用的检验与分析 ……（170）
  四　讨论与总结 ……………………………………………………（174）

第十章　基于女性群体偏好特征的政策参与分析 ……（178）
一　引言 ……（178）
二　数据来源、研究设计与方法过程 ……（181）
三　女性群体政策偏好特征下的政治参与差异表现 ……（184）
四　讨论与总结 ……（188）

第十一章　政治参与和公共服务满意度的关系：基于性别的差异比较 ……（192）
一　引言 ……（192）
二　研究方法与设计 ……（195）
三　政治参与影响效果的性别差异分析 ……（198）
四　讨论与总结 ……（201）

第十二章　公共服务满意度的影响机制（一）：基于政治参与的链式多重中介效应检验 ……（205）
一　引言 ……（205）
二　数据获取、变量测量与调查设计 ……（209）
三　统计检验结果与分析 ……（211）
四　讨论与总结 ……（214）

第十三章　公共服务满意度的影响机制（二）：基于政治参与的有调节的中介效应检验 ……（217）
一　引言 ……（217）
二　数据获取、变量测量与调查设计 ……（223）
三　统计分析与模型检验 ……（225）
四　讨论与总结 ……（229）

第十四章　总结与思考 ……（233）
一　影响政治参与的多维路径 ……（233）
二　政治参与发生条件的确认：基于政治心理的探索 ……（236）

三　政治参与的作用与意义 …………………………………………（238）
四　未来研究的展望：中国公民的政治社会化 ……………………（240）

参考文献 ………………………………………………………………（245）

第一章 绪论

一 "政治人":政治参与的重要行为主体

早在古希腊时期,亚里士多德就提出了"人是天生的政治动物"这一论述,向我们展示了有关"政治人"的命题和假设。这一假设的基本内涵强调,人是一种具有社会性的、具有利益协调能力的,并追求友善合作,追求社会至善和谐的动物。[1] 同时,马克思在《1857—1858年经济学手稿》中指出,"人是最名副其实的政治动物,不仅是一种合群的动物,而且是只有在社会中才能独立的动物"。[2] 而"政治人"作为一个学术概念,最早出现在李普塞特的《政治人:政治的社会基础》一书,是对具有独立政治意识的公民的总称,也是对公民个体具有的各种政治特质的整合、抽象和概括。狭义的"政治人",主要是指那些真正成为现实政治基础的公民以及公民中那些对政治更有兴趣和更有权力的人。[3] 我国著名政治学家王惠岩根据马克思主义政治观将政治定义为"一定的阶级或社会集团为维护和实现本阶级的根本经济利益,而以国家政治权力为核心展开的各种社会活动和社会关系的总和"。据此,有研究者明确指出,所有的社会成员都属于"政治人"的范畴。[4]

政治参与强调公民以不同方式介入政治生活,是个体直接或间接地影响政治体系的构成、运行方式和规则以及公共政策的政治行为;[5] 作为现代民

---

[1] 曾狄:《"政治人"假设的丰富内涵和价值》,《西南民族大学学报》(人文社会科学版)2005年第1期。

[2] 《马克思恩格斯全集》第30卷,人民出版社1995年版,第25页。

[3] 陈义平:《政治人:铸模与发展——中国社会转型期的公民政治分析》,安徽大学出版社2002年版,第4页。

[4] 李云:《中国"政治人"政治心理的作用及其优化》,《求实》2007年第7期。

[5] Verba, S., Schlozman, K. L. and Brady, H. E., *Voice and Equality: Civic Voluntarism in American Politics*, Cambridge: Harvard University Press, 1995, pp. 1–38.

主社会发展的核心价值体现和构成要素，一方面，政治参与集中展现了个体在政治社会化过程中所具有的行为特征；另一方面，它还体现了个体在国家治理过程中的卷入水平和影响程度。个体从自然人、社会人向政治人的转变历程中，将会依托其所处的现实环境（包括家庭、学校、社会等场域）通过公共参与来习得政治知识与技能、形成政治态度与观念、承袭政治文化与信仰，进而不断推进其政治社会化的进程。由此可以说，个体成长为"政治人"的整个历程，其实就是其不断参与社会公共事务、持续进行政治社会化的动态过程。"政治人"所描述的是处于一定的政治体系和政治关系之中的具有一定政治意识和政治属性的政治行为主体。从这一界定可以看出，在"政治人"的概念中，本身就蕴含着政治参与的内涵，即"政治人"是个体在与所处政治环境进行互动的过程中形成的，这种互动实质上就是一种政治参与。[1]

从政治社会化的角度来看，"政治人"的培育必须依托于有序、有效的政治参与活动；[2] 同时，作为贯穿"政治人"一生发展路径重要的实现形式，个体是否能够有效参与政治活动，也是衡量其作为"政治人"是否成熟的重要标志。在政治社会化的进程之中，公民培育或政治教育是一个重要的推动要素。一方面，教育具有提升"政治人"民主意识、政治认知和知识技能的功能；另一方面，良好的教育还会孕育"政治人"政治行为的理智性、自主性及责任性的能力特质。所有这些，都是"政治人"嵌入社会政治生活、有效参与公共事务、与政治系统保持良好互动的重要基础因素。在转型中国的背景下，中国"政治人"的人格表现出明显的过渡性特征，[3] 其中有关"政治人"人格由"依附型"向"主体—独立型"过渡的内容，可以推广至所有身处政治系统与政治关系之中具有一定政治意识的群体；也就是说，从广义范围来看，中国"政治人"群体随着主体意识的增强，其对政治行为和政治事件的认知与判断具有更强的独立意识和主观能动性，特别是在政治活动的介入途径选择和实施方式表现上更具多元化倾向。在有关村民自治的研究中，研究者基于"政治人"在公共政治生活中所扮演的角色和表现出的态度来切入，来考察其在政治参与活动中的各色形态。其中，

---

[1] 王春虹：《政治人：多维视阈下的研究命题》，《北京行政学院学报》2008年第3期。
[2] 雷振文：《政治人的现代化与政治秩序调适——兼论转型期中国政治秩序调适的主体培育问题》，《晋阳学刊》2008年第3期。
[3] 王春虹：《转型期中国政治人的人格过渡性及其优化》，《新视野》2013年第6期。

除了有关于个人素质与公共参与表现的关系发现外,研究者还进一步发现,公民个体的责任感态度与公共理性认知对其公共参与的有效性和建设性更具促进意义。[①]

"政治人"是对特定政治共同体中的构成主体的概念化表述,不仅体现了现实的政治关系和政治模式,同时也对相应的政治文化做出了反映。[②] 而作为一种情境因素,政治文化的传承和发展,一方面蕴含着政治社会化的预期需求,另一方面还在某种程度上担负着对公民个体进行相关政治知识和技能的教育功能。因而,"政治人"概念的提出和对公民个体的"政治人"培育,本身就包含政治社会化的意涵及可能引发个体政治参与意识与行动的相关过程机制。张明澍在 1994 年发表的有关中国"政治人"的研究指出,中国的政治文化表现出明显的伦理性特征,在这种背景下中国人的政治活动更强调通过政治参与来实现和发扬其"人性善"的一面。因而,中国"政治人"的行为背后,常常蕴含传统文化观念所倡导的"天下兴亡、匹夫有责",而与西方国家"政治人"群体所强调的利益关注形成对比。[③] 时隔 20 年之后,中国社会科学院政治学研究所张明澍研究员再次发布了有关中国"政治人"的研究成果《中国人想要什么样民主:中国"政治人"2012》,在进一步对中国伦理主义政治文化进行分析的基础上,检验和分析了不同个体特征条件下中国"政治人"在政治观念、政治参与态度及行为、了解政治知识三个方面的表现及差异,并尝试对中国政治文化在 20 年间的发展与变化做出梳理、总结。[④] 尽管在测量方法、数据处理及结果分析与解释方面,张明澍新近完成的这次调查研究,仍有诸多值得商榷和改进的地方,但其所关注的中国"政治人"群体及其所获得的有关中国"政治人"的政治态度与参与行为特点的一些发现,仍旧是非常重要和值得今后持续关注的。

从政治稳定的角度来看,"政治人"不仅是公民参与社会政治生活的实

[①] 吴毅:《村治中的政治人——一个村庄村民公共参与和公共意识的分析》,《战略与管理》1998 年第 1 期。

[②] 虞崇胜、张星:《社会转型过程中的"政治人"——对"公民"概念中国境遇的政治学考察》,《云南行政学院学报》2011 年第 5 期。

[③] 张明澍:《中国"政治人":中国公民政治素质调查报告》,中国社会科学出版社 1994 年版,第 1—24 页。

[④] 张明澍:《中国人想要什么样民主:中国"政治人"2012》,社会科学文献出版社 2013 年版。

践主体，同时还是政治秩序的实践主体；也就是说，作为社会政治生活的重要维度，政治秩序的达成同样离不开"政治人"的参与和推动。[1] 有研究者在对李普赛特经典著作《政治人：政治的社会基础》中的相关内容进行分析、解读时指出，在政治与社会的互动过程中，公民个体的政治参与增强了容纳各种社会冲突、消减社会紧张关系的能力，其运作具有和发挥了维护政治系统稳定、维系政权合法性的作用；其逻辑在于，各阶层构成主体的政治权利获取与其政治参与密切关联，而有效的政治参与恰恰能够帮助社会多元主体通过有序或制度化的方式表达和实现其各自的利益诉求，进而减少社会冲突或可能的政治危机、增加个体指向政治系统的认同水平。[2] 现代社会政治发展的最终目的在于，实现稳定的民主社会生态。李普赛特将个体、社会与政治整合为一个整体形成了政治发展理论，特别强调"政治人"在特定社会政治场域中与政治体系进行良性互动，在现代社会经济基础上，通过其政治社会参与来实现现代社会的政治发展。[3] 有研究者针对中国民族地区社会政治稳定影响因素的研究发现，公民参与是其中所凸显出的重要构件，其中政治系统中政治权力、政治参与、政治透明度、政府能力和社会系统中社会安全、社会紧张、社会脆弱、社会评价等因素都暗含了公民的介入和参与。[4]

二 政治心理与行为——本书研究的切入视角

传统政治学研究多从法律、制度、政治系统运行以及社会历史的视角，去向人们展示政治过程中的各类现状、成因及相关关系。但这种偏中观和宏观层次的研究，所能提供的多是基于理性思考所获得的有关公民个体政治参与状况的理论假设、观点策略等内容，而对于其背后的形成过程、影响机制及相关因素之间的关系等问题却知之甚少或了解模糊。恰如有研究者在行为

---

[1] 雷振文：《政治人的现代化与政治秩序调适——兼论转型期中国政治秩序调适的主体培育问题》，《晋阳学刊》2008 年第 3 期。
[2] 王华华：《政治参与、政治吸纳与政权合法性的相生机理——重读李普塞特的〈政治人〉》，《理论导刊》2017 年第 7 期。
[3] 陈剩勇、徐珣：《民主的社会基础：利普塞特政治发展理论解读》，《浙江大学学报》（人文社会科学版）2009 年第 2 期。
[4] 陈自强：《西部民族地区社会政治稳定特点及突出影响因素分析——基于贵州 300 份抽样调查对象资料的基本分析》，《云南行政学院学报》2012 年第 1 期。

公共管理学的相关议题中总结、梳理的那样，"有关政治与政府的研究普遍缺乏对人类行为认知过程的关注"，进而表现出"致广大有余而尽精微不足"的现象。① 有关中国公民的政治参与，既往研究者对该议题的研究及视角切入，仍多基于政治学研究的传统路径与理论，较少或缺乏对制度、体制、法律、历史等以外的影响因素与作用机制开展研究分析，这在一定程度上并不利于我们对中国公民政治参与现状及成因机制背后的规律形成全面认知。而政治心理学为我们观察和分析各类政治活动以及相关活动主体背后的动机与因果机制，打开了一扇新的视窗，使人们可以透过个体背后的心理与行为特征去解读政治行为背后的逻辑与关系。

政治心理学是采用科学的研究方法对政治学与心理学领域中共有现象进行研究的交叉学科，并在其发展过程中表现出学科之间的双向互动与交互影响。从学科发展的内涵来看，主要包含两个面向，一是运用心理学的概念、理论和研究方法对政治学基本理论和社会政治现象进行科学的分析、描述、解释和验证；二是研究特定情境下政治进程的发生、发展对个体（或群体）的心理特征与行为方式的影响机制，并做出相应的预测与控制。② "人是天生的政治动物"，人类的诸多活动都是围绕着政治这一主题开展的；同时，人类在参与这些政治活动的过程中，又不可避免地受到其自身的心理特质的影响和作用。蒋云根在其有关"政治人"的心理的研究中指出，要想真正理解个体的政治行为，就必须深入理解其政治心理，只有这样才可能全面理解和把握包括政治过程在内的社会政治生活。③ 在特定政治系统内，公民作为政治参与的主体，其参与行为的实施以及在此过程中的表现更多是个体自身心理特征或主观偏好与所处政治环境互动之后的结果。因此，在观察、研究和解读"政治人"的参与行为时，不应忽视对政治制度之外的影响因素的分析，例如，涉及人性、认知、态度、观念和能力等内容的变量。

从学科发展的路径来看，自20世纪60年代以来，以选举中的选民投票为代表的政治参与行为研究，就一直是西方政治心理学乃至政治科学主要关

---

① 张书维、李纾：《行为公共管理学探新：内容、方法与趋势》，《公共行政评论》2018年第1期。
② 郑建君：《政治心理学研究的基本内容、方法与发展趋向》，《政治学研究》2011年第4期。
③ 蒋云根：《政治人的心理世界》，学林出版社2002年版，第4页。

注的内容和方向。① 李普赛特对"政治人"参与行为的关注,重点聚焦于选举投票这一形式,这是现代社会中最为常见的、参与规模最为广泛的政治参与行为之一。在分析和检验选举投票过程中个体参与表现影响机制时,不仅要关注那些来自政治参与行为主体所处政治系统和外部环境的因素,同时还要将隶属于行为主体自身的因素考虑进来,诸如政治认知状况、社会经济地位的客观状况与主观感知、政治效能感、参与意愿、政治信任、行为惯性与偏好等。② 在国外早期有关"政治人"的研究梳理中,有研究者从政治人格、政治社会化水平、信仰体系建构、政治知识的掌握程度等几个方面来定义和评价作为个体的"好公民"特征。③ 莱恩特别强调政治心理因素对个体"政治人"发展及行为的作用和意义,认为在"政治人"对外部政治环境刺激的反应和倾向特征中,其政治人格或性格具有重要的影响作用。

从人格的角度来看,公民个体会引起在社会政治生活中所扮演的角色不同而形成相对稳定的心理特征、心理过程、个性及外显行为倾向,即形态各异的"政治人"人格,这种基于人格特质的影响,会对其从事政治活动产生影响;④ 而这种影响并不是局限于狭义的"政治人"所定义的群体(那些对政治感兴趣、经常关心和了解政治,并积极参与政治活动的政治家、政府官员、公务员等),而是普遍显现于所有处于一定政治体系和政治关系中、具有一定政治意识的公民个体。

政治系统的稳定与民主机制的有效运转,均有赖于由政治价值观、政治认同、政权合法性基础等社会心理变量构成的政治文化因素;而上述稳定的政治系统所仰仗的社会心理和价值基础,恰恰是建基于不同社会阶层中"政治人"的参与行为而获得的,也就是说,政治体系合法性的构建,是通过"政治人"介入政治活动并享有平等的政治社会地位的方式来完成的。⑤ 作为一种实现政治秩序合理化的政治实践活动,政治秩序的调试离不开"政治人"的参与,而这种政治实践活动又与"政治人"健康的政治人格、

---

① 郑建君:《政治心理学研究的基本内容、方法与发展趋向》,《政治学研究》2011年第4期。
② 牟洪章:《政治人的困境与困境中的政治人——重读李普塞特的〈政治人〉有感》,《人民论坛》2012年第23期。
③ Lane, R. E., *Political Man*, New York: The Free Press, 1974, p. 328.
④ 王春虹:《转型期中国政治人的人格过渡性及其优化》,《新视野》2013年第6期。
⑤ 陈剩勇、徐珣:《民主的社会基础:利普塞特政治发展理论解读》,《浙江大学学报》(人文社会科学版)2009年第2期。

娴熟的政治技能和现代政治理性密切相关。①

在社会公共事务的参与过程中,"政治人"是最为活跃和基本的政治行为主体,是李普塞特所强调的推动政治发展的社会基础。与此对应,将"政治人"进一步具化为独立的个体,其行为不仅受到所处社会关系和自我利益关联特征的影响,同时还与其自身的政治心理特质相关联。公民个体会根据所持有的认知评价系统、政治情感与态度、社会情境知觉、政治信仰与价值观念等,产生和表现出独特的政治参与心理与行为。个体的思想品德结构是其政治属性的外在反映,而人的政治属性代表了其思想品德结构建构的核心主导要素。依据王春虹对个体思想品德结构的建构假设,可将其视作基于心理、观念与行为三个因素构成的多维结构系统。因而,在对个体政治属性抽象化概括的"政治人"进行分析时,至少不应当忽略上述个体主观特质的影响作用。② "政治人"对于现代社会的政治发展的意义是通过其政治行为得以显现的,因而如何激发以及理解政治热情、参与意识和意愿对政治行为的影响,首先要从个体的主观心理层面去把握其与现实社会的关联,进而明确其在社会公共事务的参与过程中表现出这种程度的积极性与主动性。③ 上述这些内容,都涉及"政治人"的心理问题,也是我们准确认知中国"政治人"政治参与现状不可或缺的分析视角与工具。

综上所述,本书对中国"政治人"政治参与的研究分析,正是以政治心理学为其切入视角,即通过涉入与中国"政治人"政治心理与行为有关的研究变量,进而对中国公民政治参与心理与行为的影响机制、作用条件及其在日常社会政治生活和社会治理实践中的功能意义做出分析与解释。如此设计和操作,原因有三:第一,通过政治心理学的理论与方法来观察和分析当前中国"政治人"的政治参与行为,为我们全面理解和把握当前中国公民政治参与的现状与发展走向,提供了不可或缺的工具与视角。据此所获得的研究发现与结论,可与既往政治学规范研究所积累的大量成果形成对应和相互补充,进而使我们对中国公民政治参与问题的理解与把握逐步向"既广大又精微"迈进。第二,中国"政治人"这一研究主题,是理解中国社会政治生活中诸多现实问题与现象的重要关注构成,特别是涉及行为主体在

---

① 雷振文:《政治人的现代化与政治秩序调适——兼论转型期中国政治秩序调适的主体培育问题》,《晋阳学刊》2008年第3期。
② 王春虹:《政治人:多维视阈下的研究命题》,《北京行政学院学报》2008年第3期。
③ 蒋云根:《政治人的心理世界》,学林出版社2002年版,第44—81页。

各类政治活动中的参与表现，不能单纯依循政治制度体制、社会经济状况等环境要素展开分析讨论，还应加强对行为主体自身因素（诸如心理与行为特征）的关注，毕竟个体行为是在"人与环境"相互作用的基础上发生与发展的，唯有如此，方能准确把握其中的机制及作用条件。第三，政治参与是国家政治稳定、社会民主发展重要的影响因素和构成部分，这其中既有制度设计的因素，更有社会公众的"人心"、观念问题；也就是说，在一定的环境系统下，个体的心理与行为是如何驱动或影响其政治行为，进而对政治稳定和社会民主又将产生何种作用。因而，从公民个体的政治心理与行为视角予以切入，是最接近这一问题核心且不能忽视的研究操作策略选择。

三　本书聚焦的内容与研究框架

在过去的几十年里，中国"政治人"及其政治参与，一直是国内外学者关注的重要研究议题，并基于规范研究和实证研究等多种范式获得、积累了许多重要的研究成果。然而，在这些既往研究中，研究者更多是基于对中国"政治人"及其政治参与的描述分析为目的开展论述的，总体来看缺少以政治心理学为切入视角的系统化研究。为此，本书所涉及研究，主要是以中国"政治人"心理与行为的关键变量为基础，采用政治心理学量化分析的实证研究范式对中国公民的政治参与予以研究、解释，其重点不在于对中国"政治人"及其政治参与状况的描述分析，而是将关注点聚焦于其心理与行为背后的各种关系与机制。我们希望能够通过不断积累的实证研究证据，来逐步把握和厘清中国"政治人"政治参与表现背后的心理与行为规律。具体而言，本书的研究内容主要包括以下三个方面。

第一，中国"政治人"政治参与心理与行为的影响机制。个体的心理与行为，其发生和发展极为复杂，正所谓"世道人心、千变万化"。具体到中国"政治人"的政治参与，其背后的影响因素及机制，不单单要受到外在的环境要素的影响，同时也势必与行为主体自身的主观要素密切相关。对此，本书将用多半比例的篇幅对此内容进行系统研究。一方面，从政治心理学的关注视角，对可能驱动或阻碍中国"政治人"政治参与心理与行为的因素、变量及影响机制进行探索性分析，在确认可能存在的影响机制的基础上，进一步获取其机制如何发生的实证结果；另一方面，在政治心理学研究视角的基础上，努力实现跨学科研究的整合与融合，密切关注相邻社会科学学科的研究发展,将心理学、社会学、传播学、管理学等相关学科的研究发现与变量纳入我们的研究检验之中,最大限度实现科际互动与整合,进而尽可能向读者呈现接近现实情境下的有关中国"政治人"政治参与的本来图景。

第二,影响中国"政治人"政治参与心理与行为的作用条件。对此,既是一个研究内容的问题,又是一个研究方法论的问题,[①] 更是涉及政治科学研究所必须正视和回应的目标议题。在把握和理解中国"政治人"政治参与心理与行为影响机制的基础上,本书研究关注的另一个焦点在于,上述影响机制在何种条件下成立或发生何种程度的变化。之所以将其作为本书研究关注的第二个焦点问题,原因有二:一是要形成对中国"政治人"政治参与全面、系统的认识和把握,一方面要借助实证研究范式的技术方法,另一方面还要避免量化分析路径对研究主题造成的变量关系割裂,因而在研究假设模型的构建和研究设计操作的推进上,我们需要将上述两个方面做出兼顾与平衡;二是从研究发现的实践价值与推广来看,需要我们对中国"政治人"政治参与的各个阶段和相关细节,具有更为精准的判断和理解,这也是政治科学所强调的,需要对所关注政治现象与关系的发生及成立条件做出清晰界定。

第三,中国"政治人"政治参与心理与行为的功能表现。政治参与与国家稳定、社会发展之间具有天然的联系和影响关系,任何形式的政治参与都需放置于具体的社会政治生活中予以关注和解析。因此,本书研究的第三个问题,主要聚焦于中国"政治人"政治参与的功能表现。具体而言,本书对社会政治生活的情境设定,主要是政治参与心理与行为对稳定和发展的作用,一是关于在国家稳定影响机制中的功能发挥,二是关于在社会治理框架下对公民公共服务满意度影响机制的功能发挥。其中,在国家稳定的影响机制研究中,我们不仅将政治参与进一步细化,抽析出政治沟通这一特殊的政治参与形式作为中介变量,同时还对上述影响机制的性别差异进行了检验;而在社会治理框架下对公民公共服务满意度影响机制的研究中,我们通过对累积数据的分析对所构造的两个反映不同变量关系的模型进行了探索性研究检验,不仅使我们对此问题的认知与分析越发深入,同时也为我们未来

---

① 房宁:《规范性与经验性之争——试析政治学研究的基本方法》,《政治学研究》1997年第1期;房宁:《谈谈当代中国政治学方法论问题》,《政治学研究》2016年第1期。

的研究提供了更多可供选择的领域。

除以上三点核心关注之外，本书还对青年和女性两个特定群体的政治参与心理与行为的特点及变量关系进行了研究探索，从某种意义上来讲，也为我们后续研究主题（发展中的政治人：中国公民政治社会化研究）的开启奠定初步的基础。

第二章 中国公民选举参与：个体与区域因素的影响作用

一 引言

（一）问题提出

作为政治参与的重要形式之一，选举参与的本质在于普通公民在国家治理过程中的卷入及影响，是民主核心价值的具体体现。[①] 人民代表大会制度是我国的根本政治制度，在各级人大代表的选举过程中，县、乡两级人大代表是由选民直接选举产生。因此，县、乡两级人大代表选举，也成为我国公民直接参与政治活动的重要途径之一。自改革开放以来的40多年中，人大代表选举的制度建设与实践探索在其原有基础上取得了长足的发展，对推动构建具有中国特色社会主义民主发挥了重要的作用。与此同时，作为一种半竞争性的选举参与形式，选民在各级人大代表选举过程中的参与不足或参与冷漠的状况也日益突出，其实际的参与比率与预期存在一定的差距。特别是在剥离开（强制性）动员、委托投票等因素后，选民实际参与地方人大代表选举的情况并不乐观。一些研究者通过调查人大代表选举参与情况后发现：在具有选民资格的公民中，普通选民对基层人大代表选举的参与积极性偏低，实际参与各级人大代表的选举投票比例并不高，投票过程中的弃选或代投现象时有发生。[②] 孙龙等以北京区县人大代表选举为对象所进行的调查显示：从1993年到2003年，选民的亲自投票率从85.6%下降了12.6个百

[①] Cohen, A., Vigoda, E. and Samorly, A., "Analysis of the Mediating Effect of Personal-Psychological Variables on the Relationship Between Socioeconomic Status and Political Participation: A Structural Equations Framework", *Political Psychology*, Vol. 22, No. 4, 2001, pp. 727–757.

[②] 史卫民、雷兢璇：《直接选举：制度与过程》，中国社会科学出版社1991年版，第115页。

分点。① 对此，何种因素及其如何影响选民在人大代表选举中的参与表现，成为研究者关注和分析的焦点。

在影响选民参与选举的过程中，除了制度性因素外，个人和环境因素也在其中不可忽视并发挥着重要的影响作用。由此我们可以在现有体制基础上，将影响中国公民参与人大代表选举的过程和机制统合在两个方面：一是在参与主体层面，个体特征因素所导致的选举参与行为差异；二是在客观环境层面，区域特征因素所导致的相同特征个体的选举参与行为差异。本章尝试运用多层线性模型分析技术，将个体和区域两个层面的因素同时纳入模型开展实证研究，以期对厘清和理解不同层面诸因素影响选民参与人大代表选举提供科学参考。

（二）文献综述及研究假设

1. 来自个体水平的选举参与影响因素

研究普通选民在选举参与过程中的表现状况时，首先需要关注个体层次的解释变量。根据对现有文献的梳理分析，我们认为，在考察影响个体选举参与状况的诸变量中，个体因素中至少要涉及自然生物特征因素、社会经济特征因素和心理特征因素在内的三个类型。

在自然生物特征方面，选民的年龄和性别无疑是预测其选举参与状况的重要因素。从年龄与政治参与的关系来看，中年人群体处在人生的重要关口，其个人利益与政治生活形成了更为紧密的联系，因而其在政治参与过程中也更为积极和活跃。② 国内多位研究者的调查结果均发现，随着年龄的增长，村民在村委会选举中的参与程度有所提高，在达到一定高度后又随着年龄的增长而下降。③ 不管是否考虑选民之前的已有政治参与经验，年龄与投票参与均表现出倒"U"字形态；④ 国内针对人大代表选举的研究也发现，

---

① 孙龙、雷弢：《区县人大代表选举中的选民参与——对北京选民的追踪调查与比较分析》，《江苏行政学院学报》2007年第1期。

② Shi, T. J. and Lou, D. Q., "Subjective Evaluation of Changes in Civil Liberties and Political Rights in China", *Journal of Contemporary China*, Vol. 19, No. 63, 2010, pp. 175–199.

③ 胡荣：《社会资本与中国农村居民的地域性自主参与——影响村民在村级选举中参与的各因素分析》，《社会学研究》2006年第2期；孙昕、徐志刚、陶然、苏福兵：《政治信任、社会资本和村民选举参与——基于全国代表性样本调查的实证分析》，《社会学研究》2007年第4期。

④ Lu, J. and Shi, T. J., "Political Experience a Missing Variable in the Study of Political Transformation", *Comparative Politics*, Vol. 42, No. 1, 2009, pp. 103–120.

基层人大代表选举的投票率会随着年龄的增长出现先增后减的趋势。[1] 在针对北京地区的基层人大代表选举调查中，雷弢的调查研究显示：青年群体中消极参与型的个体比例相对较高，而中老年群体中积极参与型的个体比例相对较高。[2] 此外，多数有关选举参与的性别差异研究发现，男性在政治参与过程中表现得更为积极。[3] 特别是在中国农村地区，不同性别个体的实际投票率相差近30%（男性选民的选举参与比例约为90%）；男性"完整"参与率要高于女性，完全的名义投票的情况也要低于女性。[4] 当然，也有研究者的调查并未发现上述性别差异的存在，认为在实际的选举过程中，男性和女性选民的参与状况表现相近。[5]

在社会经济特征方面，主要包括身份属性和物质属性两个维度的因素。那些具有较好教育背景、较高个人收入的公民，其政治参与的积极性也越高。[6]对于中国农村地区而言，个体受教育水平的提升能够有效促进其参与选举投票的可能性。[7] 教育水平的变化不仅使公民个体在人大代表选举参与中表现得更为积极，而且随着文化水平的提高，在基层人大代表选举中的积极参与型个体的比例会有所提升，在具有大专及以上学历的人群中选民的投

---

[1] 邢春冰、罗楚亮：《社会信任与政治参与：城镇基层人大代表选举的居民投票行为》，《世界经济文汇》2011年第4期。

[2] 雷弢：《北京选民选举心态与参与行为调查》，《城市问题》1994年第5期。

[3] Vecchione, M. and Caprara, G. V., "Personality Determinants of Political Participation: The Contribution of Traits and Self-Efficacy Beliefs", *Personality & Individual Differences*, Vol. 46, No. 4, 2009, pp. 487 - 492.；胡荣：《社会资本与中国农村居民的地域性自主参与——影响村民在村级选举中参与的各因素分析》，《社会学研究》2006年第2期。

[4] 雷洪、徐艳：《农村居民参与基层选举的互动倾向及其差异》，《河南社会科学》2005年第2期；Pang, X. P., Zeng, J. X. and Rozelle, S., "Does Women's Knowledge of Voting Rights Affect their Voting Behaviour in Village Elections? Evidence from a Randomized Controlled Trial in China", *The China Quarterly*, No. 213, 2013, pp. 39 - 59；张同龙、张林秀：《村委会选举中的村民投票行为、投票过程及其决定因素——基于全国5省100村2000户调查数据的实证研究》，《管理世界》2013年第4期。

[5] Chen, J. and Zhong, Y., "Why do People Vote in Semicompetitive Election in China?", *Journal of Politics*, Vol. 64, No. 1, 2002, pp. 178 - 197；Tao, R., Su, F. B., Sun, X. and Lu, X., "Political Trust as Rational Belief: Evidence from Chinese Village Elections", *Journal of Comparative Economics*, Vol. 39, No. 1, 2005, pp. 108 - 121.

[6] Cohen, A., Vigoda, E. and Samorly, A., "Analysis of the Mediating Effect of Personal-Psychological Variables on the Relationship Between Socioeconomic Status and Political Participation: A Structural Equations Framework", *Political Psychology*, Vol. 22, No. 4, 2001, pp. 727 - 757.

[7] Zhong, Y. and Chen, J., "To Vote or Not to Vote - an Analysis of Peasants' Participation in Chinese Village Elections", *Comparative Political Studies*, Vol. 35, No. 6, 2002, pp. 686 - 712.

票率会出现明显的提升。① 但是,近期的研究也有不同的发现:例如,郑磊等指出,学校教育和人大代表选举的投票参与行为之间具有显著的负相关关系;张同龙等针对村委会选举的调查也发现,具有小学和初中文化程度的选民的选举参与情况最好。② 相对于低收入群体而言,高收入群体在政治活动参与过程中的卷入水平更高。③ 史天健、刘欣等的研究都发现,收入水平较高的公民,其参与人大代表选举的积极性显著高于那些收入水平较低的公民。④ 从人大代表选举参与的比例来看,城镇居民的参与积极性要显著高于农村居民;⑤ 另有研究者认为,相较于城市居民,在半竞争性选举或提前指定好候选人的选举中,那些居住在农村地区的公民的投票率会更高一些。⑥ 在考察不同政治面貌选民的选举参与差异分析中,研究者普遍认为政治面貌为党员的选民的选举参与倾向更强,⑦非党员选民的投票率要比党员选民的投票率低 10.5%。⑧

在考察与选举参与相关的心理特征因素时,我们将选民的参与态度和动机作为主要的关注变量。根据计划行为理论,个体的态度与行为在方向和程度上具有一定的对应性,即态度越正向或持有水平越高,其所对应的行为发

---

① 雷弢:《北京选民选举心态与参与行为调查》,《城市问题》1994 年第 5 期;邢春冰、罗楚亮:《社会信任与政治参与:城镇基层人大代表选举的居民投票行为》,《世界经济文汇》2011 年第 4 期。

② 郑磊、朱志勇:《教育是否促进了中国公民的政治选举投票参与——来自 CGSS 2006 调查数据的证据》,《北京大学教育评论》2013 年第 2 期;张同龙、张林秀:《村委会选举中的村民投票行为、投票过程及其决定因素——基于全国 5 省 100 村 2000 户调查数据的实证研究》,《管理世界》2013 年第 4 期。

③ Quintelier, E., Hooghe, M., "The Impact of Socio-economic Status on Political Participation", In K. N. Demetriou (Ed.), *Democracy in Transition*, Springer Berlin Heidelberg, 2013, pp. 273 – 289.

④ Shi, T. J., "Voting and Nonvoting in China: Voting Behavior in Plebiscitary and Limited-Choice Elections", *The Journal of Politics*, Vol. 61, No. 4, 1999, pp. 1115 – 1139;刘欣、朱妍:《中国城市的社会阶层与基层人大选举》,《社会学研究》2011 年第 6 期。

⑤ 李和中:《县(区)人大代表直接选举的调查及其分析》,《政治学研究》1998 年第 4 期。

⑥ Gandhi, J. and Lust-Okar, E., "Elections Under Authoritarianism", *Annual Review of Political Science*, Vol. 12, 2009, pp. 403 – 422.

⑦ 孙昕、徐志刚、陶然、苏福兵:《政治信任、社会资本和村民选举参与——基于全国代表性样本调查的实证分析》,《社会学研究》2007 年第 4 期;Dickson, B. J., "Who Wants to be a Communist? Career Incentives and Mobilized Loyalty in China", *The China Quarterly*, Vol. 217, 2014, pp. 42 – 68.

⑧ 邢春冰、罗楚亮:《社会信任与政治参与:城镇基层人大代表选举的居民投票行为》,《世界经济文汇》2011 年第 4 期。

生或投入程度可能越大。① 较强的政治参与意愿，会使个体主动调动更多的心理资源来参与相关的政治活动，并在参与过程中形成政治态度与参与行为的一致性关联。而在政治参与的过程中，个体的卷入程度则更多依赖于自身对政治活动结果的影响预期，即政治效能感。② 可以说，在影响政治行为的众多因素中，政治效能感被认为是与政治参与关系最为密切的心理变量，它为个体参与政治活动提供了重要的心理动因。③ 内部政治效能感的提升，有效地促进了个体在人大代表选举过程中的参与，同时，个体政治效能对其政治行为的正向预测作用具有较强的稳定性，芬克尔（Finkel）基于选举参与的调查显示：在跨越不同时间阶段后，较高政治效能水平的个体在选举参与中表现明显更为积极。④ 特别在政治参与经验较少的情况下，公民个体的内部政治效能感对其选举参与具有显著的正向预测作用，其中政治参与经验越少，政治效能感对其选举参与表现的正向影响越强。⑤ 相反，低水平的政治效能感体验，会引发更多的政治冷漠。⑥

2. 来自区域水平的选举参与影响因素

显然，在分析影响选民选举参与的因素时，不仅要关注个体水平的解释因素，同时还应当兼顾区域水平的影响因素。因为基于不同个体特征类型或水平所引发的选民选举参与表现差异，其实是框定于某个环境或区域之中进行比较的结果；一旦将个体分置于不同的环境或区域之中，则原有的基于不

---

① 段文婷、江光荣：《计划行为理论述评》，《心理科学进展》2008年第2期。

② Vecchione, M. and Caprara, G. V., "Personality Determinants of Political Participation: The Contribution of Traits and Self-Efficacy Beliefs", Personality & Individual Differences, Vol. 46, No. 4, 2009, pp. 487 - 492.

③ Kenski, K. and Stroud, N. J., "Connections Between Internet Use and Political Efficacy, Knowledge, and Participation", Journal of Broadcasting & Electronic Media, Vol. 50, No. 2, 2006, pp. 173 - 192; Chang, S. P. and Karan, K., "Unraveling the Relationships Between Smartphone Use, Exposure to Heterogeneity, Political Efficacy, and Political Participation: A Mediation Model Approach", Asian Journal of Communication, Vol. 24, No. 4, 2014, pp. 370 - 389.

④ Shi, T. J., "Voting and Nonvoting in China: Voting Behavior in Plebiscitary and Limited-Choice Elections", The Journal of Politics, Vol. 61, No. 4, 1999, pp. 1115 - 1139; Finkel, S. E., "Reciprocal Effects of Participation and Political Efficacy: A Panel Analysis", American Journal of Political Science, Vol. 29, No. 4, 1985, pp. 891 - 913.

⑤ Lu, J. and Shi, T. J., "Political Experience a Missing Variable in the Study of Political Transformation", Comparative Politics, Vol. 42, No. 1, 2009, pp. 103 - 120.

⑥ Li, L. J., "The Empowering Effect of Village Elections in China", Asian Survey, Vol. 43, No. 4, 2003, pp. 648 - 662.

同个体特征类型或水平所引发的选民选举参与表现差异就有可能发生变化，甚至出现相同个体特征类型或水平的选民在不同环境或区域中表现出选举参与行为的差异。我国省、市、县三级行政区划总体数量巨大，社会、经济、文化等诸多方面发展状况难以均衡，不同区域之间存在显著的差异，这使得我们在研究选举参与问题时，必须将环境或区域因素考虑其中。[1] 而先前的研究发现也显示：在县乡人大代表和村民委员会两种直接选举类型中，以省为单位进行比较，均存在参选率的区域差异。[2] 本章对区域水平影响因素的关注，主要集中于区域水平的社会经济发展状况。

人均收入作为衡量经济发展水平的重要指标，其在民主法治的过程中具有激发个体政治参与意识、提升个体政治参与水平的重要作用；但是也有研究发现，个体的收入水平对于选举投票率并无显著预测作用。[3] 社经地位因素对公民的选举参与的影响主要体现在经济状况和主观社会地位评价两个方面。[4] 也就是说，除了个体的客观经济状况外，其对自身社经地位的主观感知与评价也会发挥重要作用。这就需要关注其所在区域的经济发展水平和人均经济状况。中国社会科学院农村发展研究所课题组的一项研究发现：在个体层面，家庭年收入与农民个体的政治参与行为并无显著的关联；但是，当从乡镇的角度进行比较时，人均收入水平却会对该乡镇内村民的村委会选举参与形成显著的正向预测作用。其逻辑在于，基于人均收入水平所代表的地区市场化程度，与该地区居民的政治参与热情形成了正向的相关。[5] 相比于国家层面和个人层面的经济发展指标，区域层面的经济发展指标能够对选民的选举参与行为做出更好的预测与解释。[6] 而

---

[1] Chen, J. and Zhong, Y., "Why do People Vote in Semicompetitive Election in China?", *Journal of Politics*, Vol. 64, No. 1, 2002, pp. 178 – 197; Jennings, M. K., "Political Participation in the Chinese Countryside", *American Political Science Association*, Vol. 91, No. 2, 1997, pp. 361 – 372.

[2] 史卫民：《村民委员会选举选民参选率的综合比较》，《华中师范大学学报》（人文社会科学版）2007 年第 6 期。

[3] Su, F. B., Ran, T., Sun, X. and Liu, M. X., "Clans, Electoral Procedures and Voter Turnout: Evidence from Villagers' Committee Elections in Transitional China", *Political Studies*, Vol. 59, No. 2, 2011, pp. 432 – 457.

[4] 臧雷振、孟天广：《中国农村基层民主选举中经济投票行为研究》，《社会科学》2012 年第 2 期。

[5] 中国社会科学院农村发展研究所课题组：《农村政治参与的行为逻辑》，《中国农村观察》2011 年第 3 期。

[6] Johnston, R. J. and Pattie, C. J., "'It's the Economy, Stupid' - but Which Economy? Geographical Scales, Retrospective Economic Evaluations and Voting at the 1997 British General Election", *Regional Studies*, Vol. 35, No. 4, 2001, pp. 309 – 319.

从选举参与的经济动机来看，具有更多或更强公共产品需求的家庭，其成员更有可能积极参与选举。① 因而，当政府具有较强的保障和改善民生的意愿或能力时，当地选民则会在相应的选举参与活动中具有积极的表现；反之，则会对选举参与消极、淡漠。

政治参与受到社会环境因素影响的另一个表现在于，公民所处区域经济运行压力的增大，无疑会增加个体的生存压力，进而使其表现出一定程度的"政治冷漠"。例如，日本近年来青年就业压力剧增，失业率高居不下，2014 年 35 岁以下的青年完全失业率达到 5.3%；在就业压力如此巨大的情况下，日本青年根本没有参与无直接经济收益的选举活动的意愿，而更愿意关注那些与自身利益密切相关的民生议题。② 国内相关的调查研究也发现：在经济发展水平较好的地区，由于村集体经济收入较高、村委会控制的资源相对较多，因而村民的政治参与程度也较高，其在村级选举过程中也会表现得更为积极；③ 相反，在经济发展水平较低的地区，选民可能会认为选举本身与其个人的利益关联较低，进而其参与选举的意愿也会有所降低。④

此外，人口因素（人口规模、人口结构、外来流动人口比例等）对选民的投票参与也存在较大的影响。例如，随着人口数量的增多，会使选民对自己的选票价值评估有所降低，进而使投票率显著降低。⑤

3. 研究假设框架的多水平整合

综上所述，在现有体制基础上，选民的人大代表选举参与表现受到来自个体水平因素和区域水平因素的共同影响。但研究以上两个水平的因素在何种程度、如何影响选民的参与行为，则将是本章努力尝试达成的主要目标。为此，我们将本章所呈现的内容定位于对选民人大代表选举参与行为影响因

---

① Yang, D. and Zhang, Y., "Why Does Villager Participate in Grass-Root Election in Rural China? Perspective from Village Public Goods Demand", *Proceedings of 2009 International Conference On Management Science and Engineering*, 2009.

② 常思纯：《投票率视角下的日本青年政治冷漠现象分析》，《中国青年社会科学》2015 年第 3 期。

③ 胡荣：《经济发展与竞争性的村委会选举》，《社会》2005 年第 3 期；胡荣：《理性行动者的行动抉择与村民委员会选举制度的实施》，《社会学研究》2002 年第 2 期。

④ 林少敏、吉青：《乡村社会对村民选举的回应——对影响村民参与选举的因素的考量》，《福建师范大学学报》（哲学社会科学版）2004 年第 3 期。

⑤ 转引自郑磊、朱志勇《教育是否促进了中国公民的政治选举投票参与——来自 CGSS 2006 调查数据的证据》，《北京大学教育评论》2013 年第 2 期。

素及其机制的探索性研究,并同时在研究设计上做出如下两点考虑(具体框架见图2-1)。

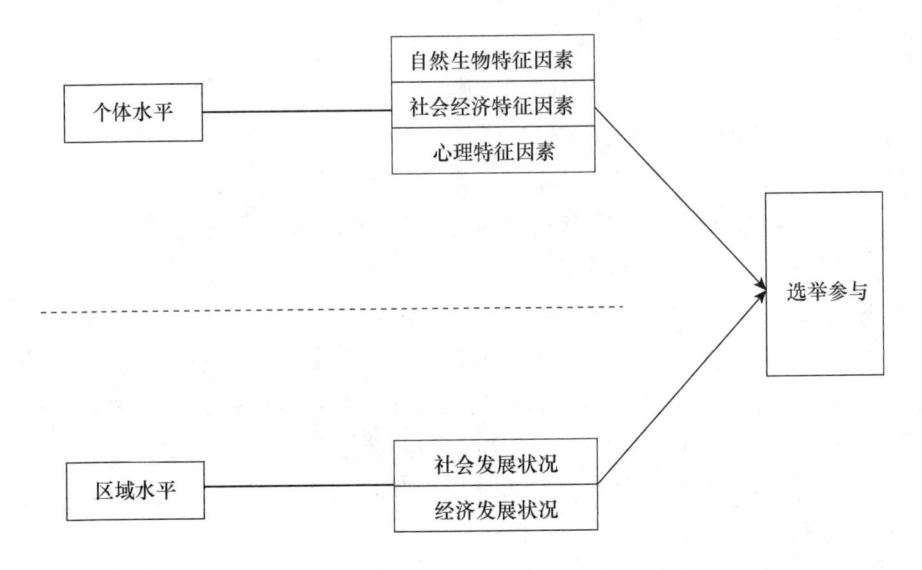

图2-1 县、乡人大代表选举参与影响因素的多层线性模型分析框架

一是将个体的心理特征变量与相关的人口学变量及社经状况变量相结合,来考察不同水平因素对选民选举参与行为的影响。政治参与作为政治学研究领域重要的议题,围绕其开展的实证范式研究多数基于社会学和心理学两种路径。其中,社会学路径强调通过个体的社会经济地位变量来解释其在政治参与中的种种表现,而心理学路径则强调通过个体的态度变量(如自我控制、效能感等)来说明公民的政治参与如何被影响。正如科恩(Cohen)所言,研究者有必要将上述两条路径加以整合、打通学科壁垒限制,对公民的政治参与进行更为系统的研究探索。[①] 二是针对过去在绝大多数中国基层选举参与研究中,运用传统线性回归分析技术处理多层次数据所存在的不足,我们将采用多层线性模型(Hierarchical Linear Model, HLM)技术对个体水平和区域水平上的两层嵌套结构数据进行建模分析。此方法的采用与尝试,不仅可以最大限度避免因忽视组效应而导致的个体水平变量的参数

---

① Cohen, A., Vigoda, E. and Samorly, A., "Analysis of the Mediating Effect of Personal-Psychological Variables on the Relationship Between Socioeconomic Status and Political Participation: A Structural Equations Framework", *Political Psychology*, Vol. 22, No. 4, 2001, pp. 727–757.

估计偏差，而且可以在优化个体效应估计的同时，对嵌套结构的非独立数据进行建模检验，从而有效分解个体与区域不同水平上变量对选民选举参与行为的影响作用。

二 数据获取、变量测量与调查设计

（一）被试基本情况

本章用于统计分析的数据主要由两个水平的分层级数据构成，即第 1 水平的个体层级数据和第 2 水平的区域层级数据（样本数据的描述统计结果见表 2-1）。两个层级数据的基本情况，具体介绍如下：

个体层级的数据来自中国社会科学院调查与数据信息中心实施的全国性"中国公民县乡人大代表选举参与问卷调查"数据库。该调查于 2014 年 6—10 月实施完成，并根据国家统计局发布的各省、自治区、直辖市 2013 年地区生产总值数据，从都会区（4 个直辖市）、东北地区、东部地区、中部地区、西部地区进行省（自治区、直辖市）一级的抽样；依据抽取经济发展水平居中省份的标准，最终抽取了 10 个省份，即都会区为北京市和天津市，东北地区为黑龙江省，东部沿海地区为浙江省和山东省，中部地区为湖北省和安徽省，西部地区为陕西省、甘肃省和广西壮族自治区。对于省级以下的地级市的抽样，除省会城市为必选之外，同样抽取该省 2013 年经济发展水平居中的地级市，最终抽取到地级市 24 个。[①]
同时，依据上述标准抽取区县后进行随机抽样，通过入户调查的方式向在当地居住 1 年以上，且年满 18 周岁的城乡居民发放问卷 8800 份，最终回收到有效问卷 8635 份（有效率为 98.13%）。[②] 在抽样的 10 个省（自治区、直辖市）中，都会区 1716 人（北京市 851 人，占 9.86%；天津市 865 人，占 10.02%），东北地区黑龙江省 880 人（占 10.19%），东部地区 1709 人（浙江省 836 人，占 9.68%；山东省 873 人，占 10.11%），西部地区 2617 人（陕西省 867 人，占 10.04%；甘肃省 870 人，占

[①] 此处，将直辖市（北京和天津）抽取到的大兴、西城、密云、延庆、北辰、南开、蓟县和静海 8 个区县对应为省（或自治区）下辖的地级市。

[②] 本章在进行多层线性模型的分析过程中，剔除了有缺失值的被试数据 129 份，实际用于统计处理的数据量为 8506 份；其中，地级市行政单位所包含的个案数量在 97—466 个，符合多层线性模型关于水平 2 层级单位个案数量的最低要求（30 个）。

10.08%；占广西壮族自治区 880 人，占 10.19%），中部地区 1713 人（湖北省 877 人，占 10.16%；安徽省 836 人，占 9.68%）。同时，被试的年龄分布在 18—88 岁，平均年龄 41.53 岁（标准差为 14.36）。

区域层级的数据来自国家统计局发布的《中国区域经济统计年鉴（2013）》，从该统计资料中选取第 2 水平变量，原因有二：一是该统计资料较为全面、系统地反映我国区域经济与社会发展状况和 330 多个地级行政单位的主要社会经济统计指标；二是《中国区域经济统计年鉴（2013）》所反映的指标数据均为 2012 年的，该年也恰好是最近一次县（区）、乡两级人大代表选举实施的年份。因此，选取该年份的统计资料数据指标较为适宜。

(二) 变量测量

本章对于数据的获取主要采用两种方式，一种是通过现有的统计资料获取相关层级的客观数据资料，另一种是通过问卷调查的方式获得被调查对象有关选举参与的认知、态度与行为数据。针对第二种方式，我们设计了三种形式的变量测量，即人口学变量、参与心理变量和参与行为变量。

第一，人口学变量主要涉及性别、年龄、民族、学历、户籍、政治面貌和收入水平等，此类变量数据由被调查对象直接填写获得。

第二，参与心理变量主要涉及参与意愿和参与效能两个因素。其中，参与意愿由 3 个题目构成，题目采用李克特 5 点计分方式计分（反向计分题目 1 个），题目备选项"1—5"分别表示"非常不同意"到"非常同意"，总得分采用各题目得分的平均值表示；问卷的 α 信度系数为 0.78。参与效能同样采用李克特 5 点计分方式计分，在 3 个题目中有一个为反向计分，"非常不同意"到"非常同意"依次用选项数字"1—5"表示，采用各题目得分的平均值来表示总得分；问卷的 α 信度系数为 0.81。

第三，选举参与行为的实际表现采用 4 个题目进行测量，主要考察被调查对象是否在选举过程中实际参与了提名候选人（0.5 分）、协商确定候选人（0.5 分）、与候选人见面（0.5 分）和现场投票（2.5 分）等过程，被调查对象有上述参与行为，则获得对应分数；否则，不得分。

表 2-1　　　　　　　　　样本特征描述统计量（$N=8506$）

水平1：个体层级

变量名称	类别	个案数量（个）	百分比（%）	变量名称	类别	个案数量（个）	百分比（%）
性别	男	4225	49.67	民族	汉族	7648	89.91
	女	4281	50.33		少数民族	858	10.09
学历	初中及以下	4226	49.68	收入水平	低收入（1500元/月及以下）	3588	42.18
	高中及中专	2696	31.70		中等收入（1501—3500元/月）	3783	44.47
	大专及本科以上	1584	18.62		高收入（3501元/月以上）	1135	13.34
政治面貌	中共党员	872	10.25	户籍	城镇	3899	45.84
	共青团员	1317	15.48		农村	4607	54.16
	群众及其他	6317	74.27				

水平2：区域层级

所属省份	地级市行政单位名称	个案数量（个）	百分比（%）	所属省份	地级市行政单位名称	个案数量（个）	百分比（%）
北京	大兴	97	1.14	天津	北辰	99	1.16
	西城	116	1.36		蓟县	307	3.61
	密云	318	3.74		静海	340	4.00
	延庆	300	3.53		南开	107	1.26
黑龙江	哈尔滨	466	5.48	湖北	武汉	454	5.34
	佳木斯	413	4.86		黄石	418	4.91
安徽	合肥	392	4.61	陕西	西安	446	5.24
	蚌埠	410	4.82		渭南	404	4.75
甘肃	兰州	427	5.02	广西	南宁	441	5.18
	武威	427	5.02		百色	428	5.03
山东	济南	459	5.40	浙江	杭州	415	4.88
	泰安	406	4.77		嘉兴	416	4.89

（三）调查程序与统计分析策略

对于个体水平的数据调查，由中国社会科学院主持、委托第三方专业调查机构具体实施。从2014年6月开始，项目组历时4个月在全国10个省（自治区、直辖市）进行入户问卷调查。在统一指导语和调查流程的基础上，项目组严格按照调查流程执行数据收集，同时对收集到的问卷纸本进行

"双录双检"操作,并采用 SPSS 21.0 和 HLM 6.08 进行相关的数据管理与统计分析。这里需要特别说明的是,在采用 HLM 6.08 软件进行多层线性模型的分析过程中,我们对数据进行了如下处理:第一,将相关的类别变量转化为虚拟变量,并在数据文件中以 (1, 0) 的形式予以呈现;第二,在模型分析时,将第 1 水平的连续预测变量进行组均值类型的中心化处理 (Group Mean Centering),以减少变量间可能存在的共线性影响。具体的数据统计包括三个方面:一是对个体水平、区域水平两个层级的变量及结果变量进行描述统计分析;二是对零模型和只考虑第 1 水平变量影响的模型进行检验;三是同时对含有个体因素和区域因素两个水平变量影响的多层级模型进行检验。

三 影响公民选举参与的因素甄别:个体与区域两个水平

(一) 描述统计分析

从表 2-2 可以看出,在水平 1 变量中,除户籍类型和学历水平外,性别、民族、年龄、收入水平、政治面貌以及个体的政治参与心理(参与意愿和参与效能)等个体因素,均与公民选举参与的行为表现具有显著的相关(从 -0.04 到 0.11)。而从表 2-3 也可以发现,在水平 2 变量中,除"市级城镇单位就业人员年均工资(元)"外,"市级公共财政预算收入(亿元)""市级城镇单位就业人数(万人)""市级常住人口(万人)""市级 GDP(亿元)"和"市级人均 GDP(元)"等区域因素外,均与公民选举参与的行为表现具有显著的相关(从 -0.03 到 -0.14)。

表 2-2　　　　水平 1(个体因素)变量与公民选举参与
表现的相关矩阵及描述统计结果

	A	B	C	D	E	F	G	H	I	J
A	1.00									
B	0	1.00								
C	-0.01	0.07**	1.00							
D	0.08**	0.01	0.06**	1.00						

续表

	A	B	C	D	E	F	G	H	I	J
E	0.03**	0.06**	0.34**	-0.37**	1.00					
F	0.17**	0.05**	0.23**	-0.12**	0.31**	1.00				
G	-0.12**	-0.04**	-0.16**	0.07**	-0.38**	-0.14**	1.00			
H	0.01	-0.07**	0	0.01	0.05**	-0.01	-0.07**	1.00		
I	0.02*	0.02	0	0.04**	0.01	-0.02	-0.05**	0.32**	1.00	
J	0.04**	-0.04**	0	0.11**	0.02	0.04**	-0.07**	0.10**	0.10**	1.00
M	0.50	0.90	0.46	41.53	1.69	1.71	2.64	3.20	3.07	1.03
SD	0.50	0.30	0.50	14.36	0.77	0.69	0.66	0.62	0.55	1.36

注：Ⅰ.A"性别"（1男性，0女性）、B"民族"（1汉族，0少数民族）、C"户籍类型"（1城镇，0农村）、D"年龄"、E"学历水平"（1初中及以下，2高中及中专，3大专及本科以上）、F"收入水平"（1低收入，2中等收入，3高收入）、G"政治面貌"（1中共党员，2共青团员，3群众及其他）、H"参与意愿"、I"参与效能"、J"选举参与"。

Ⅱ.*表示 $p<0.05$，**表示 $p<0.01$。

表2-3　水平2（区域因素）变量与公民选举参与表现的相关矩阵及描述统计结果

	A	B	C	D	E	F	G
A	1.00						
B	0.84**	1.00					
C	0.17**	0.11**	1.00				
D	0.82**	0.89**	-0.13**	1.00			
E	0.98**	0.88**	0.12**	0.88**	1.00		
F	0.65**	0.50**	0.64**	0.31**	0.62**	1.00	
G	-0.05**	-0.14**	0.01	-0.11**	-0.07**	-0.03*	1.00
M	230.11	88.22	46633.37	480.19	2530.37	49966.84	1.03
SD	245.78	87.20	12575.51	320.18	2368.05	29687.32	1.36

注：Ⅰ.A"市级公共财政预算收入（亿元）"、B"市级城镇单位就业人数（万人）"、C"市级城镇单位就业人员年均工资（元）"、D"市级常住人口（万人）"、E"市级GDP（亿元）"、F"市级人均GDP（元）"、G"选举参与"。

Ⅱ.*表示 $p<0.05$，**表示 $p<0.01$。

（二）影响公民选举参与的零模型分析

首先，对无任何预测变量的零模型（null model）进行统计检验（结果见表2-4），同时根据公式 $\rho=\tau_{00}/(\tau_{00}+\sigma^2)$ 计算因变量的跨级相关ICC。

结果显示：同一区域内被调查者的选举参与表现一致性要显著大于不同区域间被调查者的选举参与表现一致性，跨级相关ICC等于0.16。

表2-4　　　　　　　　　　零模型分析的估计结果

零模型	固定效应				随机效应			
	参数	Coefficient	S.E.	t	参数	SD	V	χ^2 (df=23)
Level-1: $Y = \beta_0 + r$	γ_{00}	1.080	0.109	9.870***	u_0	0.542	0.294	1413.739***
Level-2: $\beta_0 = \gamma_{00} + u_0$					r	1.258	1.583	
Mixed model: $Y = \gamma_{00} + u_0 + r$								

注：*** 表示 $p < 0.001$。

在本章中，零模型的离异数（-2LL）为28143.09；公民的选举参与表现在区域水平上变异显著，区域因素所引发的变异占到总变异15.51%；这种来自区域水平的显著变异（χ^2值在0.001水平显著）说明，有必要将该水平的影响因素纳入多水平模型的分析当中，以获取更为准确的模型估计结果。此外，我们的模型估计信度为0.98，这表明模型拟合的估计值与公民选举参与表现差异真实值较为接近，信度较高。

（三）水平1条件下个体因素变量影响作用的模型分析

将个体因素变量进行组均值中心化后，作为预测变量纳入两水平线性模型（模型A）中建立多层级模型方程。

第一层级方程：选举参与 = β_0 + β_1（年龄）+ β_2（性别—男）+ β_3（民族—汉）+ β_4（学历—初中及以下）+ β_5（学历—高中及中专）+ β_6（收入—低）+ β_7（收入—中）+ β_8（政治面貌—党员）+ β_9（政治面貌—共青团员）+ β_{10}（户籍—城镇）+ β_{11}（参与意愿）+ β_{12}（参与效能）+ r

第二层级方程：$\beta_0 = \gamma_{00} + u_0$；$\beta_1 = \gamma_{10} + u_1$；$\beta_2 = \gamma_{20} + u_2$；…；$\beta_{12} = \gamma_{120} + u_{12}$

有关水平1变量中个体因素对公民选举参与行为表现的影响结果，见表2-5。个体因素中的预测变量，除性别（男）、民族（汉）、学历、收入水平（中等收入）和政治面貌（共青团员）外，其他变量对公民选举参与行为表现均具有显著的预测作用。具体表现为：年龄对公民的选举参与行为表现具有显著的正向预测作用（$\gamma_{10} = 0.010$，$t = 4.718$，$p < 0.001$），随着年

龄的增长，公民在选举活动中会表现出更多的参与行为。收入水平较低的公民，其在选举活动中的参与行为显著少于中等收入水平和高收入水平的个体（$\gamma_{60} = -0.144$, $t = -2.314$, $p < 0.05$）。政治面貌为中共党员的公民，其在选举活动中的参与行为会明显多于政治面貌为共青团员和群众（及其他）的个体（$\gamma_{80} = 0.294$, $t = 4.825$, $p < 0.001$）。相较于农村户籍的公民，城镇户籍公民在选举活动中的参与水平明显较低（$\gamma_{100} = -0.113$, $t = -2.714$, $p < 0.05$）。在参与心理变量的预测方面，参与意愿（$\gamma_{110} = 0.088$, $t = 2.869$, $p < 0.01$）和参与效能（$\gamma_{120} = 0.156$, $t = 3.601$, $p < 0.01$）水平越高的个体，其选举参与的表现水平也更高。

在本章中，模型 A 的离异数（$-2LL$）为 27746.98；随机效应分析的结果显示：$R^2_{\text{Level}-1} = 1 - (\tau_{00} + \sigma^2)/Var(y_{ij}) = 0.1021$，说明在水平 1 中，个体因素变量可以解释 10.21% 的选举参与组内方差。不同区域（地级市行政单位）截距的随机变异达到显著（$\chi^2 = 34.981$, $p < 0.05$），说明公民选举参与的表现在不同区域（地级市行政单位）之间存在显著差异；同时，个体层面预测变量对公民选举参与表现的斜率也存在显著的区域（地级市行政单位）差异，即在不同区域（地级市行政单位），个体层面预测变量对公民选举参与表现的影响程度存在差异。因此，有必要将水平 2 中的区域因素变量纳入模型，以考察其影响表现。

表 2-5　　**影响公民选举参与表现的个体水平参数估计结果**

		固定效应			随机效应		
		Coefficient	S. E.	t	SD	V	χ^2（df=23）
截距项		1.070	0.127	8.460***	0.416	0.173	34.891*
斜率项							
年龄		0.010	0.002	4.718***	0.009	0.0001	79.368***
性别	男	0.033	0.033	0.988	0.089	0.008	24.088
民族	汉	0.154	0.097	1.584	0.291	0.085	32.698
学历	初中及以下	-0.054	0.063	-0.859	0.202	0.041	36.100*
	高中及中专	0.041	0.053	0.772	0.158	0.025	35.874*
收入水平	低收入	-0.144	0.062	-2.314*	0.190	0.036	32.766†
	中等收入	-0.085	0.068	-1.239	0.249	0.062	45.722**

续表

		固定效应			随机效应		
		Coefficient	S.E.	t	SD	V	χ^2 (df=23)
政治面貌	中共党员	0.294	0.061	4.825***	0.178	0.032	33.406*
	共青团员	-0.054	0.056	-0.975	0.170	0.029	30.525
户籍类型	城镇户籍	-0.113	0.042	-2.714*	0.135	0.018	40.639**
参与心理	参与意愿	0.088	0.031	2.869**	0.096	0.009	36.074*
	参与效能	0.156	0.043	3.601**	0.165	0.027	61.262***
随机项					1.217	1.481	

注：† 表示 $p<0.1$，* 表示 $p<0.05$，** 表示 $p<0.01$，*** 表示 $p<0.001$。

（四）多水平条件下的模型分析

在表 2-5 所示模型 A 的基础上，进一步考察水平 2 变量对处于不同区域（地级市行政单位）个体选举参与行为表现的预测作用。模型 B 的具体构建如下，即根据模型 A 所示结构，在第二层的截距项中加入区域因素变量，构建下面的多层级模型方程。

第一层级方程：选举参与 = β_0 + β_1（年龄）+ β_2（性别—男）+ β_3（民族—汉）+ β_4（学历—初中及以下）+ β_5（学历—高中及中专）+ β_6（收入—低）+ β_7（收入—中）+ β_8（政治面貌—中共党员）+ β_9（政治面貌—共青团员）+ β_{10}（户籍—城镇）+ β_{11}（参与意愿）+ β_{12}（参与效能）+ r

第二层级方程：$\beta_0 = \gamma_{00} + \gamma_{01}$（公共财政预算收入）+ γ_{02}（城镇单位就业人数）+ γ_{03}（城镇单位就业人员年均工资）+ γ_{04}（常住人口）+ γ_{05}（区域 GDP）+ γ_{06}（人均 GDP）+ u_0；$\beta_1 = \gamma_{10} + u_1$；$\beta_2 = \gamma_{20} + u_2$；…；$\beta_{12} = \gamma_{120} + u_{12}$

在多水平条件下，个体因素和区域因素对公民选举参与影响的结果见表 2-6。从表 2-6 中可知，公共财政预算收入水平对公民选举参与的表现具有显著的正向预测作用（$\gamma_{01} = 0.002$，$t = 2.674$，$p<0.05$），城镇单位就业人数（$\gamma_{02} = -0.002$，$t = -2.122$，$p<0.05$）和区域（地级市行政单位）GDP（$\gamma_{05} = -0.001$，$t = -2.948$，$p<0.01$）则对公民选举参与的表现形成显著的负向预测作用，即城镇单位就业人数越多、区域（地级市行政单位）GDP 越高，公民在选举过程中的参与表现反而越差；而城镇单位就业人员年均工资、常住人口和人均 GDP 三个变量则对公民的选举参与影响不显著。

在模型 B 中，离异数（−2LL）为 27837.78；随机效应分析的结果显示：$R^2_{\text{Level}-2}=1-(\tau_{00}+\sigma^2/n)/Var(y_{ij})=0.8924$，说明在模型 B 中截距项变异减少，区域因素变量可以解释 89.24% 的选举参与组间方差。

四 讨论与总结

（一）针对多层线性模型检验结果的初步分析

1. 县乡人大代表选举参与的个体差异来自年龄、个人收入、政治面貌和户籍等因素的影响

水平 1 条件下个体因素变量的统计分析结果表明：个体层面的特征变量（年龄、个人收入、政治面貌和户籍）对选民在县乡人大代表选举过程中的参与表现具有显著的影响作用。在本章中，我们的数据分析结果虽然并未发现年龄与选举参与之间所表现出的倒"U"形关系，但却与现有的研究结论在关系趋势上具有很强的一致性，[1] 即年龄对县乡人大代表选举参与的正向预测作用非常显著，随着年龄的增大，选民在选举参与中的表现更为积极。[2] 究其原因，我们认为从利益关联和时间资源两个方面进行分析。随着年龄的增长，特别是中年群体，其个人利益与社会政治的关联更为紧密，因而形成了更为强烈的参与意愿；此外，当老年群体离开工作岗位后，获得了更多的可控支配的时间资源，因而能够有条件对政治参与予以关注。在反映个体社会经济状况指标的收入水平和政治面貌指标中，我们发现低收入选民的政治参与表现明显弱于中、高收入水平的选民，且政治面貌为中共党员的选民的参与水平也相对较高。从社会阶层的角度考察，收入水平对个体的选

---

[1] 胡荣：《社会资本与中国农村居民的地域性自主参与——影响村民在村级选举中参与的各因素分析》，《社会学研究》2006 年第 2 期；孙昕、徐志刚、陶然、苏福兵：《政治信任、社会资本和村民选举参与——基于全国代表性样本调查的实证分析》，《社会学研究》2007 年第 4 期；Lu, J. and Shi, T. J., "Political Experience a Missing Variable in the Study of Political Transformation", *Comparative Politics*, Vol. 42, No. 1, 2009, pp. 103 – 120; Shi, T. J. and Lou, D. Q., "Subjective Evaluation of Changes in Civil Liberties and Political Rights in China", *Journal of Contemporary China*, Vol. 19, No. 63, 2010, pp. 175 – 199.

[2] 在 HLM 分析的基础上，我们采用了两种数据处理方式（一是将年龄变量划分为老、中、青三个阶段以比较其差异及变化趋势，二是将"年龄平方"代入模型以观察其变化趋势）来分析年龄与参与表现的关系，结果均显示了年龄的个体参与表现的正向预测效应，并未发现二者关系可能存在的倒"U"字形态。

表2-6　影响公民选举参与的多层线性（两水平）模型

	Level-1	Level-2	固定效应				随机效应		
			Coefficient	S.E.	t		SD	V	χ^2
截距项 β_{0j}	γ_{00}	1.061	0.108	9.816***	0.445		0.198	31.871*	
	公共财政预算收入 (γs_{01})	0.002	0.001	2.674*					
	城镇单位就业人数 (γ_{02})	-0.002	0.001	-2.122*					
	城镇单位就业人员年均工资 (γ_{03})	-0.001	0.001	-1.334					
	常住人口 (γ_{04})	0.001	0.001	1.513					
	区域GDP (γ_{05})	-0.001	0.001	-2.948**					
	人均GDP (γ_{06})	0.001	0.001	0.742					
斜率项									
年龄 (β_{1j})	γ_{10}	0.010	0.002	4.864***	0.009		0.001	79.511***	
性别 男 (β_{2j})	γ_{20}	0.034	0.031	1.100			0.092	0.008	24.056
民族 汉 (β_{3j})	γ_{30}	0.167	0.084	1.987			0.308	0.095	32.460

续表

Level-1		Level-2	固定效应			随机效应		
			Coefficient	S.E.	t	SD	V	χ^2
学历	初中及以下 (β_{4j})	γ_{40}	-0.052	0.059	-0.876	0.210	0.044	36.053*
	高中及中专 (β_{5j})	γ_{50}	0.043	0.049	0.892	0.162	0.026	35.852*
收入水平	低收入 (β_{6j})	γ_{60}	-0.151	0.056	-2.672*	0.191	0.036	32.666†
	中等收入 (β_{7j})	γ_{70}	-0.092	0.066	-1.381	0.248	0.062	45.524**
政治面貌	中共党员 (β_{8j})	γ_{80}	0.290	0.055	5.220***	0.180	0.032	33.503†
	共青团员 (β_{9j})	γ_{90}	-0.053	0.045	-1.162	0.169	0.028	30.524
户籍	城镇 (β_{10j})	γ_{100}	-0.111	0.039	-2.851**	0.136	0.019	40.615**
参与心理	参与意愿 (β_{11j})	γ_{110}	0.089	0.030	3.036**	0.092	0.009	36.059*
	参与效能 (β_{12j})	γ_{120}	0.156	0.040	3.922**	0.164	0.027	61.277***
随机项				1.217	1.481			

注:† 表示 $p<0.1$,* 表示 $p<0.05$,** 表示 $p<0.01$,*** 表示 $p<0.001$。

举参与积极性以及投票行为都具有较高的正向预测作用。① 在政治活动中，那些具有较高社会经济地位的个体，其行为的卷入水平也相对较高；②同时，随着个人资产的增多，选民与选举本身的卷入效价水平也会有所提升，③进而使其在选举过程中更倾向于积极参与。政治面貌不仅代表着一种个体的身份特征，同时也反映着个体对政治事务的偏好水平、关注度以及政治社会化程度等。那些政治面貌为中共党员的选民群体，一方面要保证其行为与党员身份的一致性，另一方面其对参与政治生活的敏感性与能力也使其能够更为积极地参与到人大代表的选举过程当中。

此外，我们发现那些户籍类型为"农村"的选民个体，其在县、乡两级人大代表选举过程中表现更为积极。对此我们认为：虽然我们国家目前正在积极推进户籍制度改革，力图消除城乡二元结构所带来的社会不公问题。但是，由于原有户籍制度所形成的附加于户籍身份之中的基本社会保障差异，使得农村户籍的选民群体比城镇户籍的选民群体对自身权益给予了更多的关注，他们对于人大代表的选举有着更多的期望及行为卷入预期。

2. 选民政治参与心理对其县乡人大代表选举参与的促进作用

个体的心理资源对其在选举参与中的表现具有显著的正向预测作用。④ 有关这一点，在本章中也得到了实证证据的支持。政治参与效能感，不仅决定着个体对政治活动的卷入程度，⑤ 而且还代表着个体对选举活动本身的认知评价。当个体对选举本身做出"真实而非形式化"的判定时，那些倾向于认为自己对选举结果具有影响力的选民，不仅会有较高的政治参与效能感体验，同时也将以一种较为积极的行动实践于选举当中。⑥政治效能感与政

---

① 刘欣、朱妍：《中国城市的社会阶层与基层人大选举》，《社会学研究》2011年第6期。

② Tong, J., "The Gender Gap in Political Culture and Participation in China", *Communist and Post-Communist Studies*, Vol. 36, No. 2, 2003, pp. 131–150.

③ Li, J. and Wang, H. B., "Home Ownership and Political Participation in Urban China", *Chinese Sociological Review*, Vol. 44, No. 4, 2012, pp. 58–81.

④ Shi, T. J., "Voting and Nonvoting in China: Voting Behavior in Plebiscitary and Limited-Choice Elections", *The Journal of Politics*, Vol. 61, No. 4, 1999, pp. 1115–1139.

⑤ Vecchione, M. and Caprara, G. V., "Personality Determinants of Political Participation: The Contribution of Traits and Self-Efficacy Beliefs", *Personality & Individual Differences*, Vol. 46, No. 4, 2009, pp. 487–492.

⑥ O'Brien, K. J., "Villagers, Elections, and Citizenship in Contemporary China", *Modern China*, Vol. 27, No. 4, 2001, pp. 407–435.

治参与的这种关系，还体现于其在各种预测变量与政治参与的关系中所表现出的中介效应。这本质上反映了个体在政治活动过程中，其内部政治效能感所强调的自我确认与自信感知的作用与意义。[1] 例如，在政治沟通对政治参与的影响过程中，政治效能成为连接上述变量关系的重要介质。[2] 同样，政治参与意愿在一定程度上体现了个体在政治活动参与过程中的动机特征。特别是在半竞争性类型的选举活动中，选民动机对于其是否参与选举具有重要的预测作用。[3]因为在强制性动员或要求一定的情况下，除了个人利益的关联性之外，个体的参与动机会直接影响选民的投入水平及形式。动机强的个体，其在有关政治参与的相关行为发生方面将更为主动，包括了解候选人的基本情况、搜索相关信息、参与选举活动的各个环节等；相反，动机弱的个体，则会使选举参与仅仅停留在形式层面，甚至弃选。[4]

3. 地区社会经济发展状况对县乡人大代表选举参与的影响——一个被忽视的变量层级

经济因素作为影响选举活动能否顺利推进的重要变量，其作用已被研究者所广泛重视。例如，作为衡量经济发展水平的重要指标，个体收入具有激发个体政治参与意识、提升个体政治参与水平的重要作用。[5]但也有研究发

---

[1] Shah, D. V., Cho, J., Eveland, W. P. and Kwak, N., "Information and Expression in a Digital Age Modeling Internet Effects on Civic Participation", *Communication Research*, Vol. 32, No. 5, 2005, pp. 531–565.

[2] Jung, N., Kim, Y. and de Zúñiga, H. G., "The Mediating Role of Knowledge and Efficacy in the Effects of Communication on Political Participation", *Mass Communication & Society*, Vol. 14, No. 4, 2011, pp. 407–430.

[3] Chen, J. and Zhong, Y., "Why Do People Vote in Semicompetitive Election in China?", *Journal of Politics*, Vol. 64, No. 1, 2002, pp. 178–197.

[4] Chang, S. P., "Pathways to Expressive and Collective Participation: Usage Patterns, Political Efficacy, and Political Participation in Social Networking Sites", *Journal of Broadcasting & Electronic Media*, Vol. 59, No. 4, 2015, pp. 698–716.

[5] Quintelier, E., Hooghe, M., "The Impact of Socio-economic Status on Political Participation", In K. N. Demetriou (Ed.), *Democracy in Transition*, Springer Berlin Heidelberg, 2013；胡荣、王泉超：《村民村级选举参与的影响因素分析——基于武平等四县农村的实证研究》，《中共福建省委党校学报》2008 年第 4 期；Jung, N., Kim, Y. and de Zúñiga, H. G., "The Mediating Role of Knowledge and Efficacy in the Effects of Communication on Political Participation", *Mass Communication & Society*, Vol. 14, No. 4, 2011, pp. 407–430; Mccluskey, M. R., Deshpande, S., Shah, D. V. and Mcleod, D. M., "The Efficacy Gap and Political Participation: When Political Influence Fails to Meet Expectations", *International Journal of Public Opinion Research*, Vol. 16, No. 4, 2004, pp. 437–455.

现：个体的收入水平对于选举投票率并无显著预测作用,[1]甚至出现个体收入对选举投票的反向影响,[2]这在一定程度上反映了经济发展现实与公民个体政治参与意愿的不相匹配。然而，在选举参与优化设定的前提下，对如何更好地解释经济因素与个体选举参与表现的分离现象,[3]我们认为，应当重视从区域层级考察经济变量与政治参与的关系及影响机制。从不同层面考察经济因素与政治参与的关系，将会获得不同的影响路径与机制;[4]而且，相较于国家或个体层次，区域层次上的各类经济发展指标能够更为精确、有效地预测和解释个体的选举参与行为。[5]具体到本章，公共财政预算收入指标对个体的选举参与表现具有显著的正向预测作用，即公共财政预算收入水平较高的地区，则该地区内选民的参与行为的表现更为积极。从上述反映区域经济发展状况的指标与个体选举参与的关系可知，选民在县乡两级人大代表选举中的参与表现，与其所在地区保障和改善民生的能力与水平保持了同向特征趋势。与此相反，区域 GDP 指标对区域内选民的选举参与行为具有显著的反向预测作用。此结果与蔡定剑的研究发现相近，即经济发达地区的公民，对于人大代表选举参与的积极性反而较低。[6]同时，城镇单位就业人数也对个体的选举参与行为具有显著的负向预测作用，这也从侧面反映了区域GDP 指标与所考察区域内就业潜力所具有的对应性。针对这种经济发展状况与选举参与水平的反向关系，可从两个方面进行原因的分析：第一，与村委会选举不同，基层人大代表选举与个体关联的程度相对较低，特别是在经济发展水平较好的地区，公民个体所享有的基本公共服务更为完善，这使得他们对基层人大代表选举的利益诉求较低，参与意愿和热情也相对不高；第

---

[1] Su, F. B., Ran, T., Sun, X. and Liu, M. X., "Clans, Electoral Procedures and Voter Turnout: Evidence from Villagers' Committee Elections in Transitional China", *Political Studies*, Vol. 59, No. 2, 2011, pp. 432–457.

[2] 张同龙、张林秀：《村委会选举中的村民投票行为、投票过程及其决定因素——基于全国 5 省 100 村 2000 户调查数据的实证研究》,《管理世界》2013 年第 4 期。

[3] Hong, Z. H., "'Three Disconnects' and China's Rural Election: A Case Study of Hailian Village", *Communist and Post-Communist Studies*, Vol. 39, No. 1, 2006, pp. 25–37.

[4] 中国社会科学院农村发展研究所课题组：《农村政治参与的行为逻辑》,《中国农村观察》2011 年第 3 期。

[5] Johnston, R. J. and Pattie, C. J., "'It's the Economy, Stupid' - but Which Economy? Geographical Scales, Retrospective Economic Evaluations and Voting at the 1997 British General Election", *Regional Studies*, Vol. 35, No. 4, 2001, pp. 309–319.

[6] 蔡定剑：《公民素质与选举改革调查》,《战略与管理》2003 年第 2 期。

二,经济发展水平相对较低的地区,基层人大代表选举活动的组织与动员实施相对更为容易,且选民的政治参与配合度更高,[①]因而选民的参与行为也会表现得更为积极。

(二) 研究思考与检视

1. 实践启示

针对本章多层线性模型的分析结果,我们结合县乡人大代表选举现实状况进行了进一步延伸思考,并获得以下三点启示。第一,基层人大代表选举是普通公民重要的政治生活实践,对其重视绝非仅限于投票率指标,更要关注其参与过程及效果。只有保证参与过程的完整性与质量,才能使其参与有效性得以确认。此目标的达成,不仅有赖于选举参与主体本身,还与其所处环境的各类因素有关。因此,在开展提升选举参与质量工作之初,即需确立对多层级影响因素的统合意识。第二,政治参与心理对个体选举参与行为具有重要的预测作用。这便提示我们,一方面要对政治参与过程中的个体心理与社会心态有所关注,另一方面还要重视对政治参与心理可能产生影响的诸多前因变量。其中,政治社会化便是一个重要的因素,其水平直接反映了个体参与政治活动的意识与能力(包括政治知识与技能等)。因此,不仅要从学校、家庭和社会等多元切入对青少年进行政治社会化教育,同时还应使成人树立终身政治社会化的自我发展观念,从而为公民个体的有序政治参与实践打好基础。第三,从区域层级来看地区经济与个体参与基层人大代表选举的关系,应立足于关注民生导向下的国家治理资源及水平,而非单纯的GDP经济发展指标。因而,从满足社会公共需要出发,制定和完善社会保障政策与体系,切实增强普通老百姓的"存在感"和"获得感",进而提升政治参与水平、推进政治文明进步。

2. 本章研究的不足与未来展望

本章利用具有多水平嵌套结构的全国性大样本数据,首次采用多层线性模型技术对影响选民在县乡人大代表选举过程中参与行为的影响因素及机制进行了初步分析,获得了一些有意义的结果。但作为一项探索性的研究,我们对于基层人大代表选举参与问题及相关变量的影响机制分析仍处于起步阶

[①] Gandhi, J. and Lust-Okar, E., "Elections Under Authoritarianism", *Annual Review of Political Science*, Vol. 12, 2009, pp. 403 – 422.

段。针对本章尚存的局限与不足，未来研究需从以下三个方面予以改进和完善。首先，在数据获取方面，我们虽然对不同层级的变量测量采用了主观和客观数据相结合的方式，一定程度上较好地避免了共同方法偏差效应的影响，但横截面的研究设计使模型因果关系的确认性有所降低。为此，如果能够依据选举活动的实际发生间隔对关注变量进行数据的持续采集，势必将有效提升变量关系的确认性水平。其次，在研究设计层面，本章对现有变量之间的诸多可能关系类型并未进行假设设定与检验，这与我们对本章的定位及单一研究的容量都有关系。在未来研究中，一方面我们会对更多的影响因素进行甄别，另一方面也将对相关变量与选举参与所可能存在的（包含一个或多个中介、调节变量等）复杂关系模型进行验证研究。最后，在分析深度方面，本章所遵循的方法范式仍为基于数据调查结果的实证分析，在此方法学路径基础上如需进行深度解读，还应辅以个案或现场研究，以保证对情境线索的有效获取与利用分析，从而提高研究的整体生态效度。

第三章　政治信任与选举参与：计划行为理论的分析框架

一　引言

（一）问题提出

政治参与不仅是现代"政治人"的重要特征，同时也是维护公民权利、实现民主政治的重要途径。作为民主政治的核心价值，政治参与意指公民个体所从事的旨在对政府决策领导或相关政策产生影响的活动。[①] 然而研究表明，在世界范围内政治参与都表现出明显的下降趋势，包括中国公民的政治参与水平也有所降低。[②] 那么，影响公民政治参与的因素有哪些？不同学科有其各自的关注焦点。政治学和社会学等关注政治体制、社会经济状况及相关人口学指标变量的影响作用，[③] 而心理学则倾向于关注各种心理变量（诸如价值观、态度、个性、动机等）与政治参与的关系。[④]

[①] Verba, S., Schlozman, K. L. and Brady, H., *Voice and Equality: Civic Voluntarism in American Politics*, Cambridge, MA: Harvard University Press, 1995, p. 38.

[②] 孙龙、雷弢：《区县人大代表选举中的选民参与——对北京选民的追踪调查与比较分析》，《江苏行政学院学报》2007 年第 1 期；Xu, Q., Perkins, D. D. and Chun-Chung, C. J., "Sense of Community, Neighboring, and Social Capital as Predictors of Local Political Participation in China", *American Journal of Community Psychology*, Vol. 45, No. 3 – 4, 2010, pp. 259 – 271.

[③] Brady, H. E., Verba, S. and Schlozman, K. L., "Beyond SES: A Resource Model of Political Participation", *American Political Science Review*, Vol. 89, No. 2, 1995, pp. 271 – 294; Gandhi, J. and Lust-Okar, E., "Elections Under Authoritarianism", *Annual Review of Political Science*, Vol. 12, No. 1, 2009, pp. 403 – 422; Li, L., "Distrust in Government Leaders, Demand for Leadership Change, and Preference for Popular Elections in Rural China", *Political Behavior*, Vol. 33, No. 2, 2011, pp. 291 – 311.

[④] Bekkers, R., "Participation in Voluntary Associations: Relations with Resources, Personality, and Political Values", *Political Psychology*, Vol. 26, No. 3, 2005, pp. 439 – 454; Frank, R., "How Internal Political Efficacy Translates Political Knowledge into Political Participation: Evidence from Germany", *Europes Journal of Psychology*, Vol. 12, No. 2, 2016, pp. 221 – 241; Schoen, H. and Schumann, S., "Personality Traits, Partisan Attitudes, and Voting Behavior. Evidence from Germany", *Political Psychology*, Vol. 28, No. 4, 2007, pp. 471 – 498.

以往关于政治参与的研究成果主要集中在欧美国家，特别是从政治心理学视角针对中国公民政治参与开展的实证研究相对较少。为此，本章试图解决以下两个问题：一是在中国情境下心理变量（如政治效能感、参与意愿）如何影响个体的政治参与，二是心理变量与政治参与作用关系的边界条件是什么。由于历史、社会以及政治等因素的差异，中国公民的政治参与（例如选举参与）状况及表现与欧美国家并不相同。首先，在威权体制下，公民的民主观念与其政治参与行为之间并不具有对应一致性。[1] 以中国的地方人大代表选举为例，作为一种半竞争性选举形式，[2] 公民的政治态度对解释和预测其选举参与具有重要意义。其次，从选举参与的过程来看，中国的选举具有明显的行政动员特点，[3] 且地方人大代表选举的投票率在很大程度上有赖于这种动员。而较高水平的政治信任，恰恰有助于提升个体在由政府主导的政治活动中的参与表现。[4] 有鉴于此，可以认为：在地方人大代表选举中，政治信任水平越高，越有助于行政动员对个体参与的促进影响；相反，较低的政治信任，则会减弱行政动员对个体参与选举意愿的影响，进而使参与选举活动的选民人数减少。

基于上述分析，本章的主要任务在于了解和分析政治效能感、参与意愿对政治参与的潜在影响机制，以及政治信任在上述机制中的作用表现。根据计划行为理论和社会交换理论，我们认为：政治效能感通过参与意愿对政治参与具有正向影响；同时，当公民的政治信任水平较低时，上述影响关系将会被减弱。

（二）文献综述及研究假设

1. 政治效能感与政治参与的关系

政治行为的发生有赖于各种资源的保障，而政治效能感则是其中重要

---

[1] Gandhi, J. and Lust-Okar, E., "Elections Under Authoritarianism", *Annual Review of Political Science*, Vol. 12, 2009, pp. 403–422.

[2] Chen, J. and Zhong, Y., "Why do People Vote in Semicompetitive Election in China?", *Journal of Politics*, Vol. 64, No. 1, 2002, pp. 178–197.

[3] Guan, M. and Green, D. P., "Noncoercive Mobilization in State-Controlled Elections - an Experimental Study in Beijing", *Comparative Political Studies*, Vol. 39, No. 10, 2006, pp. 1175–1193.

[4] Zhang, X. Z. and Lin, W. Y., "Political Participation in an Unlikely Place: How Individuals Engage in Politics through Social Networking Sites in China", *International Journal of Communication*, Vol. 8, No. 1, 2014, pp. 21–42.

而稳定的心理资源类型。① 政治效能感是有关个体对自身理解和参与政治活动的能力所持有的信念或自信体验。② 而在影响政治行为的众多因素中，政治效能感与政治参与的关系最为密切。③ 已有大量研究对政治效能感与政治参与的关系进行了研究。首先，有研究指出，政治效能感对政治参与具有显著的影响。那些具有较高政治效能感的公民，往往在政治参与过程中有更为积极的表现；④ 相反，那些政治效能感低下的公民，则会表现出更多的政治冷漠与退缩。⑤ 其次，政治效能感对政治参与的影响，在时间上保持一定的稳定性。跨越不同时期，那些具有较高政治效能感的公民，在选举投票过程中始终表现出积极的参与状态。⑥ 最后，政治效能感与政治参与行为之间的关系，没有因性别差异或既有政治参与经验的多寡而减弱或发生明显变化。⑦

2. 基于参与意愿的中介效应

何种中介作用过程能够说明政治效能感对政治参与的影响作用。根据计划行为理论，我们认为政治效能感与政治参与的关系可能受到公民个体参与意愿的中介影响。因为参与意愿反映了影响个体参与行为的动机因素，是个体是否愿意参与相关政治活动并为此付诸行为努力的重要指标。计划行为理

---

① Valentino, N. A., Gregorowicz, K. and Groenendyk, E. W., "Efficacy, Emotions and the Habit of Participation", *Political Behavior*, Vol. 31, No. 3, 2009, pp. 307-330.

② Niemi, R. G., Craig, S. C. and Mattei, F., "Measuring Internal Political Efficacy in the 1988 National Election Study", *American Political Science Review*, Vol. 85, No. 4, 1991, pp. 1407-1413.

③ Kenski, K. and Stroud, N. J., "Connections Between Internet Use and Political Efficacy, Knowledge, and Participation", *Journal of Broadcasting & Electronic Media*, Vol. 50, No. 2, 2006, pp. 173-192.

④ Caprara, G. V., Vecchione, M., Capanna, C. and Mebane, M., "Perceived Political Self-Efficacy: Theory, Assessment, and Applications", *European Journal of Social Psychology*, Vol. 39, No. 6, 2009, pp. 1002-1020；李蓉蓉：《农民政治效能感对政治参与影响的实证研究》，《深圳大学学报》（人文社会科学版）2013 年第 4 期。

⑤ Li, L. J., "The Empowering Effect of Village Elections in China", *Asian Survey*, Vol. 43, No. 4, 2003, pp. 648-662.

⑥ Finkel, S. E., "Reciprocal Effects of Participation and Political Efficacy: A Panel Analysis", *American Journal of Political Science*, Vol. 29, No. 4, 1985, pp. 891-913; Valentino, N. A., Gregorowicz, K. and Groenendyk, E. W., "Efficacy, Emotions and the Habit of Participation", *Political Behavior*, Vol. 31, No. 3, 2009, pp. 307-330.

⑦ Lu, J. and Shi, T. J., "Political Experience a Missing Variable in the Study of Political Transformation", *Comparative Politics*, Vol. 42, No. 1, 2009, pp. 103-120; Wen, N., Hao, X. and George, C., "Gender and Political Participation: News Consumption, Political Efficacy and Interpersonal Communication", *Asian Journal of Womens Studies*, Vol. 19, No. 4, 2013, pp. 124-149.

论指出，意愿不仅受到一系列前因变量（例如行为控制知觉）的影响，同时还对相关行为具有显著的预测作用。[1] 例如，作为行为控制知觉因素重要的表现形式，个体的自我效能感通过改善、提升其行为意愿对行为产生积极的影响作用。

大量的实证研究已经证实，个体的自我效能感、行为意愿与行为实施之间的关系适用于政治研究领域。[2] 首先，与行为控制知觉中的控制感相比，个体的自我效能感对个体行为意愿和行为实施具有更强的预测影响能力。[3] 政治效能感不仅对个体的参与意愿具有显著的正向影响，同时还能够有效地预测其参与意愿的变化状况和趋势。[4] 具体而言，有研究者发现，公民个体的政治效能感水平越高，其在选举过程中的参与意愿越强、表现越积极。[5] 其次，动机强度和行为发生的概率之间存在显著的正向相关。那些具有较高参与意愿的公民，面对社会公共事务更有可能参与其中，并积极表达自己的观点。[6] 此外，参与意愿变量对青年群体后续（或后期）的政治参与行为具有显著的促进作用，那些持有较高政治参与意愿的青年，随着时间的推进，仍旧在政治活动中具有积极的表现。[7] 考虑到政治效能感对参与意愿的影响效应以及参与意愿在政治参与行为中的重要作用，我们认为政治效能感可能

---

[1] Ajzen, I., "Perceived Behavioral Control, Self-Efficacy, Locus of Control, and the Theory of Planned Behavior", *Journal of Applied Social Psychology*, Vol. 32, No. 4, 2002, pp. 665–683.

[2] Frank, R., "How Internal Political Efficacy Translates Political Knowledge into Political Participation: Evidence from Germany", *Europes Journal of Psychology*, Vol. 12, No. 2, 2016, pp. 221–241.

[3] Trafimow, D., Sheeran, P., Conner, M. and Finlay, K. A., "Evidence that Perceived Behavioural Control is a Multidimensional Construct: Perceived Control and Perceived Difficulty", *British Journal of Social Psychology*, Vol. 41, No. 1, 2002, pp. 101–121.

[4] 郭小安、张伟伟：《新媒体从业人员的政治效能感与政治参与意愿——一项针对成、渝两地新媒体从业者的调查研究》，《新闻大学》2016 年第 4 期；Pavlova, M. K. and Silbereisen, R. K., "Supportive Social Contexts and Intentions for Civic and Political Participation: An Application of the Theory of Planned Behaviour", *Journal of Community & Applied Social Psychology*, Vol. 25, No. 5, 2015, pp. 432–446; Han, L. Y., Kipps, E. and Kaye, S. B., "Predictors of Intentions to Participate in Politics and Actual Political Behaviors in Young Adulthood", *International Journal of Behavioral Development*, Vol. 37, No. 5, 2013, pp. 428–435.

[5] Li, L., "Distrust in Government Leaders, Demand for Leadership Change, and Preference for Popular Elections in Rural China", *Political Behavior*, Vol. 33, No. 2, 2011, pp. 291–311.

[6] Swapan, M. S. H., "Who Participates and Who Doesn't? Adapting Community Participation Model for Developing Countries", *Cities*, Vol. 53, No. 9, 2016, pp. 70–77.

[7] Han, L. Y., Kipps, E. and Kaye, S. B., "Predictors of Intentions to Participate in Politics and Actual Political Behaviors in Young Adulthood", *International Journal of Behavioral Development*, Vol. 37, No. 5, 2013, pp. 428–435.

通过参与意愿影响公民个体的政治参与行为。

3. 基于政治信任的调节效应

尽管政治效能感可能通过参与意愿影响公民个体的政治参与，但这种影响并非对所有个体均是相同的。事实上，作为政治参与（如选举参与）重要的决定因素，心理变量的作用可能还要受到政治系统等环境因素的影响。① 因此，个体对政治系统的知觉或态度（如政治信任）可能会对政治效能感、参与意愿和参与行为的关系具有调节作用。政治信任被定义为公民根据政府或政治系统绩效完成的情况所形成的指向政治或政治系统的信任或态度。② 政治信任在构建公民对政府支持的过程中发挥着重要的作用。③ 那些具有较高政治信任的个体，通常更倾向于支持政府制定的相关政策、与政府合作以及投入精力卷入政治活动。特别是对于那些制度化或常规化的政治行为（如选举或意见表达等）而言，都与政治信任具有显著的正向相关。④ 此外，一些跨国家或地区的研究表明，政治信任能够促进和提升个体在制度化政治活动中的参与表现，而政治不信任则可能会增加个体在非制度化政治活动中的参与。⑤

此外，政治信任可能会对政治效能感和政治参与的直接与间接关系产生调节作用。根据社会交换理论，政治信任是在社会交换过程中公民形成的对政府或政治系统的信任与态度。公民与政府（或政治系统）之间的信任关系一旦建立，公民将通过对政府政策的赞同或政府决策的积极响应来维持二

---

① Karp, J. A. and Banducci, S. A., "Political Efficacy and Participation in Twenty-Seven Democracies: How Electoral Systems Shape Political Behaviour", *British Journal of Political Science*, Vol. 38, No. 3, 2008, pp. 311 – 334.

② Hetherington, M. J., "The Political Relevance of Political Trust", *American Political Science Review*, Vol. 92, No. 4, 1998, pp. 791 – 808.

③ Ma, D. and Yang, F., "Authoritarian Orientations and Political Trust in East Asian Societies", *East Asia*, Vol. 31, No. 4, 2014, pp. 323 – 341.

④ Kim, H. S., "Generalised Trust, Institutional Trust and Political Participation", *Asian Journal of Social Science*, Vol. 42, No. 6, 2014, pp. 695 – 721; Tao, R., Su, F. B., Sun, X. and Lu, X., "Political Trust as Rational Belief: Evidence From Chinese Village Elections", *Journal of Comparative Economics*, Vol. 39, No. 1, 2005, pp. 108 – 121; 孙昕、徐志刚、陶然、苏福兵：《政治信任、社会资本和村民选举参与——基于全国代表性样本调查的实证分析》，《社会学研究》2007 年第 4 期；易承志：《政治信任与内在效能感对基层选举投票的影响》，《华中师范大学学报》（人文社会科学版）2015 年第 6 期。

⑤ Hooghe, M. and Marien, S., "A Comparative Analysis of the Relation Between Political Trust and Forms of Political Participation in Europe", *European Societies*, Vol. 15, No. 1, 2013, pp. 131 – 152; Suh, H., Yee, J. and Chang, D., "Type of Trust and Political Participation in Five Countries", *Development & Society*, Vol. 42, No. 1, 2013, pp. 1 – 28.

者的关系。① 同时,政治信任水平越高的公民,越倾向于相信自己的参与会对政府政策或政治系统的决策产生影响,从而增强了参与意愿与政治行为之间的关系。因此,对于那些政治信任度高的中国公民而言,政治效能感、参与意愿和政治参与行为之间的间接影响关系更强。当在参与过程中面对困难时,那些具有较高政治信任的个体可能比那些具有同水平政治效能感而政治信任水平较低的个体,能够投入更多努力来完成政治活动的参与。此外,有研究发现,政治效能感、政治信任与政治参与之间不仅具有显著相关,而且政治效能感和政治信任对参与行为具有显著的交互效应。② 由此可知,政治信任作为调节变量,可以增强政治效能感对政治参与的影响作用。

本章旨在探讨政治效能感与政治参与之间的关系是否受到参与意愿的中介影响,以及政治效能感对政治参与的影响和参与意愿的中介效应是否受到政治信任的调节影响。据此提出所要检验的模型结构(见图3-1),具体假设如下。H_1:参与意愿对政治效能感与政治参与的关系具有中介作用。H_2:政治信任对政治效能感与政治参与的直接关系以及参与意愿的间接关系具有显著的调节作用,即对政治信任水平较低的个体而言,政治效能感与政治参与的直接关系和参与意愿的间接关系表现得更弱。

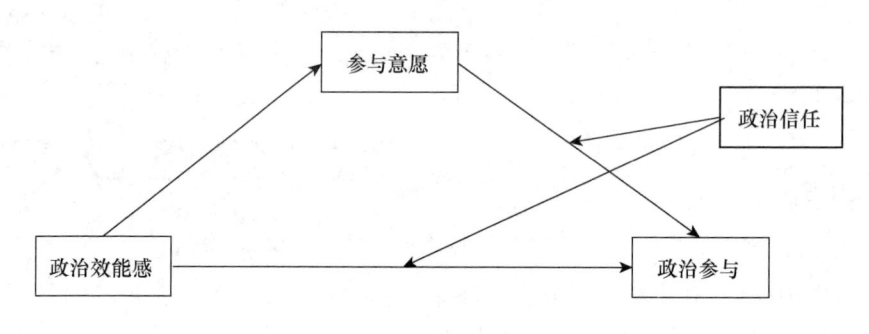

图 3-1 研究假设模型

---

① Hetherington, M. J. and Globetti, S., "Political Trust and Racial Policy Preferences", *American Journal of Political Science*, Vol. 46, No. 2, 2002, pp. 253 – 275; Rudolph, T. J. and Evans, J., "Political Trust, Ideology, and Public Support for Government Spending", *American Journal of Political Science*, Vol. 49, No. 3, 2005, pp. 660 – 671.

② Wang, S., "Political Use of the Internet, Political Attitudes and Political Participation", *Asian Journal of Communication*, Vol. 17, No. 4, 2007, pp. 381 – 395; Hooghe, M. and Marien, S., "A Comparative Analysis of the Relation Between Political Trust and Forms of Political Participation in Europe", *European Societies*, Vol. 15, No. 1, 2013, pp. 131 – 152.

二 数据获取、变量测量与调查设计

（一）样本情况

2014年，中国社会科学院"中国公民县乡人大代表选举参与调查"项目组，在都会区、东北、东部、中部和西部地区进行一级抽样，根据国家统计局发布的2013年地区生产总值数据，按照经济发展水平居中的标准抽取了安徽、北京、甘肃、广西壮族自治区、黑龙江、湖北、山东、陕西、天津和浙江等10个省（自治区、直辖市）。随后，根据各省2013年数据，抽取经济发展水平居中的地级市（其中省会城市为必选），共抽取24个地级市。最后，按照相同标准抽取地级市中的区或县，并在对应区或县进行随机抽样，通过入户调查的方式向当地年满18周岁、居住满一年的城乡居民发放问卷8800份，收回有效问卷8635份。其中，女性4343人（50.30%），男性4292人（49.70%）；平均年龄41.53岁（18—88岁，标准差为14.36）；少数民族867人（10.04%），汉族7768人（89.96%）；在学历方面，初中及以下4286人（49.64%），高中（含高职中专）2739人（31.72%），大学及以上1610人（18.65%）；在区域分布方面，北京851人（9.86%），天津865人（10.02%），黑龙江880人（10.19%），山东873人（10.11%），浙江836人（9.68%），湖北877人（10.16%），安徽836人（9.68%），甘肃870人（10.08%），广西壮族自治区880人（10.19%），陕西867人（10.04%）；在政治面貌方面，中共党员892人（10.33%），共青团员1343人（15.55%），群众及其他6399人（74.11%），信息缺失1人（0.01%）；在户籍类型方面，城镇户籍3957人（45.83%），农村户籍4670人（54.08%），信息缺失8人（0.09%）。

（二）变量测量

1. 政治效能感

采用郑建君编制的政治效能感量表进行变量测量，该量表由3个题目构成（其中1个题目为反向计分），通过5点计分方式由被调查者自行作答完成问卷（数字1—5分别表示从"非常不同意"到"非常同意"）。量表样题如下"在选举中我能够充分收集相关信息，并进行有效的分析和判断"。对所有题目的得分加总取均值，分数越高表明政治效能感的水平越高。在本章中，该量表的 Cronbach's α 为 0.81。

2. 参与意愿

借鉴已有政治行为意愿量表对公民政治参与意愿水平进行评估,[①] 该量表共计 3 个题目（其中有 1 个题目是反向计分）。被调查者被要求自信作答问卷并回答相应的问题，例如，"我希望在地方人大代表选举中有更多的实际参与"。所有题目均采用 5 点计分（数字 1—5 分别表示从"非常不同意"到"非常同意"），并将得分加总取均值，最终分数越高，表明其参与意愿的水平越高。在本章中，该量表的 Cronbach's α 为 0.78。

3. 政治信任

借鉴孙昕等编制的量表对政治信任进行测量,[②] 该量表共计 5 个题目，样题如下"党和政府的政策确实是真心实意关心普通老百姓的"。该量表采用 6 点计分（数字 1—6 分别表示从"完全不同意"到"完全同意"），所有题目均为正向计分，加总取均值后的分数越高，表明政治信任的水平越高。在本章中，该量表的 Cronbach's α 为 0.86。

4. 选举参与

在各级人大代表选举中，地方人大代表是由选民直接选举产生的（县、乡两级），是中国公民直接参与政治生活的重要途径之一。因此，我们调查了被试在参与地方人大代表选举中的表现。根据地方人大代表选举的基本程序，我们设计了 4 个题目对选民的参与情况进行评估，并要求被试回答以下四个问题，即是否参与了候选人提名（0.5 分）、是否参加协商确定候选人（0.5 分）、是否参加了与候选人的见面活动（0.5 分），是否现场投票（2.5 分）。如果被试完成了上述行为，则获得相应分数；否则，不得分。对所有题目得分进行加总，得分越高（0—4 分），表明在地方人大代表选举的参与中表现越好。

（三）调查过程与数据处理

数据收集由中国社会科学院委托第三方专业机构历时 4 个月完成，调查员在遵循统一调查流程的同时，调查督导对入户调查的执行情况进行抽检核实，以保证数据的质量。在数据处理上，首先，对数据进行描述统计分析，并运用结构方

[①] 房宁：《政治参与蓝皮书：中国政治参与报告（2012）》，社会科学文献出版社 2012 年版，第 2—22 页。

[②] 孙昕、徐志刚、陶然、苏福兵：《政治信任、社会资本和村民选举参与——基于全国代表性样本调查的实证分析》，《社会学研究》2007 年第 4 期。

程模型对变量关系结构和同源偏差影响予以检验；其次，对假设模型进行验证分析；最后，对有调节的中介模型的稳健性以及交互效应进行检验分析。

三 政治信任在政治效能感、参与意愿和行为关系中的作用

（一）描述统计分析结果

核心变量及人口学指标变量的均值、标准差和相关分析结果见表3-1。其中，政治效能感、参与意愿、政治信任和选举参与四个变量两两之间相关显著；与此同时，除学历和户籍类型外，性别、民族、年龄和政治面貌四个人口学指标变量均与选举参与相关显著，需在后续的假设检验中作为控制变量纳入模型分析。

（二）测量模型的验证性因素分析与同源偏差检验

采用 Mplus7.0 对测量模型的结构进行检验，WLSMV 估计的结果显示：$\chi^2 = 1165.28$，$df = 84$，$RMSEA = 0.039$，$WRMR = 2.47$，$CFI = 0.95$，$TLI = 0.94$，且各因子载荷在 0.001 水平上均显著，表明测量模型的结构可以接受。此外，与测量模型相对应，本章提出两种替代模型，以进一步确认测量模型的区分效度。模型 A 将参与意愿和政治信任两个因素合并，验证性因素分析结果显示：$\chi^2 = 3659.10$，$df = 87$（$\Delta\chi^2 = 1329.41$，$\Delta df = 3$，$p < 0.001$），$RMSEA = 0.069$，$WRMR = 4.51$，$CFI = 0.84$，$TLI = 0.80$。模型 B 将政治效能感和政治信任两个因素合并，验证性因素分析结果显示：$\chi^2 = 4169.67$，$df = 87$（$\Delta\chi^2 = 1506.23$，$\Delta df = 3$，$p < 0.001$），$RMSEA = 0.074$，$WRMR = 4.84$，$CFI = 0.81$，$TLI = 0.77$。从上述模型的比较结果可知，测量模型的拟合效果明显优于两个替代模型。

由于本章数据均为同一来源收集，可能会存在同源偏差的影响。为此，我们首先要求被试匿名作答问卷，以减少被试的评价焦虑和社会赞许性等问题。随后，采用 Harman 单因素检验对可能存在的同源偏差影响进行检验：一是在因子未旋转的情况下进行主成分分析，结果出现四个特征根植大于 1 的因子，首个因子的方差解释率为 27.25%（小于 40%）；二是运用 CFA 使用 WLSMV 估计对所有因子合并后的单因子模型进行检验，结果发现，模型拟合欠佳（$\chi^2 = 18170.27$，$df = 90$，$RMSEA = 0.154$，$WRMR = 9.80$，$CFI = 0.17$，$TLI = 0.03$）。由此可知，同源偏差的影响并不严重，可进行后续的统计分析。

表3-1　均值、标准差及相关矩阵

	1	2	3	4	5	6	7	8	9	10
1 性别	1.00									
2 民族	-0.002	1.00								
3 年龄	-0.075**	-0.010	1.00							
4 学历	-0.034**	-0.064**	-0.365**	1.00						
5 政治面貌	0.118**	0.040**	0.073**	-0.383**	1.00					
6 户籍类型	-0.009	0.068**	-0.056**	-0.339**	0.159**	1.00				
7 政治效能感	-0.022*	-0.017	0.036**	0.012	-0.054**	-0.005	1.00			
8 参与意愿	-0.007	0.067**	0.010	0.051**	-0.069**	0.000	0.317**	1.00		
9 政治信任	-0.006	-0.001	0.030**	0.032**	-0.082**	-0.041**	0.223**	0.270**	1.00	
10 选举参与	-0.035**	0.036**	0.109**	0.019	-0.074**	-0.002	0.100**	0.097**	0.078**	1.00
M	1.50	1.10	41.53	1.69	2.64	1.54	3.07	3.20	3.90	1.03
SD	0.50	0.30	14.36	0.77	0.66	0.50	0.55	0.62	0.99	1.36

注：* 表示 $p < 0.05$，** $p < 0.01$。

(三) 假设检验结果

1. 中介效应模型的检验

为检验政治效能感通过参与意愿对选举参与的间接影响，运用 Bootstrap 法对中介模型进行检验，将预测变量、中介变量和结果变量标准化，并控制相关人口学变量，结果显示（见表 3-2）：政治效能感对参与意愿和选举参与均具有显著的正向影响；将政治效能感和参与意愿同时纳入方程，参与意愿对选举参与具有正向影响，政治效能感对选举参与的影响有所减弱。稳健性检验结果显示：参与意愿在政治效能感和选举参与关系中的中介作用显著，其效应值为 0.020，$SE = 0.004$，$95\% \ CI = [0.013, 0.028]$，占总效应的 21.05%。

表 3-2　　　　　　　　　中介模型检验结果

		模型1：选举参与		模型2：参与意愿		模型3：选举参与	
		β	t	β	t	β	t
性别	男	0.025	1.182	-0.013	-0.614	0.026	1.222
年龄		0.005	6.748***	0.001	0.124	0.005	6.752***
民族	汉	-0.125	-3.538***	-0.243	-7.137***	-0.110	-3.095**
政治面貌	中共党员	0.342	9.518***	0.177	5.114***	0.331	9.206***
	共青团员	-0.089	-2.775**	0.073	2.376*	-0.093	-2.926**
政治效能感		0.095	8.934***	0.318	31.004***	0.075	6.672***
参与意愿						0.064	5.687***
R^2		0.036		0.110		0.039	
F		52.427***		175.901***		49.723***	

注：* 表示 $p < 0.05$，** 表示 $p < 0.01$，*** $p < 0.001$；数据缺失118份，实际进入模型分析的数据8517份。

2. 有调节的中介效应模型的检验

运用 Bootstrap 分析，以检验政治信任对"政治效能感→选举参与"直接关系和"政治效能感→参与意愿→选举参与"间接关系后半路径的调节作用。通过随机抽取从原始数据（$N = 8509$）中产生5000个样本，在控制相关人口学指标的同时，对关注变量进行标准化处理，分析结果表明（见表3-3）：政治效能感对参与意愿具有显著的正向影响；政治效能感和政治

表3-3 有调节的中介模型检验结果

		模型4：参与意愿			模型5：选举参与		
		β	95% CI	t	β	95% CI	t
性别	男	-0.014	[-0.054, 0.027]	-0.673	0.027	[-0.015, 0.069]	1.273
年龄		0.001	[-0.001, 0.002]	0.060	0.005	[0.004, 0.007]	6.454***
民族	汉	-0.240	[-0.307, -0.174]	-7.055***	-0.106	[-0.176, -0.037]	-3.003**
政治面貌	中共党员	0.178	[0.110, 0.246]	5.143***	0.314	[0.243, 0.384]	8.729***
	共青团员	0.073	[0.013, 0.133]	2.367*	-0.104	[-0.167, -0.042]	-3.268**
政治效能感		0.319	[0.299, 0.339]	31.044***	0.066	[0.044, 0.088]	5.786***
参与意愿					0.051	[0.029, 0.074]	4.460***
政治信任					0.036	[0.014, 0.058]	3.190**
政治效能感×政治信任					0.041	[0.021, 0.061]	3.959***
参与意愿×政治信任					0.031	[0.011, 0.052]	3.016**
R^2		0.111			0.045		
F		176.278***			40.249***		

注：*表示 $p < 0.05$，**表示 $p < 0.01$，***表示 $p < 0.001$。

信任的交互项、参与意愿和政治信任的交互项，均对选举参与具有显著的正向影响。此外，有调节的中介效应显著，其效应值为 0.010，SE 为 0.003，95% CI [0.003, 0.017]，不包括 0。上述结果表明，在政治效能感与选举参与、参与意愿与选举参与的关系中，政治信任具有显著的调节作用。

在随后的分析中，将政治信任按照 $M \pm 1SD$ 的标准划分为高、低分组，以检验政治信任在政治效能感与选举参与直接关系和参与意愿间接关系中的调节效应，结果见表 3-4。进一步对政治效能感与政治信任的交互效应进行简单斜率检验，结果显示（见图 3-2）：在高政治信任条件下，政治效能感对选举参与具有显著的正向影响（$b_{simple} = 0.297$，$t = 4.657$，$p < 0.001$）；而在低政治信任条件下，政治效能感对选举参与的影响不显著（$b_{simple} = 0.058$，$t = 0.830$，$p > 0.05$）。同样，对参与意愿与政治信任的交互效应进行简单斜率检验，结果显示（见图 3-3）：在高政治信任条件下，参与意愿对选举参与具有显著的正向影响（$b_{simple} = 0.206$，$t = 3.416$，$p < 0.01$）；而在低政治信任条件下，参与意愿对选举参与的影响不显著（$b_{simple} = 0.022$，$t = 0.355$，$p > 0.05$）。

表 3-4　　政治信任对直接和间接关系调节的稳健性检验结果

	政治信任	效应值	SE	95% CI
政治效能感→选举参与	低	0.025	0.015	[-0.005, 0.055]
	中	0.066	0.011	[0.044, 0.088]
	高	0.107	0.015	[0.077, 0.137]
政治效能感→参与意愿→选举参与	低	0.006	0.005	[-0.003, 0.016]
	中	0.016	0.004	[0.009, 0.024]
	高	0.025	0.005	[0.016, 0.037]

四　讨论与总结

本章构建了一个有调节的中介模型，以分析政治效能感与选举参与之间的关系机制，结果发现：政治效能感对选举参与具有显著正向影响，其作用部分归因于公民参与意愿的增加；此外，政治效能感对选举参与的正向作用受到政治信任的调节影响，即在高政治信任条件下，政治效能感与选举参与

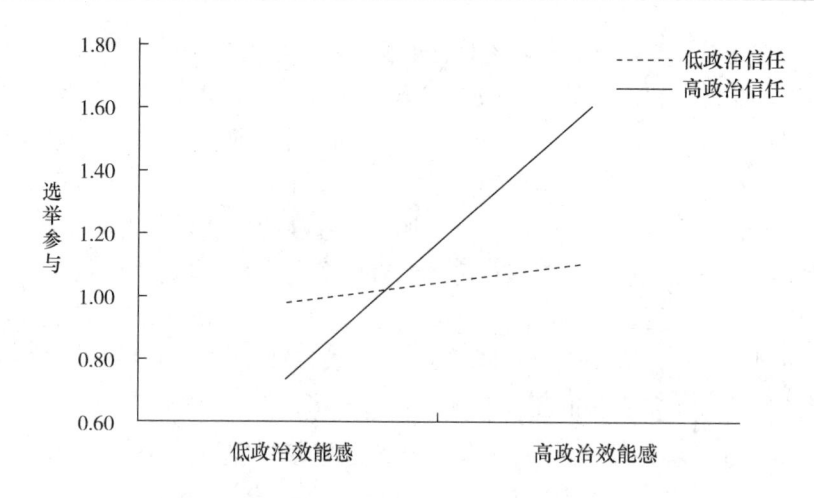

图 3-2　政治效能感与政治信任的交互效应

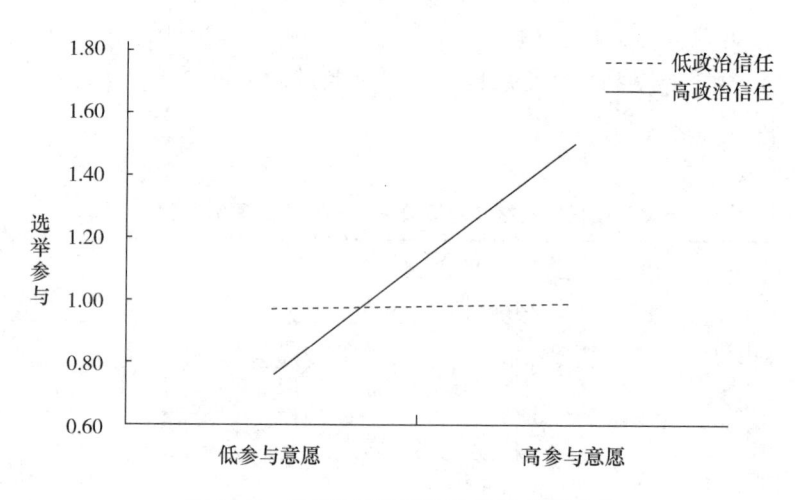

图 3-3　参与意愿与政治信任的交互效应

之间的关系得到加强；同样，政治信任还对政治效能感与选举参与之间的间接关系的后半路径具有调节影响，即在高政治信任条件下，从参与意愿到选举参与行为的路径得到加强。

（一）结果讨论

第一，我们首次提出并通过中国公民的调查数据对"政治效能感→参与意愿→选举参与"这一中介路径予以了验证，即参与意愿在政治效能感与政治参与关系间具有部分中介作用。这一结果不仅与计划行为理论的观点相契合,而且同既有研究具有一致性,即政治效能感对参与意愿具有显著影响,[1] 同时参与意愿对政治参与行为具有显著的预测作用。[2] 作为个体政治行为动机的基础,政治效能感将会导致更强的参与意愿和更为积极的政治参与行为;同时,作为个体行为控制的知觉因素,政治效能感对政治行为的影响是通过公民个体的参与意愿得以实现的。

第二,政治信任对政治效能感与政治参与的直接关系具有调节作用。尽管政治效能感对政治参与的主效应已被大量实证研究所证实,即具有较高政治效能感的公民,在选举参与中往往表现得更为积极。然而,那些具有较高政治信任水平的公民个体,其政治效能感对政治参与行为的影响效力更为显著。[3] 因为高水平的政治信任代表了公民个体与政府(或政治系统)之间所存在的和谐关系,这使公民个体在以政府为主导的政治活动中,对自身的政治行为控制感与参与表现得以强化和提升。相反,当公民个体的政治信任水平较低时,政治效能感则失去了其对公民政治行为参与的驱动作用和意义。

第三,政治效能感通过参与意愿对政治参与行为的间接影响,也受到政治信任的调节影响。关于此结果,可以从两个方面予以解释和说明。一是在半竞争性的选举中,在一定程度上公民个体的参与有赖于行政动员的效果,这就使公民与政府(或政治系统)的关系显得尤为重要。因此,政治信任的水平高低,往往预示着行政动员对个体参与政治活动的影响效果的优劣。二是政治信任的形成,其实是公民个体与政府(或政治系统)之间关系缔

---

[1] Hoffman, L. H., Jones, P. E. and Young, D. G., "Does My Comment Count? Perceptions of Political Participation in an Online Environment", *Computers in Human Behavior*, Vol. 29, No. 6, 2013, pp. 2248 – 2256; Li, L., "Distrust in Government Leaders, Demand for Leadership Change, and Preference for Popular Elections in Rural China", *Political Behavior*, Vol. 33, No. 2, 2011, pp. 291 – 311; Pavlova, M. K. and Silbereisen, R. K., "Supportive Social Contexts and Intentions for Civic and Political Participation: An Application of the Theory of Planned Behaviour", *Journal of Community & Applied Social Psychology*, Vol. 25, No. 5, 2015, pp. 432 – 446.

[2] Han, L. Y., Kipps, E. and Kaye, S. B., "Predictors of Intentions to Participate in Politics and Actual Political Behaviors in Young Adulthood", *International Journal of Behavioral Development*, Vol. 37, No. 5, 2013, pp. 428 – 435; Swapan, M. S. H., "Who Participates and Who Doesn't? Adapting Community Participation Model for Developing Countries", *Cities*, Vol. 53, No. 9, 2016, pp. 70 – 77.

[3] Zhang, X. Z. and Lin, W. Y., "Political Participation in an Unlikely Place: How Individuals Engage in Politics through Social Networking Sites in China", *International Journal of Communication*, Vol. 8, No. 1, 2014, pp. 21 – 42.

结和积极互动的过程。① 根据社会交换理论，在对政府或政治系统给予积极回应的时候，那些具有较高政治信任的公民，通常也会表现出更高的自我评价和更强的政治参与动机。

(二) 理论与实践意义

本章的发现，具有一定的理论和实践意义。第一，在理论层面，基于计划行为理论，本章在政治研究领域验证了"效能感→意愿→行为"这一中介机制；同时，本章还检验了政治信任对政治效能感、参与意愿与政治参与中介模型的调节作用，这一结果有助于我们把握和理解在中国情境下公民政治参与的动力机制。第二，从实践角度来看，公民个体在政治活动中的参与表现，不仅有赖于其所具有的政治效能感，还与其自身的参与意愿有关。因此，通过提高公民个体的政治效能感（例如，参与政治活动的能力）和参与意愿（包括对参与重要性的认知），将有助于其积极参与政治活动的发生。第三，考虑到在政治信任水平较低的情况下，政治效能感对选举参与的直接影响以及通过参与意愿的间接影响均不显著，政府应该重点关注和强化公民在政治参与过程中政治信任的培育及维护；也就是说，在促进公民积极参与选举投票方面，提高个体的政治信任水平显然具有比强化行政动员更好的效果。

(三) 本章研究的不足与未来展望

尽管我们获得了一些有意义的发现，但也存在一些不足，需在今后的研究中加以改进。首先，本章数据是通过被试自我报告的方式获取的，这可能会导致误差存在（例如，同源偏差、社会赞许性等）。虽然我们在后续的检验中没有发现严重的同源偏差影响，但今后如果能通过多来源或分段多批次数据收集，将会进一步提升数据的质量和客观性。其次，目前的横断面研究设计，在变量的因果关系推论上仍显确认性不足。未来研究可考虑采用纵向研究设计或实验设计，来提升对变量因果关系的判定。最后，本章是以地方人大代表选举参与为"政治参与"考察形式的，如涉及其他形式的政治参

---

① Hetherington, M. J. and Globetti, S., "Political Trust and Racial Policy Preferences", *American Journal of Political Science*, Vol. 46, No. 2, 2002, pp. 253-275; Rudolph, T. J. and Evans, J., "Political Trust, Ideology, and Public Support for Government Spending", *American Journal of Political Science*, Vol. 49, No. 3, 2005, pp. 660-671.

与或其他类型的选举活动,则该结果的推广仍需谨慎。在中国,地方人大代表选举不同于其他形式的政治参与活动。以村委会选举为例,这种类型的选举活动与公民个体具有更为密切的利益关联。因此,未来如果考察个体在村委会选举中的参与表现,除了考虑政治信任变量外,还需将社会公正变量纳入其中。

第四章 政治信任、社会公正与政策参与心理的关系

一 引言

(一) 问题提出

随着社会经济的快速发展和政治体制改革的不断深入,基于市场化、法制化、民主化的不断推进以及社会利益格局的重新划分与调整,我国社会进入全面转型时期。在此过程中,公民群体在社会政治生活领域的适度参与,对于政府优化行政管理水平、提升公共服务质量就变得尤为重要。[1] 作为政治科学重要的研究议题之一,政治参与被认为是民主发展的核心构成,是公民通过各种方式参加政治生活,并直接或间接地影响政治体系的构成、运行方式和规则以及公共政策的政治行为。[2] 从影响公民政治参与的因素来看,主要存在两个视角,即社会经济发展状况和个体心理感知状况。[3] 自20世纪90年代开始,有关上述两个方面的内容与政治参与的关系问题,逐渐成为学术界关注的热点;目前,该领域的研究多集中在欧美国家,中国内地虽然也有学者开展了相关的研究,但多是在其他问题研究中有所涉及,专门性的研究执行及成果仍不多见。因此,本章选取个体心理感知这一视角,从政治参与的满意度、意愿和效能三个方面对中国公民当前的政治参与状况问题展开分析。

---

[1] 史卫民、郑建君、李国强、涂锋:《中国公民政策参与研究——基于2011年全国问卷调查数据》,中国社会科学出版社2013年版,第334—366页。

[2] Schlozman, K. L., & Brady, H. E., *Voice and equality: Civic voluntarism in American politics*, Harvard University Press, 1995, pp. 38.

[3] Cohen, A., Vigoda, E. and Samorly, A., "Analysis of the Mediating Effect of Personal-Psychological Variables on the Relationship Between Socioeconomic Status and Political Participation: A Structural Equations Framework", *Political Psychology*, Vol. 22, No. 4, 2001, pp. 727–757.

近年来大量研究指出，政治信任是预测社会公众政治参与状况和水平的重要变量，也是深入了解如何引导公民进行适度政治参与的有益途径。[1] 当前我国社会正处在社会政治经济转型发展的重要节点，一方面，经济快速发展与利益分配调整之间的矛盾、公共管理质量与公众对公共服务产品需求之间的矛盾等，容易引发社会公众对政府的信任危机。[2] 另一方面，政治信任不仅受到个体对政府效能和相关直接经验的评估的影响，同时还受到个体既有态度和价值观的影响，具有代际传递的特点；[3] 如果政治信任得不到有效的维护，则在中国人家族主义价值取向的作用下，[4] 这种代价传递的效应就有可能不断扩大，进而在一定程度上形成政治信任危机的控制无力状态。在社会发展进程中，公众的政治信任感知问题必须与社会转型的其他现象一样获得同等性的重视。因此，从公众的政治信任感知切入来研究其政治参与的发生状况及机制，对当今中国社会政治发展具有重要的现实意义，这也是本章要分析的第一个问题。

所谓"不患寡而患不均"（孔子《论语·季氏》），这其中便提到了公平、公正的问题。在政治参与的过程中，常常要受到社会经济发展、滞后的政治体制改革等因素的影响，结合我国实际情况来看，社会转型过程中伴随的贫富分化和社会身份易换也可能会涉及公平、公正问题。由于信任与社会

---

[1] Quintelier, E. and Hooghe, M., "Political Attitudes and Political Participation: A Panel Study On Socialization and Self-Selection Effects Among Late Adolescents", *International Political Science Review*, Vol. 33, No. 1, 2012, pp. 63–81; Rahn, W. M. and Rudolph, T. J., "A Tale of Political Trust in American Cities", *The Public Opinion Quarterly*, Vol. 69, No. 4, 2005, pp. 530–560; Chanley, V. A., Rudolph, T. J. and Rahn, W. M., "The Origins and Consequences of Public Trust in Government: A Time Series Analysis", *The Public Opinion Quarterly*, Vol. 64, No. 3, 2000, pp. 239–256; 胡涤非：《村民政治信任及其对村级选举参与的影响——基于广东省惠州市P村调查的实证研究》，《暨南学报》（哲学社会科学版）2010年第3期；余敏江、梁莹：《政府信任与公民参与意识内在关联的实证分析——以南京市为例》，《中国行政管理》2008年第8期；孙昕、徐志刚、陶然、苏福兵：《政治信任、社会资本和村民选举参与——基于全国代表性样本调查的实证分析》，《社会学研究》2007年第4期。

[2] 刘昀献：《当代中国的政治信任及其培育》，《中国浦东干部学院学报》2009年第4期。

[3] Schoon, I. and Cheng, H., "Determinants of Political Trust: A Lifetime Learning Model", *Developmental Psychology*, Vol. 47, No. 3, 2011, pp. 619–631.

[4] 叶明华、杨国枢：《中国人的家族主义：概念分析与实证衡鉴》，《"中央研究院"民族学研究所集刊》（中国台湾）1998年第83期。

公平（特别是程序公平）之间具有密切的关联，[1] 所以公众的社会公正感知极有可能与其政治信任交互发生作用，并对政治参与产生不同的影响效应。恰如亨廷顿所强调的，在政治参与过程中，经济发展、社会平等、政治稳定和参与规模等因素具有相互作用的关系。亨廷顿针对发展中国家所提出的"政治参与发展的自由模型"中，除了"发展假设"之外，还提出了另外一个重要的假设——"平等假设"（equality hypothesis）。具体而言就是，社会和经济的平等，能够有效地增加公众的政治效能感，进而提升其政治参与的水平。[2] 因此，将社会公正概念融入公民政治信任对其政治参与的作用研究之中，有助于把握当下我国公民政治信任和政治参与之间的关系。基于上述分析，本章将"社会公正在公民政治信任与政治参与关系中的调节作用"作为拟要分析的第二个问题。

（二）文献综述与研究假设

1. 政治参与影响中的信任问题

作为政治心理学的研究范畴，政治信任本质上是指社会大众对政治系统的合理预期以及在系统回应基础之上的一种互动、合作关系，[3] 它从另一个侧面所展现的是，政府施政绩效与公民期望之间的一致性程度。[4] 政治信任的结构通常包含有三个部分，即对政治制度的信任、对政府及政策的信任和对公职人员的信任。[5] 就其作用来看，政治信任有助于维护政治的稳定和政府运作的成功。政治信任或者不信任是公民对政府表达满意或支持与否的心理基础。一个政治信任水平高的政府，公民对政府是满意的，这使他们能够自愿服从法律、配合政策、认同和支持政府；同时，对政府的满意还会激发对更高层次政治制度的满意，从而增加政治制度的稳定性和连续性；而政治信任也使公民更加积极地响应政府的号召，参与到各种公共活动中，使政府

---

[1] Lance Frazier, M., Johnson, P. D., Gavin, M., Gooty, J. and Bradley Snow, D., "Organizational Justice, Trustworthiness, and Trust: A Multifoci Examination", *Group & Organization Management*, Vol. 35, No. 1, 2009, pp. 39–76.

[2] 郭秋永：《发展中国家的政治参与：S. Huntington 的参与理论》，《人文及社会科学集刊》（中国台湾）2000 年第 3 期。

[3] 程竹汝：《政治信任研究：三个基础性问题》，《中国浦东干部学院学报》2009 年第 4 期。

[4] Hetherington, M. J., *Why trust matters: Declining political trust and the demise of American liberalism*, Princeton University Press, 2005, pp. 9–10.

[5] 刘昀献：《当代中国的政治信任及其培育》，《中国浦东干部学院学报》2009 年第 4 期。

的目标更容易成功。① 信任作为社会资本理论的核心概念,将其扩展至政治科学研究领域,侧重于强调的是政治信任,它既是现代自由民主制度和政治稳定的必要条件,也是公共政策过程科学性、有效性、准确性和公民参与性的前提。②

近年来大量的实证研究结果指出,政治信任对政治参与具有显著的预测作用。有研究指出,公众的政治信任与其政治参与之间具有显著的正向相关。例如,与那些较少参与政治活动的公众相比,政治参与较多的个体的政治信任水平也相对较高。③ 诺里斯认为,那些对政府信心水平较低的公众,在评估自身与政府的距离时表现得更为消极,政治参与效能感知也较低,具体在选举参与上的投票行为也不是很积极。④ 政治信任的行为结果一方面表现为高政治信任公众对政府相关要求的遵守和参与（如选举行为等）;另一方面还表现为对公共政策的支持度上,即信任水平越高的公众,对牺牲自身物质利益的公益政策的支持度也越高。⑤ 国内一些研究结果也支持了政治信任与公民参与意愿之间的正相关关系,城乡居民的高政治信任与其积极的选举参与相对应;⑥ 其中,孙昕等的研究发现,村民是否参与村委会选举的一个重要决定因素是其对乡镇基层党委、政府的信任程度,村民对基层政府的信任程度越高,其参与选举的倾向就可能会越高。在控制了一系列相关因素（如个人和家庭特征、地区特征以及政府行为）之后,这种"信任水平与居民参与投票概率的正相关"关系仍然存在。⑦ 然而,也有一些研究却发现,政治信任与政治参与之间表现出一定的负相关。对以公检法机关、人大等为

---

① 陈尧:《社会转型期政治信任结构的变化》,《中国浦东干部学院学报》2009年第4期。
② 梁莹:《公民政策参与中的"信任"因素研究——基于历史坐标中的信任理论之思考》,《社会科学研究》2008年第3期。
③ Quintelier, E. and Hooghe, M., "Political Attitudes and Political Participation: A Panel Study On Socialization and Self-Selection Effects Among Late Adolescents", International Political Science Review, Vol. 33, No. 1, 2012, pp. 63–81.
④ Norris, P., Critical Citizens: Global Support for Democratic Government: Global Support for Democratic Government, Oxford University Press, 1999, pp. 257–271.
⑤ Hetherington, M. J., Why Trust Matters: Declining Political Trust and the Demise of American Liberalism, Princeton University Press, 2005, pp. 9–10.
⑥ 余敏江、梁莹:《政府信任与公民参与意识内在关联的实证分析——以南京市为例》,《中国行政管理》2008年第8期;孙昕、徐志刚、陶然、苏福兵:《政治信任、社会资本和村民选举参与——基于全国代表性样本调查的实证分析》,《社会学研究》2007年第4期。
⑦ 邢春冰、罗楚亮:《社会信任与政治参与:城镇基层人大代表选举的居民投票行为》,《世界经济文汇》2011年第4期。

代表的机构信任程度高的公民,其选举投票等政治参与行为反而更低。[①] 甚至有研究发现,村民对村委和乡政府的信任与其参与村委会选举行为之间仅存在微弱的关联,而村民对乡政府的信任与其参选行为则呈负相关。[②] 村民对政治的兴趣、理解与参与政治活动的能力、民主意识,以及对在任村委会领导不满程度的提升等,都会增加其选举参与倾向,即村民对村委的不信任感会提升其选举参与的积极性。[③] 对于这种在研究结果上的不一致,可能有以下三个方面的原因:第一,不同研究者在测量政治信任过程中的指向对象层级不同,有一些指向基层政府,也有一些则指向上一级或中央政府;第二,政治参与的类型导致了被调查者的个人卷入表现不同,很显然传统政治参与(投票选举、意见发表、政策讨论等)和非传统政治参与(上访、游行、示威等)在实际中差别还是很大的;第三,全球化进程中人口的流动性频繁,特别是在中国,如果对传统政治参与的测量仅仅以行为发生与否来考虑,很容易造成数据的"污染"。为此,我们将政治信任测量的指向对象聚焦在被调查者当下所处的生活环境层次,以政策参与为政治参与考察的具体类型,收集社会公众在政策参与过程中满意度、意愿和效能的相关数据资料。政治信任对公众政治参与的动力具有增强效应,[④] 较高的政治信任能够提升公众对政策的支持度和参与度,[⑤] 并获得对以往参与活动较高的态度评价,进而提升参与意愿和效能,推动各类参与行为的发生。[⑥] 基于上述分析,提出本章的假设 H_1:社会公众的政治信任对其政策参与具有显著的正向预测作用。

2. 基于公民社会公正感知的调节作用

社会公正问题不仅是法律、社会经济、组织变革等领域的热点议题,

[①] 王丽萍、方然:《参与还是不参与:中国公民政治参与的社会心理分析》,《政治学研究》2010年第2期。

[②] 胡涤非:《村民政治信任及其对村级选举参与的影响——基于广东省惠州市P村调查的实证研究》,《暨南学报》(哲学社会科学版)2010年第3期。

[③] Shi, T. J., "Voting and Nonvoting in China: Voting Behavior in Plebiscitary and Limited-Choice Elections", *The Journal of Politics*, Vol. 61, No. 4, 1999, pp. 1115 – 1139.

[④] 唐斌:《政治信任的概念、特征与价值》,《理论月刊》2011年第8期。

[⑤] Hetherington, M. J., *Why trust matters: Declining political trust and the demise of American liberalism*, Princeton University Press, 2005, pp. 9 – 10.

[⑥] 郭秋永:《发展中国家的政治参与:S. Huntington 的参与理论》,《人文及社会科学集刊》(中国台湾)2000年第3期。

同时更是政治发展研究领域的重要内容。[①] 有关公平、公正问题的研究，最早可以追溯到柏拉图和苏格拉底时代。从个体的行为层面来看，公正可以被看作有关个体对结果公平（或分配公平）和程序公平的感知，并成为人们理解社会公正的两个重要判定标准形式。结果公平以社会交换理论为基础，认为人们对公平公正的感知判断以绝对数量为依据；而程序公平则更强调过程设定的公正性以及个体对过程的控制权力。[②] 从公共管理的角度来看，公众的社会公正感是反映社会公正价值的一个灵敏指标。通过规范政府决策程序、加强与公众之间的信息沟通来提升公众的公正感受，进而增强公众对政府的信任以及参与公共事务管理和各项事业的积极性、主动性，必将有效地推动生产力发展和和谐社会建设。[③]

在政治信任对政治参与的预测过程中，我们认为并非一个简单的直接作用关系，因为高水平的政治信任是否就预示着高质量的政治参与，还要考虑到其他社会环境和个体心理变量的影响，例如，由公众社会公正感所引发的个人利益卷入和情绪反应。因此，我们选择社会公正感知作为调节变量来进一步考察政治信任与政治参与之间的关系。在社会资源领域中，分配的公平性能够有效地保障和改善公众的社会处境与生活质量，这使得个人利益与公共政策形成紧密联系，进而提升了社会公众主动参与政策制定、执行等过程的积极性。[④] 公民参与政策讨论时，由于各方所占有的政治、经济资源的不同以及社会心理的差异，或多或少会考虑到自己及自己所处社群的利益诉求。因此，任何有可能破坏社会公平的程序和结果都是与公共理性不相容的。[⑤] 按照情绪即信息理论的观点，公平感的体验将引发个体相对应的情绪感受，并最终影响其政治参与行为的发生与否及程度。如果个体体验到某种

[①] Tyler, T. R., Rasinski, K. A. and Mcgraw, K. M., "The Influence of Perceived Injustice on the Endorsement of Political Leaders", *Journal of Applied Social Psychology*, Vol. 15, No. 8, 1985, pp. 700-725.

[②] Colquitt, J. A., Conlon, D. E., Wesson, M. J., Porter, C. O. L. H. and Yee Ng, K., "Justice at the Millennium: A Meta-Analytic Review of 25 Years of Organizational Justice Research", *Journal of Applied Psychology*, Vol. 86, No. 3, 2001, pp. 425-445.

[③] 李大治：《公正感研究对公共管理的意义》，《科学学研究》2006年第2期。

[④] 王彩波、丁建彪：《社会公平视角下公共政策有效性的路径选择——关于公共政策效能的一种理论诠释》，《吉林大学社会科学学报》2012年第2期。

[⑤] 张宇：《公共理性：公民政策参与的条件》，《社会科学研究》2011年第2期。

社会不公正，则可能引发其强烈而持久的情绪反弹，[1] 甚至产生政治信任下滑，进而阻碍政治参与的发生与质量。由此可以推断，那些具有不同程度社会公正感知的公众，即使持有相同水平的政治信任也会表现出不同的政治参与心理和行为。当个体感受到来自结果或程序上的公平时，则会产生积极的自我卷入和"受到重视"的感觉（尊重效应），进而主动投入相关的政治参与活动中，并获得满足感；如果个体感受到的是来自结果或程序上的不公正待遇，则可能产生一种"与我何干"和"看不起我"的消极体验，反而会降低对政治活动的参与意愿。因此，在政治信任水平一定的情况下，公众社会公正感知水平的高低会影响其政治参与状况的质量。基于上述分析，提出本章的假设 H_2：公众的社会公正感知对政治信任与政策参与的关系具有正向调节作用。具体而言，高社会公正感知的公众，其政治信任与政策参与的正向关系较强；而低社会公正感知的公众，其政治信任与政策参与的正向关系较弱。

综合以上两个假设，我们提出了本章研究假设的检验模型，如图 4-1 所示：政治信任与政策参与心理之间具有显著的相关，同时，这种相关关系受到公民个体的社会公正感知的调节作用。

图 4-1 本章的理论模型

二 方法、设计与数据测量

（一）样本情况

根据关注主题的要求，研究者于 2011 年在多个地区、多个省份对年满

---

[1] Mikula, G., Scherer, K. R. and Athenstaedt, U., "The Role of Injustice in the Elicitation of Differential Emotional Reactions", *Personality and Social Psychology Bulletin*, Vol. 24, No. 7, 1998, pp. 769–783.

18 周岁且自愿参与调查的被试进行数据收集,并最终从北京、天津、山西、山东、内蒙古、四川、广东、辽宁、上海等省(自治区、直辖市)地区获得有效样本 625 人。其中,男性 351 人(占样本总数的 56.16%),女性 274 人(占样本总数的 43.84%);其年龄分布在 18—67 岁,平均年龄 30.75 岁,标准差为 7.22;从样本所属的地区来看,东部地区 317 人(占样本总数的 50.72%),中部地区 142 人(占样本总数的 22.72%),西部地区 108 人(占样本总数的 17.28%),东北地区 58 人(占样本总数的 9.28%);从被试所在单位的性质来看,机关事业单位 224 人(占样本总数的 35.84%),企业单位 196 人(占样本总数的 31.36%),其他性质单位 205 人(占样本总数的 32.8%);在受教育程度方面,高中及以下学历 33 人(占样本总数的 5.28%),本科及大专学历 381 人(占样本总数的 60.96%),研究生学历 211 人(占样本总数的 33.76%)。对所收集到的 625 份有效数据,采用 SPSS 19.0 和 LISREL 8.70 进行相关的数据管理与统计分析。

(二) 变量测量

1. 政治信任

对政治信任变量的测量,采用孙昕等编制的问卷工具。[①] 由于原问卷的施测对象为农民群体,而本章的样本范围与其有所不同。为此,在使用该问卷之前,研究者对整个问卷的计分等级和部分题目的表述形式进行了调整。调整后的问卷依然是包含有五个题目所构成的单一维度,并采用 Likert6 点计分从"1—完全不同意"到"6—完全同意"进行评价。在本章中,调整后的问卷的 α 系数为 0.88;对其结构效度进行验证性因素分析,结果显示:*RMSEA* 为 0.081,结构效度的相关拟合指数 *GFI*、*NFI*、*NNFI*、*IFI*、*CFI* 分别为 0.98、0.98、0.97、0.98、0.98,5 个题目的标准化载荷在 0.65—0.82。

2. 政策参与心理

对政策参与心理变量的测量,采用史卫民等编制的问卷工具。[②] 该问卷由参与满意度、参与意愿和参与效能三个维度构成,共计 10 个题目,采用

[①] 孙昕、徐志刚、陶然、苏福兵:《政治信任、社会资本和村民选举参与——基于全国代表性样本调查的实证分析》,《社会学研究》2007 年第 4 期。

[②] 史卫民、郑建君、李国强、涂锋:《中国公民政策参与研究》,中国社会科学出版社 2013 年版,第 3—25 页。

Likert5 点计分从"1—完全不同意"到"5—完全同意"进行评价；其中，反向计分题目 4 个。在本章中，参与满意度、参与意愿、参与效能三个维度的 α 系数分别为 0.85、0.93、0.87；对其结构效度进行复核检验，结果显示：*RMSEA* 为 0.096，结构效度的相关拟合指数 *GFI*、*NFI*、*NNFI*、*IFI*、*CFI* 分别为 0.92、0.94、0.93、0.95、0.95，10 个题目的标准化载荷在 0.56—0.92。

3. 社会公正

对社会公正变量的测量，本章以刘亚、龙立荣等编制的问卷工具为蓝本，选取其中程序公平和结果公平两个维度作为重点关注的因素，每个维度 6 个题目，共计 12 个题目。[①] 问卷采用 Likert5 点计分从"1—完全不同意"到"5—完全同意"进行评价，程序公平和结果公平两个维度在本章中的 α 系数分别为 0.89 和 0.92；对其结构效度进行检验，结果显示：*RMSEA* 为 0.086，结构效度的相关拟合指数 *GFI*、*NFI*、*NNFI*、*IFI* 、*CFI* 分别为 0.93、0.97、0.97、0.98、0.98，12 个题目的标准化载荷在 0.69—0.90。

4. 控制变量

在统计分析过程中，我们控制了可能会对被试政治信任、政策参与心理和社会公正感知产生影响的主、客观变量，具体包括被试的性别、年龄、工作单位的性质、所在的地区以及自身的学历。其中，年龄为连续变量，其余均为分类变量；在统计过程中，研究者对相关的分类变量进行了虚拟变量的转化处理。

三 政治信任与参与心理的关系：基于社会公正的调节效应

（一）测量模型结构的验证性因素分析

首先，我们对政治信任、政策参与心理和社会公正三个变量进行验证性因素分析，以检验上述变量结构的区分效度。其中，基准模型包含六个因素，分别为政治信任、参与满意度、参与意愿、参与效能、程序公平和结果公平；备选模型 A 包含五个因素，除去政治信任、参与满意度、参与意愿、

[①] 刘亚、龙立荣、李晔：《组织公平感对组织效果变量的影响》，《管理世界》2003 年第 3 期。

参与效能四个因素外,将程序公平和结果公平合并为一个因素;备选模型 B 包含四个因素,除去政治信任、程序公平、结果公平三个因素外,将参与满意度、参与意愿和参与效能三个因素合并为一个因素;备选模型 C 包含三个因素,除去政治信任因素外,将参与满意度、参与意愿和参与效能三个因素合并为一个因素,同时将程序公平和结果公平合并为另一个因素;备选模型 D 包含有一个因素,它是将基准模型所包含的六个因素合并为一个因素。结果如表 4-1 所示,基准模型的 χ^2/df 为 3.71,RMSEA 为 0.066,结构效度的相关拟合指数 GFI、NFI、NNFI、IFI、CFI 分别为 0.88、0.96、0.96、0.97、0.97;模型的比较结果表明,包含六个因素的基准模型的拟合度要显著优于其他四个备选模型。因此,六因素的基准模型能够更好地代表研究测量的变量结构,变量之间的区分效度得到了有效的检验。

表 4-1　　　　　测量变量结构模型与备选模型之间的比较

	模型结构	χ^2	df	RMSEA	GFI	NFI	NNFI	IFI	CFI
基准模型	六因素	1145.45	309	0.066	0.88	0.96	0.96	0.97	0.97
备选模型 A	五因素	4294.50	314	0.14	0.66	0.90	0.90	0.91	0.91
备选模型 B	四因素	4252.31	318	0.14	0.66	0.85	0.85	0.86	0.86
备选模型 C	三因素	7476.38	321	0.19	0.53	0.79	0.78	0.80	0.80
备选模型 D	单因素	9632.61	324	0.21	0.47	0.72	0.71	0.73	0.73

(二) 各变量的描述统计结果

表 4-2 所呈现的是各变量的均值、标准差等描述统计结果和相关系数。从结果来看,政治信任与程序公平、结果公平和参与满意度呈现显著的正相关,程序公平与结果公平、参与满意度呈现显著的正相关,结果公平与参与满意度呈现显著的正相关,参与满意度与参与意愿、参与效能呈现显著的负相关,参与意愿和参与效能之间呈现显著的正相关。控制变量方面,人口学统计变量中的性别、年龄、工作单位性质、所在地区和自身学历分别与政治信任、社会公正各指标(程序公平、结果公平)和政策参与心理各指标(参与满意度、意愿、效能)表现出不同程度的相关,说明有必要在随后的统计分析中加以控制。

表 4-2 各研究变量的描述统计结果

相关性

	1	2	3	4	5	6	7	8	9	10	11
1	1.00										
2	-0.183**	1.00									
3	0.001	-0.302**	1.00								
4	-0.026	-0.091*	0.012	1.00							
5	0.046	0.084*	-0.294**	-0.091*	1.00						
6	0.072	0.097*	-0.217**	0.000	0.119**	1.00					
7	0.132**	-0.068	-0.062	0.053	0.009	0.604**	1.00				
8	0.000	-0.031	0.053	0.009	0.079*	0.356**	0.481**	1.00			
9	0.113**	-0.134**	-0.074	-0.036	-0.069	0.459**	0.491**	0.203**	1.00		
10	-0.163**	0.068	0.013	0.054	0.028	0.067	-0.024	0.054	-0.325**	1.00	
11	-0.176**	0.117**	-0.021	0.081*	-0.005	0.026	-0.034	-0.024	-0.202**	0.444**	1.00
M	NA	30.75	NA	NA	NA	3.17	1.82	2.42	2.14	3.55	3.36
SD	NA	7.22	NA	NA	NA	1.26	0.77	1.00	0.59	0.71	0.84

注：Ⅰ. * 表示 $p<0.05$，** 表示 $p<0.01$，并采取 Pairwise 法对缺失值进行处理。
Ⅱ. 1 代表 "性别"；2 代表 "年龄"；3 代表 "工作单位性质"；4 代表 "所在地区"；5 代表 "学历"；6 代表 "政治信任"；7 代表 "程序公平"；8 代表 "结果公平"；9 代表 "政策参与满意度"；10 代表 "政策参与意愿"；11 代表 "政策参与效能"。
Ⅲ. NA 表示 "不适用"。

（三）社会公正在政治信任与政策参与心理关系中的调节作用检验

1. 程序公平的调节效应

采用层级回归分析检验程序公平在政治信任与政策参与心理关系中的调节作用。对政治信任、政策参与心理和程序公平进行中心化处理，具体的分析过程及结果见表4-3。首先，将控制变量纳入模型（Step1），然后将自变量（政治信任）和调节变量（程序公平）纳入模型（Step2），最后将自变量和调节变量的交互项纳入模型（Step3）。结果显示：政治信任对政策参与满意度的主效应显著（$\beta = 0.26$，$p < 0.001$），对参与意愿（$\beta = -0.02$，$n.s$）和参与效能（$\beta = 0.08$，$n.s$）的主效应不显著；程序公平对政策参与满意度的主效应显著（$\beta = 0.37$，$p < 0.001$），对参与意愿（$\beta = 0.02$，$n.s$）和参与效能（$\beta = 0.01$，$n.s$）的主效应不显著；政治信任与程序公平的交互项对政策参与满意度（$\beta = 0.08$，$p < 0.01$）、参与意愿（$\beta = 0.09$，$p < 0.05$）和参与效能（$\beta = 0.12$，$p < 0.01$）的作用均达到显著水平。对表4-3所涉及的模型进行多重共线性检验，结果显示：*Tolerance* 在 0.30—0.93（>0.1）、*VIF* 在 1.08—3.36（<10），均在合理范围。

表4-3　　　关于程序公平作为调节变量的层级回归分析结果

自变量		因变量								
		政策参与满意度			政策参与意愿			政策参与效能		
		M_1	M_2	M_3	M_4	M_5	M_6	M_7	M_8	M_9
Step1										
性别	男	-0.25**	-0.13	-0.14*	0.18*	0.18*	0.17*	0.27**	0.29***	0.27**
年龄		-0.01	-0.01	-0.01*	0.00	0.00	0.00	0.02**	0.02**	0.02*
单位	事业机关单位	0.10	-0.09	-0.07	-0.18	-0.17	-0.16	-0.04	-0.08	-0.06
	企业单位	0.18	0.23**	0.23**	-0.29**	-0.28**	-0.28**	-0.14	-0.14	-0.14
地区	东部	-0.05	0.09	0.08	-0.21	-0.21	-0.22	-0.27	-0.25	-0.27
	中部	-0.05	0.05	0.06	-0.13	-0.13	-0.12	-0.26	-0.25	-0.24
	西部	-0.18	0.06	0.05	0.04	0.04	0.03	-0.16	-0.13	-0.14

续表

自变量		因变量								
		政策参与满意度			政策参与意愿			政策参与效能		
		M_1	M_2	M_3	M_4	M_5	M_6	M_7	M_8	M_9
学历	高中及以下	0.54**	0.58***	0.56***	-0.44*	-0.45*	-0.47*	-0.08	-0.06	-0.09
	本科及大专	0.14	0.16*	0.15*	-0.20*	-0.20*	-0.21*	-0.03	-0.02	-0.03
Step2										
政治信任			0.26***	0.28***		-0.02	0.01		0.08	0.12*
程序公平			0.37***	0.31***		0.02	-0.05		0.01	-0.08
Step3										
政治信任×程序公平				0.08**			0.09*			0.12**
R^2		0.04	0.35	0.35	0.04	0.04	0.05	0.05	0.05	0.07
Adjust R^2		0.03	0.33	0.34	0.03	0.03	0.03	0.03	0.04	0.05
ΔR^2		0.04**	0.30***	0.01**	0.04**	0.00	0.01*	0.05***	0.01	0.02**
F		3.13**	29.31***	27.70***	3.00**	2.46**	2.74**	3.38***	3.18***	3.98***
df		9614	11612	12611	9614	11612	12611	9614	11612	12611

注：* 表示 $p<0.05$，** 表示 $p<0.01$，*** 表示 $p<0.001$。

2. 结果公平的调节效应

同样，采用层级回归分析检验结果公平在政治信任与政策参与心理关系中的调节作用。对政治信任、政策参与心理和结果公平进行中心化处理，具体的分析过程及结果见表4-4。首先，将控制变量纳入模型（Step1），然后将自变量（政治信任）和调节变量（结果公平）纳入模型（Step2），最后将自变量和调节变量的交互项纳入模型（Step3）。结果显示：政治信任对政策参与满意度的主效应显著（$\beta=0.45$，$p<0.001$），对参与意愿（$\beta=-0.03$，n.s）和参与效能（$\beta=0.08$，n.s）的主效应不显著；结果公平对政策参与满意度的主效应显著（$\beta=0.09$，$p<0.05$），对参与意愿（$\beta=0.06$，n.s）和参与效能（$\beta=0.02$，n.s）的主效应不显著；政治信任与结果公平的交互项对政策参与满意度（$\beta=0.11$，$p<0.001$）和参与效能（$\beta=0.07$，$p<0.05$）的作用均达到显著水平，而对参与意愿（$\beta=0.01$，n.s）的作用不显著。对表4-4所涉及的模型进行多重共线性检验，结果显示：Tolerance 在 0.30—0.97（>0.1）、VIF 在 1.03—3.36（<10），均在合

理范围。

表4-4　关于结果公平作为调节变量的层级回归分析结果

自变量		因变量								
		政策参与满意度			政策参与意愿			政策参与效能		
		M_1	M_2	M_3	M_4	M_5	M_6	M_7	M_8	M_9
Step1										
性别	男	-0.25**	-0.18*	-0.19**	0.18*	0.17*	0.17*	0.27**	0.29**	0.28**
年龄		-0.01	-0.01**	-0.01**	0.00	0.00	0.00	0.02**	0.02**	0.02**
单位	事业机关单位	0.10	-0.08	-0.06	-0.18	-0.15	-0.15	-0.04	-0.07	-0.06
	企业单位	0.14	0.19*	0.21*	-0.29**	-0.28**	-0.28**	-0.14	-0.14	-0.12
地区	东部	-0.05	0.05	0.04	-0.21	-0.20	-0.20	-0.27	-0.25	-0.26
	中部	-0.05	0.07	0.07	-0.13	-0.11	-0.11	-0.26	-0.24	-0.24
	西部	-0.18	0.00	0.03	0.04	0.06	0.06	-0.16	-0.12	-0.11
学历	高中及以下	0.54**	0.66***	0.60***	-0.44*	-0.43*	-0.43*	-0.08	-0.05	-0.10
	本科及大专	0.14	0.20*	0.20*	-0.20*	-0.19*	-0.19*	-0.03	-0.02	-0.02
Step2										
政治信任			0.45***	0.44***		-0.03	-0.03		0.08	0.08
结果公平			0.09*	0.09*		0.06	0.06		0.02	0.01
Step3										
政治信任×结果公平				0.11***			0.01			0.07*
R^2		0.04	0.27	0.28	0.04	0.05	0.05	0.05	0.05	0.06
Adjust R^2		0.03	0.26	0.27	0.03	0.03	0.03	0.03	0.04	0.04
ΔR^2		0.04**	0.23***	0.02***	0.04**	0.00	0.00	0.05***	0.01	0.01*
F		3.13**	20.55***	20.24***	3.00**	2.65**	2.43**	3.38***	3.19***	3.29***
df		9614	11612	12611	9614	11612	12611	9614	11612	12611

注：* 表示 $p<0.05$，** 表示 $p<0.01$，*** 表示 $p<0.001$。

（四）预测变量与调节变量的交互作用分析

1. 政治信任与社会公正对参与满意度的交互作用

按照平均分加减一个单位的标准差，将调节变量（程序公平）划分为高分组（$M+1SD$）和低分组（$M-1SD$），并据此绘制出程序公平在政治信任与参与满意度关系中的调节作用图（见图 4-2）。简单斜率检验的结果显示：不论是在程序公平感知高分组中（$b_{simple} = 0.39$, $\beta = 0.08$, $t = 4.95$, $p < 0.001$），还是在程序公平感知低分组中（$b_{simple} = 0.28$, $\beta = 0.04$, $t = 6.48$, $p < 0.001$），个体政治信任水平的高低变化对其政策参与满意度水平的变化都具有显著的正向预测作用；比较而言，个体政治信任对其政策参与满意度的影响作用在程序公平感知高分组中表现更为强烈。

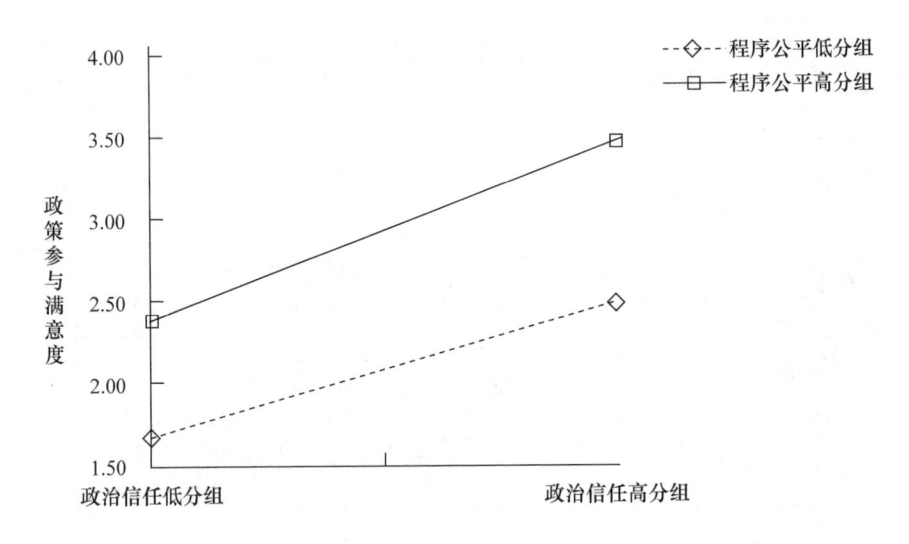

图 4-2 程序公平对政治信任与政策参与满意度关系的调节作用

同样，按照平均分加减一个单位的标准差，将调节变量（结果公平）划分为高分组（$M+1SD$）和低分组（$M-1SD$），并据此绘制出结果公平在政治信任与参与满意度关系中的调节作用图（见图 4-3）。简单斜率检验的结果显示：不论是在结果公平感知高分组中（$b_{simple} = 0.67$, $\beta = 0.10$, $t = 6.61$, $p < 0.001$），还是在结果公平感知低分组中（$b_{simple} = 0.47$, $\beta = 0.05$, $t = 9.65$, $p < 0.001$），个体政治信任水平的高低变化对其政策参与满意度水平的变化都具有显著的正向预测作用；比较而言，个体政治信任对其政策参与满意度的影响作用在结果公平感知高分组中表现更为强烈。

2. 政治信任与社会公正对参与意愿的交互作用

在有关政治信任与参与意愿关系的分析中发现，社会公正变量中只有程序公平与政治信任的交互作用显著，而结果公平与政治信任的交互作用并不显著。因此，我们按照平均分加减一个单位的标准差，仅将程序公平划分为

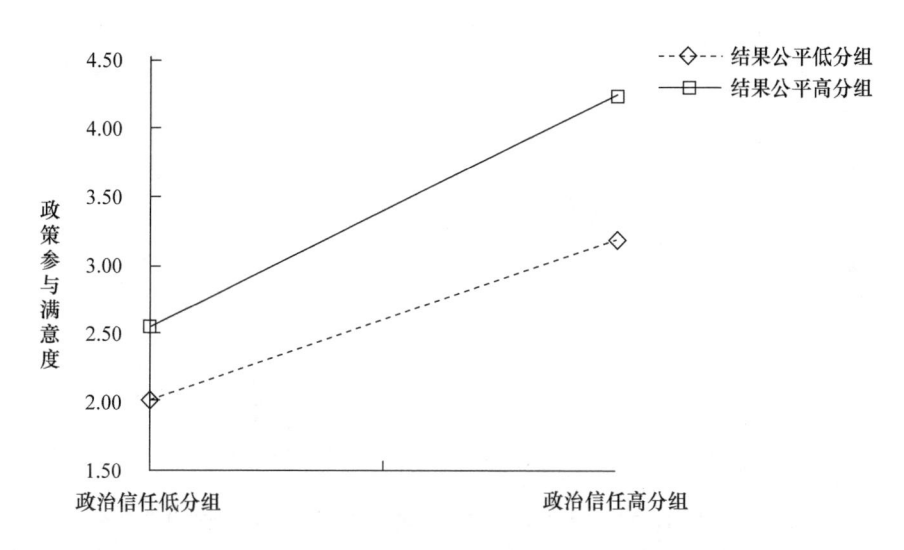

图 4-3　结果公平对政治信任与政策参与满意度关系的调节作用

高分组（$M+1SD$）和低分组（$M-1SD$），并据此绘制出程序公平在政治信任与参与意愿关系中的调节作用图（见图4-4）。简单斜率检验的结果显示：在程序公平感知高分组中，个体政治信任的高低对其政策参与意愿具有显著的正向预测作用（$b_{simple}=0.26$，$\beta=0.11$，$t=2.21$，$p<0.05$）；而在程序公平感知低分组中，个体政治信任的高低对其政策参与意愿的预测作用不显著（$b_{simple}=0.10$，$\beta=0.06$，$t=1.67$，$p=0.10$）。

3. 政治信任与社会公正对参与效能的交互作用

按照平均分加减一个单位的标准差，将调节变量（程序公平）划分为高分组（$M+1SD$）和低分组（$M-1SD$），并据此绘制出程序公平在政治信任与参与效能关系中的调节作用图（见图4-5）。简单斜率检验的结果显示：不论是在程序公平感知高分组中（$b_{simple}=0.42$，$\beta=0.10$，$t=4.02$，$p<0.01$），还是在程序公平感知低分组中（$b_{simple}=0.23$，$\beta=0.06$，$t=3.94$，$p<0.01$），个体政治信任水平的高低变化对其政策参与效能水平的变化都具有显著的正向预测作用；比较而言，个体政治信任对其政策参与效能的影响作用在程序公平感知高分组中表现更为强烈。

同样，按照平均分加减一个单位的标准差，将调节变量（结果公平）划分为高分组（$M+1SD$）和低分组（$M-1SD$），并据此绘制出结果公平在政治信任与参与效能关系中的调节作用图（见图4-6）。简单斜率检验的结

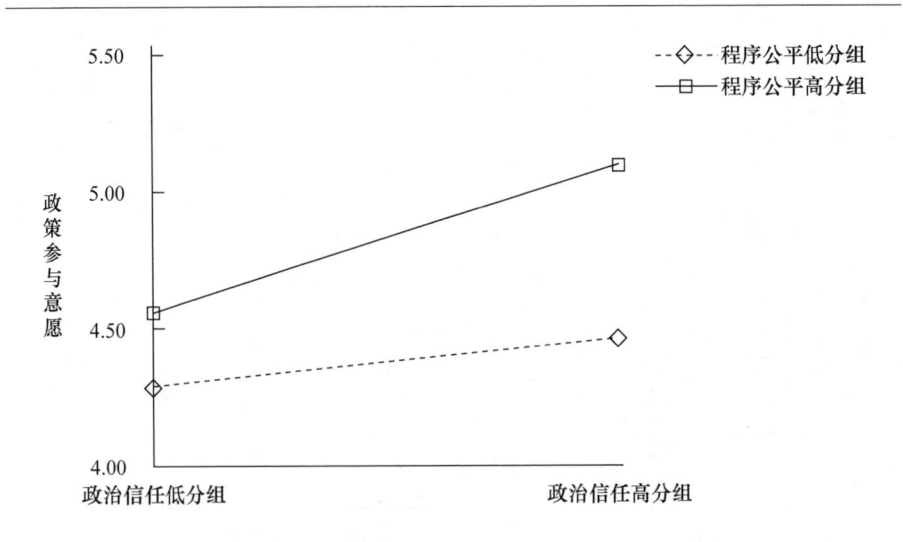

图 4-4　程序公平对政治信任与政策参与意愿关系的调节作用

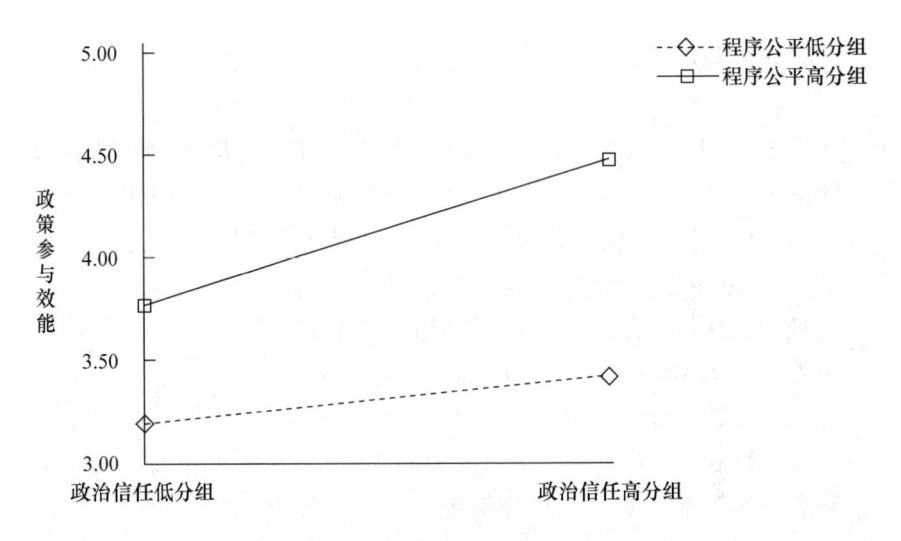

图 4-5　程序公平对政治信任与政策参与效能关系的调节作用

果显示：不论是在结果公平感知高分组中（$b_{simple}=0.31$，$\beta=0.13$，$t=2.48$，$p<0.05$），还是在结果公平感知低分组中（$b_{simple}=0.17$，$\beta=0.06$，$t=2.72$，$p<0.01$），个体政治信任水平的高低变化对其政策参与效能水平的变化都具有显著的正向预测作用；比较而言，个体政治信任对其政策参与效能的影响作用在结果公平感知高分组中表现更为强烈。

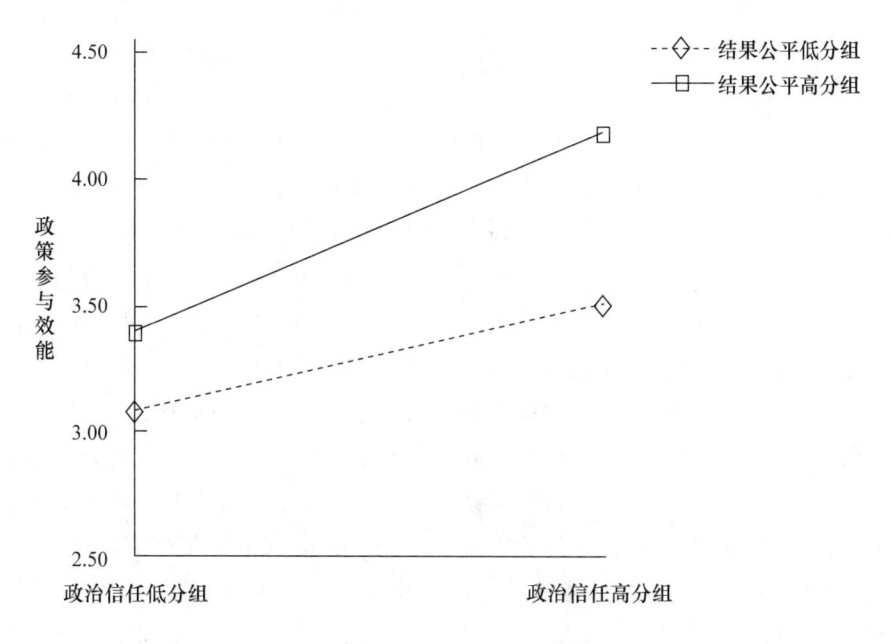

图4-6 结果公平对政治信任与政策参与效能关系的调节作用

四 讨论与总结

(一) 结果讨论

迄今为止,对于政治信任与政治参与关系问题的研究,虽然已经取得了大量的理论与实证研究成果,但是在结论上仍存在较大的分歧。这种分歧集中体现在:一种观点认为政治信任对政治参与具有正向的预测作用,[1] 另一

---

[1] Quintelier, E. and Hooghe, M., "Political Attitudes and Political Participation: A Panel Study On Socialization and Self-Selection Effects Among Late Adolescents", *International Political Science Review*, Vol. 33, No. 1, 2012, pp. 63–81; 余敏江、梁莹:《政府信任与公民参与意识内在关联的实证分析——以南京市为例》,《中国行政管理》2008年第8期; 孙昕、徐志刚、陶然、苏福兵:《政治信任、社会资本和村民选举参与——基于全国代表性样本调查的实证分析》,《社会学研究》2007年第4期; Hetherington, M. J., *Why trust matters: Declining political trust and the demise of American liberalism*, Princeton University Press, 2005, pp. 9–10; Norris, P., *Critical Citizens: Global Support for Democratic Government: Global Support for Democratic Government*, Oxford University Press, 1999, pp. 257–271; 邢春冰、罗楚亮:《社会信任与政治参与:城镇基层人大代表选举的居民投票行为》,《世界经济文汇》2011年第4期。

种观点则认为政治信任对政治参与具有负向的预测作用。[1] 以往研究重点关注的是政治信任与实际政治参与行为（特别是选举形式的政治参与行为）的关系，往往较少关注（甚至忽略了）政治信任对行为主体的政治参与心理的影响效应。在执行过程中，我们从政治心理学的角度切入，将政治信任的影响作用扩展至政治参与的政策参与形式当中，在一定程度上弥补了以往研究的不足。我们的发现基本上与前一种观点相一致，即政治信任对政策参与满意度具有显著的正向预测作用，而政治信任对政策参与效能和意愿的影响作用虽未达到显著水平，但也显现出了正向的相关趋势[2]。高水平的政治信任，可以有效地提升公民对以往政治参与状况的评价,[3] 从而获得较高的政治参与满意度。同时，政治信任作为增强政治参与的积极动力,[4] 对公民愿意并有能力主动参与政治活动具有重要的推动作用。在控制了部分人口学变量之后，我们并没有发现政治信任对政策参与效能和意愿具有显著的影响作用，有关这一结果我们认为应该结合中国公民的政策参与特点加以分析。新近的研究发现，中国公民对"直接依赖型政策"的参与偏好，主要是以政策的可接受性为主要特征的，即"接受性政策参与"。[5] 这种参与类型更多关注政策与公民个人利益的关联，而非关注政策对国家社会的影响。由于目前国内缺乏"有关利益相关者参与政策制定"的决策机制，就容易导致政策过程的"模糊性"和"不确定性"。因此，虽然中国公民在政策参与过程中表现出一定程度的对"政府及相关人员"的信任，但其作用却很难在政策参与动力转换的全过程中得以有效体现。本章的发现，在一定形式上印证了有关当前中国公民偏好直接依赖型政策的接受性参与模式，为丰富中国公民政治参与理论提供了相关的实证证据支持。

本章的理论贡献在于将社会公正整合到了政治参与的研究当中，揭示了

---

[1] 胡涤非：《村民政治信任及其对村级选举参与的影响——基于广东省惠州市P村调查的实证研究》，《暨南学报》（哲学社会科学版）2010年第3期；王丽萍、方然：《参与还是不参与：中国公民政治参与的社会心理分析》，《政治学研究》2010年第2期；Shi, T. J., "Voting and Nonvoting in China: Voting Behavior in Plebiscitary and Limited-Choice Elections", *The Journal of Politics*, Vol. 61, No. 4, 1999, pp. 1115–1139.

[2] 在不考虑控制变量的情况下，政治信任对政策参与效能和意愿的影响作用达到临界显著水平（$p<0.1$）。

[3] 孙柏瑛：《公民参与形式的类型及其适用性分析》，《中国人民大学学报》2005年第5期。

[4] 唐斌：《政治信任的概念、特征与价值》，《理论月刊》2011年第8期。

[5] 史卫民、郑建君、李国强、涂锋：《中国公民政策参与研究——基于2011年全国问卷调查数据》，中国社会科学出版社2013年版，第334—366页。

个体社会公正感在政治信任与政治参与关系中的调节作用。虽然亨廷顿认为，公民个人或社会团体政治信任的提升有助于整个国家的政治参与发展，并在其有关发展中国家"政治参与发展的自由模型"中提出了"平等假设"。① 但他本人对社会经济发展、公正平等、政治参与等因素之间的逻辑关系缺乏明确的因果指向，而之后在此基础上开展的研究也没有给予对应的实证研究说明。同样，帕特南在其有关社会资本理论的研究中，仅仅就政治信任与政治参与之间的正向相关关系进行了分析，而没有将社会公正因素纳入其研究计划。② 基于上述两点的考虑，我们从理论上提出了政治信任与政治参与关系有赖于公民的社会公正感知的假设，而实证检验的结果也支持了我们的理论预测。这一发现对于政治参与和社会资本理论的补充和拓展，都具有重要的意义。针对本章所发现的公民社会公正感在政治信任与政治参与关系中的调节作用，我们可以从以下三个方面进行分析。第一，公民的社会公正感知政治信任与政策参与满意度的关系具有增强性的调节作用。其中，结果公平的调节效应（$\beta = 0.11$）要高于程序公平的调节效应（$\beta = 0.08$）。中国公民具有对"直接依赖型政策"的参与偏好，这些政策与其个人利益密切相关。③ 结果不公的直接后果，便是导致了个体的利益受损。在此种情况下，即便依旧保持一定程度的政治信任，也势必会影响其对已有政策参与活动的满意度评价。第二，基于目前国内政策过程的"模糊性"和"不确定性"，在有关政策参与动力转化的问题上，程序公平效应增强了政治信任对政策参与意愿的预测作用，而结果公平对二者的调节效应并不显著。这一结果与格雷默（Gremer）的观点一致，即程序公平是总体和归属不确定的一种结果。④ 第三，公民的社会公正感对政治信任与政策参与效能的关系具有增强性的调节作用。其中，程序公平的调节效应（$\beta = 0.12$）要高于结果公平的调节效应（$\beta = 0.07$）。结果公平具有相对性，而程序公平则具有长

---

① 郭秋永：《发展中国家的政治参与：S. Huntington 的参与理论》，《人文及社会科学集刊》（中国台湾）2000 第 3 期。

② [美] 罗伯特·帕特南：《使民主运转起来——现代意大利的公民传统》，王列、赖海榕译，江西人民出版社 2001 年版，第 190—217 页。

③ 史卫民、郑建君、李国强、涂锋：《中国公民政策参与研究——基于 2011 年全国问卷调查数据》，中国社会科学出版社 2013 年版，第 334—366 页。

④ De Cremer, D., Brebels, L. and Sedikides, C., "Being Uncertain About What? Procedural Fairness Effects as a Function of General Uncertainty and Belongingness Uncertainty", *Journal of Experimental Social Psychology*, Vol. 44, No. 6, 2008, pp. 1520–1525.

期性。当个体认为程序是公平的时候，即便结果与预期存在差距也是可以接受的；[1] 相反，如果在程序方面存在不公现象，则可能诱发个体"不被尊重"的体验和相应的情绪反弹，进而产生怀疑甚至会削弱政治信任的结果效应。[2]

（二）实践启示

本章的结果对我国当前公民政治参与的推进和公共服务管理质量的提升实践，都具有重要的启示作用。首先，公民适度的政治参与是化解发展矛盾、维护社会稳定的重要途径。目前，我国还处在积极推进公民政治参与的探索阶段。在相关的制度建设和参与途径设计不断完善的基础上，通过增强公民的政治信任感知，将会有利于我国公民适度、有序政治参与的发展，并使公民的政治参与认知水平、能力、意愿及满意度等得以提升。其次，政治信任对提升公民的政治参与满意度具有显著的效果。在此基础上，深化收入分配制度改革，优化收入分配结构，消除社会不公和个别特权现象的发生，实现共同发展和成果共享，将对提升公众政治参与满意度具有积极影响。再次，公民政策参与动力的提升受到政治信任及其与社会公正（特别是程序公正）的交互作用的影响。公开政策制定流程，鼓励和吸纳社会公众参与政策过程决策制定，对于消除目前国内政策过程"模糊性"和"不确定性"对参与动力发展的阻碍作用，具有重要的意义。最后，强烈的参与意愿并不等于令人满意的参与效果，公民个人的参与能力在其中也发挥着不可忽视的作用。在政治信任水平一定的情况下，通过提升公民的社会公平感，强化个人卷入的程度以及由公正感知所引发的"尊重效应"，从而提高与政策参与相关内容（政策重要性、权利与途径、政策内容、政策过程等）的认知能力和实际参与效能。

（三）本章研究的不足与未来展望

本章从政治心理学视角来分析当前我国公民政治信任与政治参与的关

---

[1] Brockner, J. and Wiesenfeld, B. M., "An Integrative Framework for Explaining Reactions to Decisions: Interactive Effects of Outcomes and Procedures", *Psychological Bulletin*, Vol. 120, No. 2, 1996, pp. 189 – 208.

[2] Chryssochoidis, G., Strada, A. and Krystallis, A., "Public Trust in Institutions and Information Sources Regarding Risk Management and Communication: Towards Integrating Extant Knowledge", *Journal of Risk Research*, Vol. 12, No. 2, 2009, pp. 137 – 185.

系，以及社会公正对二者关系的调节作用。结果表明：公民政治信任的提升有利于其政治参与的发生与质量，政治信任的水平越高，公民政策参与的满意度感知水平也越高。同时，研究发现社会公正在公民政治信任对政治参与的影响过程中具有正向的调节作用。结果公平和程序公平感知水平越高的个体，其政策参与满意度和效能受到政治信任积极影响的程度就越高；而程序公平感知水平越高的个体，其政策参与意愿受到政治信任积极影响的程度越高。

虽然在社会公正背景下，我们对政治信任与政治参与的关系研究获得了一些有意义的结果发现。但是，研究仍然存在一些局限和不足。第一，我们选取了政治参与中的政策参与开展研究，但在因变量的具体测量上仍具有笼统性。因为针对不同种类的公共政策（例如，住房政策、医改政策、教育政策等），会产生多种形式的政策参与行为（诸如政策讨论、政策意见发表、政策听证会参与等），未来的研究还应当针对具体政策类型和政策参与形式开展更加深入的研究。第二，在研究设计上，我们采取的是同一时间点的横断面（cross-sectional）数据资料，由此获得的统计结果与真实的变量间因果关系推论仍存在一定差距。因此，未来的研究可以通过采用纵向（longitudinal）的研究设计来弥补这一不足。第三，本章采用整群随机抽样的方法对数据进行收集，限于研究资源的不足，东北地区被试和高中及以下学历的被试人数相对较少、占被试总数的比例不高，这在一定程度上影响了研究的结论。有关这一点，我们希望在以后的研究中能够有机会予以修正。

第五章 政治参与行为的影响机制：政治知识的边界效应

一 引言

（一）问题提出

公民通过各种方式参加政治生活，并直接或间接地影响政治体系的构成、运行方式和规则以及公共政策的政治行为，[①] 被称作政治参与。作为现代民主社会发展的核心价值体现和构成要素，政治参与不仅是个体政治社会化行为特征的集中表现，同时也反映了个体在国家治理过程中的卷入水平和影响程度。尽管公民的政治参与对民主政治和社会发展等都具有重要的促进作用，但是公众基于各种原因所表现出的政治参与冷漠现象却越发明显；[②] 包括有关中国地方人大代表选举的研究也发现，中国公民的选举参与投票率显现出了持续下降的趋势，[③] 并表现出明显的选举参与冷漠的特征。[④] 这种政治参与的态度冷漠和水平降低，对国家治理以及民主政治的发展都形成了阻碍影响。因此，从有效提升政治参与的角度出发，对其影响因素、作用机

[①] Verba, S., Schlozman, K. L. and Brady, H. E., *Voice and Equality: Civic Voluntarism in American Politics*, Cambridge: Harvard University Press, 1995, p. 38.

[②] Adams, J., Dow, J. and Iii, S. M., "The Political Consequences of Alienation-Based and Indifference-Based Voter Abstention: Applications to Presidential Elections", *Political Behavior*, Vol. 28, No. 1, 2006, pp. 65 – 86; Xu, Q., Perkins, D. D. and Chun-Chung, C. J., "Sense of Community, Neighboring, and Social Capital as Predictors of Local Political Participation in China", *American Journal of Community Psychology*, Vol. 45, No. 3 – 4, 2010, pp. 259 – 271.

[③] 孙龙、雷弢：《区县人大代表选举中的选民参与——对北京选民的追踪调查与比较分析》，《江苏行政学院学报》2007年第1期。

[④] 王少泉、董礼胜：《国家治理视域下基层人大选举参与状况研究》，《人大研究》2016年第6期。

第五章 政治参与行为的影响机制：政治知识的边界效应　75

制和边界条件进行探讨是非常有必要的。

已有的研究指出，政治体制、社会经济状况、价值观、态度、个性、动机、效能感、满意度等主客观变量均与政治参与行为表现出显著的关联。尽管上述变量与政治参与行为之间的关系已得到大量研究的检验、证实，但是对于政治参与行为的影响机制及边界条件等问题的研究仍旧相对缺乏。与此同时，对于如何深入分析诸多因素对个体政治参与行为的影响作用机制，有研究者提出了多学科整合的研究策略，[①] 即将社会学和心理学等学科所共同关注的研究变量同时纳入研究模型，以探讨政治参与行为的发生机制。为此，我们在理论分析与文献研究的基础上采纳了上述策略，借鉴计划行为理论和政治参与的资源支持理论，[②] 将反映个体政治心理和认知资源的变量纳入研究模型，以考察政治效能感、参与意愿和政治参与行为之间的中介作用关系以及在上述关系中政治知识的调节作用。

（二）文献综述与研究假设

1. 政治效能感、参与意愿与选举参与行为：基于计划行为理论的中介模型

计划行为理论指出，个体的行为意向对其行为的执行具有显著的影响，这种意向反映了个体对执行特定行为的主观意愿，代表了个体计划卷入某类行为所持有的动机结构；与此同时，个体的行为意向还受到个体的态度、主观规范和行为控制知觉的影响，也就是说，上述三种基于认知结构形成的观念意识通过个体的行为意向对特定行为的发生予以影响。[③] 其中，态度反映

[①] Cohen, A., Vigoda, E. and Samorly, A., "Analysis of the Mediating Effect of Personal-Psychological Variables on the Relationship Between Socioeconomic Status and Political Participation: A Structural Equations Framework", *Political Psychology*, Vol. 22, No. 4, 2001, pp. 727–757.

[②] Ajzen, I., "The Theory of Planned Behavior", In P. A. M. van Lange, A. W. Kruglanski and E. T. Higgins (eds.), *Handbook of theories of social psychology*, New York: Lawrence Erlbaum Associates 2012, pp. 438–459; Ajzen, I., "The Theory of Planned Behavior", *Organizational Behavior and Human Decision Processes*, Vol. 50, No. 2, 1991, pp. 179–211; Brady, H. E., Verba, S. and Schlozman, K. L., "Beyond SES: A Resource Model of Political Participation", *American Political Science Review*, Vol. 89, No. 2, 1995, pp. 271–294.

[③] Ajzen, I., "The Theory of Planned Behavior", In P. A. M. van Lange, A. W. Kruglanski and E. T. Higgins (eds.), *Handbook of theories of social psychology*, New York: Lawrence Erlbaum Associates 2012, pp. 438–459; Ajzen, I., "The Theory of Planned Behavior", *Organizational Behavior and Human Decision Processes*, Vol. 50, No. 2, 1991, pp. 179–211.

了个体对目标行为的评价，主观规范反映了个体对是否完成特定行为所感知到的来自重要他人社会压力的程度，而行为控制知觉则反映了个人所感知到的对于行为完成的自信水平和控制程度。在社会认知的分析路径下，计划行为理论不仅广泛应用于社会、经济、管理、健康等领域，同时在政治学研究领域其对特定行为发生机制的解释和预测作用也得到大量研究的证实。[1] 此外，需要特别指出的是，行为控制知觉不仅通过行为意向对实际行为产生影响，而且其对行为发生本身也具有直接的影响作用。在相关的元分析中，行为控制知觉对行为意向和实际行为的方差变异解释率分别达到39%、27%;[2] 相较于控制感，自我效能感作为行为控制知觉的另一个构成要素，其对行为意向和实际行为具有更为积极的影响。[3] 根据计划行为理论中"行为控制知觉→行为意向→实际行为"的观点论述和相关文献分析，我们认为，参与意愿在政治效能感与选举参与行为的关系中起到显著的中介作用。

首先，具有较高水平政治效能感的个体，其在选举参与中的表现更为积极。政治效能感是基于"自我效能感"概念发展出来的政治心理变量，反映了个体对于自己所具有的理解和参与政治活动能力的自信程度。[4] 政治行为的发生是多种物质资源和认知资源共同作用的结果，政治效能感是其中最重要的资源类型之一，[5] 它向个体参与政治活动提供了重要的心理动因。[6] 大量的实证研究显示，个体的政治效能感，对线上、线下两种形式的政治参

---

[1] Bosnjak, M., Galesic, M. and Klicek, B., "Determinants of Online Political Participation in Croatia - an Extended Planned Behavior Model", *Journal for General Social Issues*, Vol. No. 4 – 5, 2007, pp. 747 – 769; Curnalia, R. M. L. and Mermer, D., "Integrating Uses and Gratifications with the Theory of Planned Behavior to Explain Political Disaffection and Engagement", *American Communication Journal*, Vol. 15, No. 3, 2013, pp. 59 – 82; Frank, R., "How Internal Political Efficacy Translates Political Knowledge into Political Participation: Evidence From Germany", *Europes Journal of Psychology*, Vol. 12, No. 2, 2016, pp. 221 – 241.

[2] Frank, R., "How Internal Political Efficacy Translates Political Knowledge into Political Participation: Evidence from Germany", *Europes Journal of Psychology*, Vol. 12, No. 2, 2016, pp. 221 – 241.

[3] Ajzen, I., "Perceived Behavioral Control, Self-Efficacy, Locus of Control, and the Theory of Planned Behavior", *Journal of Applied Social Psychology*, Vol. 32, No. 4, 2002, pp. 665 – 683.

[4] Niemi, R. G., Craig, S. C. and Mattei, F., "Measuring Internal Political Efficacy in the 1988 National Election Study", *American Political Science Review*, Vol. 85, No. 4, 1991, pp. 1407 – 1413.

[5] Valentino, N. A., Gregorowicz, K. and Groenendyk, E. W., "Efficacy, Emotions and the Habit of Participation", *Political Behavior*, Vol. 31, No. 3, 2009, pp. 307 – 330.

[6] Chang, S. P. and Karan, K., "Unraveling the Relationships Between Smartphone Use, Exposure to Heterogeneity, Political Efficacy, and Political Participation: A Mediation Model Approach", *Asian Journal of Communication*, Vol. 24, No. 4, 2014, pp. 370 – 389.

与均具有显著的促进作用;[1] 特别是在传统的制度化政治参与活动中（例如选举参与），个体政治效能感的水平高低，对其在选举参与中的表现积极与否具有显著的正向预测作用。[2] 作为与政治行为最为密切的心理变量，政治效能感对选举参与行为的正向预测作用还表现出明显的跨时间稳定性特征。[3]

其次，个体政治效能感的提升，有助于其参与意愿的增强。一是自我效能感是个体行为意向最具影响力的预测变量。[4] 相关的政治学研究发现：政治效能感不仅对个体的政治参与意愿具有显著的正向预测作用，[5] 同时个体所具有的针对政治行为的态度和其内部政治效能感的强弱还会对其参与意愿水平的高低变化形成显著的影响效应。[6] 二是政治效能感的提升有助于增强个体对其影响政治系统相关决策可能性及结果的评估。[7] 个体对自我参与的影响效力评价越高，则其针对政治参与的意愿就越强。

最后，个体的参与意愿越强，其选举参与行为的表现越积极。计划行为

---

[1] Harel, O., "Resources, Political Efficacy and Political Performance: Political Participation on Facebook", Leiden University, Master thesis, 2013.

[2] Moeller, J., Vreese, C. D., Esser, F. and Kunz, R., "Pathway to Political Participation: The Influence of Online and Offline News Media on Internal Efficacy and Turnout of First-Time Voters", *American Behavioral Scientist*, Vol. 58, No. 5, 2014, pp. 689 – 700.

[3] Kenski, K. and Stroud, N. J., "Connections Between Internet Use and Political Efficacy, Knowledge, and Participation", *Journal of Broadcasting & Electronic Media*, Vol. 50, No. 2, 2006, pp. 173 – 192; Finkel, S. E., "Reciprocal Effects of Participation and Political Efficacy: A Panel Analysis", *American Journal of Political Science*, Vol. 29, No. 4, 1985, pp. 891 – 913.

[4] Trafimow, D., Sheeran, P., Conner, M. and Finlay, K. A., "Evidence that Perceived Behavioural Control is a Multidimensional Construct: Perceived Control and Perceived Difficulty", *British Journal of Social Psychology*, Vol. 41, No. 1, 2002, pp. 101 – 121.

[5] Li, L., "Distrust in Government Leaders, Demand for Leadership Change, and Preference for Popular Elections in Rural China", *Political Behavior*, Vol. 33, No. 2, 2011, pp. 291 – 311; Pavlova, M. K. and Silbereisen, R. K., "Supportive Social Contexts and Intentions for Civic and Political Participation: An Application of the Theory of Planned Behaviour", *Journal of Community & Applied Social Psychology*, Vol. 25, No. 5, 2015, pp. 432 – 446.

[6] Han, L. Y., Kipps, E. and Kaye, S. B., "Predictors of Intentions to Participate in Politics and Actual Political Behaviors in Young Adulthood", *International Journal of Behavioral Development*, Vol. 37, No. 5, 2013, pp. 428 – 435.

[7] Hoffman, L. H., Jones, P. E. and Young, D. G., "Does My Comment Count? Perceptions of Political Participation in an Online Environment", *Computers in Human Behavior*, Vol. 29, No. 6, 2013, pp. 2248 – 2256; Schlozman, K. L., Verba, S. and Brady, H. E., "Participation's Not a Paradox: The View from American Activists", *British Journal of Political Science*, Vol. 25, No. 1, 1995, pp. 1 – 36.

理论认为，除个人能力、机会、资源等因素外，行为意向是决定个体完成某特定行为最直接的因素。[1] 作为预测个体实际行为发生最重要的指标，行为意向越强，表明个体进行该行为的可能性也越大；[2] 一项元分析指出，个体的行为意向与其实际行为之间不仅具有较高的关联，且能够在较大程度上对实际行为的发生予以解释，表明行为意向与特定行为之间的关系具有良好的预测性和稳定性。[3] 具体到参与意愿与政治参与行为的关系上来，那些具有较高参与意愿的个体，将会在诸如意见表达、选举参与等形式的政治行为中有更为积极的表现，[4] 同时还会对个体实际参与行为的变化显现出明显的预测效应。[5] 综上所述，我们提出假设 H_1：个体的政治效能感通过参与意愿的中介作用对其选举参与行为产生显著的正向影响。

2. 基于政治知识的调节模型

资源支持理论是针对政治参与影响机制的重要解释工具之一，该理论从资源获取与消耗的视角，对个体政治行为的表现及差异予以有效的解释说明；具体而言，与公民的社会经济状况、受教育水平等相关联的资源（诸如时间、金钱、知识储备与公民技能等），增加了个体参与政治活动的可能水平及卷入程度。[6] 资源支持理论进一步强调，公民的政治知识是其积极介入政治活动、实施政治参与行为的重要决定因素。大量的实证研究发现，在作用路径的指向上，政治知识不但直接作用于个体的政治参与行为，而且还会与其他变量形成交互效应对政治参与行为本身及其影响机制施加影响。

第一，政治知识对个体的政治参与行为具有明显的驱动效应。政治知识

---

[1] Ajzen, I., "The Theory of Planned Behavior", *Organizational Behavior and Human Decision Processes*, Vol. 50, No. 2, 1991, pp. 179 –211.

[2] Ajzen, I., "Perceived Behavioral Control, Self-Efficacy, Locus of Control, and the Theory of Planned Behavior", *Journal of Applied Social Psychology*, Vol. 32, No. 4, 2002, pp. 665 –683.

[3] Armitage, C. J. and Conner, M., "Efficacy of the Theory of Planned Behaviour: A Meta-Analytic Review", *British Journal of Social Psychology*, Vol. 40, No. 4, 2001, pp. 471 –499.

[4] Swapan, M. S. H., "Who Participates and Who Doesn't? Adapting Community Participation Model for Developing Countries", *Cities*, Vol. 53, No. 9, 2016, pp. 70 –77.

[5] Han, L. Y., Kipps, E. and Kaye, S. B., "Predictors of Intentions to Participate in Politics and Actual Political Behaviors in Young Adulthood", *International Journal of Behavioral Development*, Vol. 37, No. 5, 2013, pp. 428 –435.

[6] Brady, H. E., Verba, S. and Schlozman, K. L., "Beyond SES: A Resource Model of Political Participation", *American Political Science Review*, Vol. 89, No. 2, 1995, pp. 271 –294.

是个体对所处政治系统结构、运行过程及政治参与活动本身等信息的心理认知反映,具有客观性资源和主观性资源的双重表现特征;[1] 作为个体政治参与的基础性条件,政治知识还决定着政治参与的质量。[2] 当个体对政治知识了解越多,就越倾向于在政治活动中扮演积极的角色。[3] 此外,不仅那些拥有较多政治知识的个体更有可能在选举活动中进行投票,而且随着知识储量的增多还会提升其投票的倾向水平。[4] 与政治知识的多少相关联,那些受教育水平高的个体,不但在政治参与机会上会有较高的认知水平,[5] 并且更有可能在竞选活动中积极参与和完成投票。[6]

第二,政治知识与政治效能感的交互影响。政治知识对个体政治参与的正向影响涵盖线上和线下两种形式,而且线下政治参与还受到政治知识与效能感的交互影响。[7] 随着个体对所参与活动的相关背景知识的了解增多,其在后续的参与中也会表现得越发自信,[8] 这将有助于增强个体对政治活动的参与意愿,进而在实际的参与活动中有更为积极的表现。政治知识与政治效能感的交互作用,还体现在教育对个体政治效能感的提升方面,即接受了良好教育的个体,一方面认为自己有能力理解和参与政治活动,另一方面也增强了其对政府决策影响力的自我感知与信心。[9] 例如,受教

---

[1] 张明新:《互联网时代中国公众的政治参与:检验政治知识的影响》,《中国地质大学学报》(社会科学版) 2011 年第 6 期。

[2] 鲁晓、张汉:《政治知识和政治参与的性别鸿沟:社会科学研究与社会治理层面的思考》,《妇女研究论丛》2014 年第 4 期。

[3] Moeller, J. and de Vreese, C., "Spiral of Political Learning: The Reciprocal Relationship of News Media Use and Political Knowledge Among Adolescents", Communication Research, doi: 10.1177/0093650215605148, 2015, pp. 1 – 17.

[4] Corrigall-Brown, C. and Wilkes, R., "Media Exposure and the Engaged Citizen: How the Media Shape Political Participation", Social Science Journal, Vol. 51, No. 3, 2014, pp. 408 – 421.

[5] 麻宝斌、于丽春、杜平:《收入水平、政治社会化与参与意愿——转型期公众政治参与机会认知的影响因素分析》,《武汉大学学报》(哲学社会科学版) 2017 年第 4 期。

[6] Hillygus, D. S., "The Missing Link: Exploring the Relationship Between Higher Education and Political Engagement", Political Behavior, Vol. 27, No. 1, 2005, pp. 25 – 47.

[7] 张明新:《互联网时代中国公众的政治参与:检验政治知识的影响》,《中国地质大学学报》(社会科学版) 2011 年第 6 期。

[8] Cho, J. and Mcleod, D. M., "Structural Antecedents to Knowledge and Participation: Extending the Knowledge Gap Concept to Participation", Journal of Communication, Vol. 57, No. 2, 2007, pp. 205 – 228.

[9] Jackson, R. A., "Clarifying the Relationship Between Education and Turnout", American Politics Research, Vol. 23, No. 3, 1995, pp. 279 – 299.

育程度在政治效能感与选举参与的影响关系中具有调节作用。[1] 在涉及政治态度取向的关系时，政治知识表现出明显的调节作用，特别是在政治知识水平较高的情况下，不同政治态度取向之间的关系会表现得更为紧密。[2]

第三，政治知识与参与意愿的交互影响。由于行为意向与行为发生之间具有中等强度的关联，这意味着要想使较强的行为意向转化为个体的实际行为，需有赖于第三方变量的调节作用。[3] 选民所具备的基础政治知识不仅有助于增长其参与政治活动的可能，同时也有助于个体强化对所参与政治活动的具体规则的认知，进而使参与意愿对实际行为的预测效应获得提升。[4] 具有较高政治知识持有量的个体，往往能够保持较为稳定和一致的政治态度，并依据其态度和偏好做出决策，提升个体对民主价值观念的支持，促进个体的政治信任，进而激发其政治参与。[5] 综上所述，我们提出假设 H_2：政治效能感与选举参与行为的直接关系以及它们通过参与意愿形成的间接关系，受到个体政治知识的调节作用。

综合以上内容，本章拟探讨政治效能感、参与意愿与中国公民选举参与的中介作用影响机制以及在上述过程中政治知识的调节作用影响机制（见图 5-1）。具体而言，公民个体的政治效能感通过参与意愿对选举参与行为产生影响；同时，政治知识在上述关系中具有调节作用，这种调节作用可能是对政治效能感与选举参与行为关系的直接影响，也可能通过调节参与意愿的中介作用来实现。

---

[1] Finkel, S. E., "Reciprocal Effects of Participation and Political Efficacy: A Panel Analysis", *American Journal of Political Science*, Vol. 29, No. 4, 1985, pp. 891–913.

[2] Choma, B. L. and Hafer, C. L., "Understanding the Relation Between Explicitly and Implicitly Measured Political Orientation: The Moderating Role of Political Sophistication", *Personality & Individual Differences*, Vol. 47, No. 8, 2009, pp. 964–967.

[3] Harris, J. and Hagger, M. S., "Do Basic Psychological Needs Moderate Relationships within the Theory of Planned Behavior?", *Journal of Applied Biobehavioral Research*, Vol. 12, No. 1, 2007, pp. 43–64.

[4] Johann, D., "Specific Political Knowledge and Citizens' Participation: Evidence from Germany", *Acta Politica*, Vol. 47, No. 1, 2012, pp. 42–66.

[5] Galston, W. A., "Political Knowledge, Political Engagement, and Civic Education", *Annual Review of Political Science*, Vol. 9, No. 4, 2001, pp. 217–234.

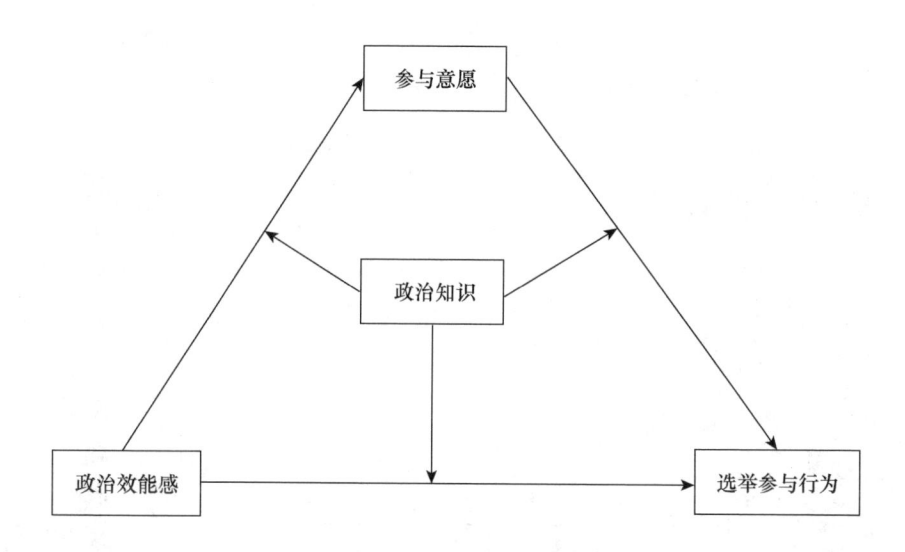

图 5-1 研究假设模型

二 样本情况、变量测量与过程设计

（一）样本情况

2014年，中国社会科学院"中国公民县乡人大代表选举参与调查"项目组依据相关设计和标准，在全国范围内进行抽样和问卷发放。首先，以2013年地区生产总值数据为准，在都会区（即4个直辖市）、东北、东部、中部和西部地区抽取经济发展水平居中的省份，共计10个省（自治区、直辖市），分别为北京、天津、黑龙江、山东、浙江、安徽、湖北、甘肃、广西壮族自治区和陕西。其次，对所抽取的10个省（自治区、直辖市），以经济发展水平居中的地级市为标准，共抽取24个地级市（其中8个省会城市和自治区首府为必选）。再次，在所抽取的24个地级市中选择经济发展水平居中的区或县。最后，在区或县一级，随机抽取住户，对该户年满18周岁且居住满一年的家庭成员发放问卷，每户最多有一名符合条件的居民参与问卷调查。最终，共发放问卷8800份，收回有效问卷8635份。其中，被调查对象年龄在18—88岁，平均年龄41.53岁（标准差14.36），样本的其他情况见表5-1。

表 5-1 样本基本情况 （$N=8635$）

指标	类别	频次（人）	百分比（%）	指标	类别	频次（人）	百分比（%）
性别	女性	4343	50.30	民族	少数民族	867	10.04
	男性	4292	49.70		汉族	7768	89.96
户籍	城镇	3957	45.83	学历	初中及以下	4286	49.64
	农村	4670	54.08		高中（含高职高专）	2739	31.72
	信息缺失	8	0.09		大学及以上	1610	18.64
政治面貌	中共党员	892	10.33	省份	北京	851	9.86
	共青团员	1343	15.55		天津	865	10.02
	群众及其他	6399	74.11		黑龙江	880	10.19
	信息缺失	1	0.01		山东	873	10.11
收入	1500 元/月及以下	3653	42.31		浙江	836	9.68
	1501—3500 元/月	3829	44.34		湖北	877	10.16
	3501 元/月以上	1153	13.35		安徽	836	9.68
区域	都会区	1716	19.87		甘肃	870	10.08
	东北地区	880	10.19		广西	880	10.19
	东部地区	1709	19.79		陕西	867	10.04
	中部地区	1713	19.84				
	西部地区	2617	30.31				

（二）测量工具

1. 政治效能感

采用郑建君在研究中使用的包含有 3 个题目的量表。量表由单一维度构成，采用 5 点计分方式（其中 1 个题目为反向计分），数字 1—5 分别表示从"非常不同意"到"非常同意"。样题如示："在选举中我能够充分收集相关信息，并进行有效的分析和判断。"被调查者完成问卷作答后，对所有题目的得分加总取均值，政治效能感水平越高的个体，其分数表现也越高。在本章中，该量表的 Cronbach's α 为 0.81。

2. 选举参与行为

依据地方人大代表选举的基本程序，采用自编的 4 个题目来测量个体在地方人大代表选举过程中的参与行为表现；其考察范围不仅涉及是否参与最终的投票，还包括是否在投票前的准备阶段有充分的介入参与。如果有则获得相应的分数；否则，不得分。量表中的 4 个题目主要针对被调查者是否参与了候选人提名（0.5分）、是否参加协商确定候选人（0.5分）、是否参加了与候选人的见面活动（0.5分）、是否现场投票（2.5分）。将所有题目得分加总后（0—4分），被调查者得分越高，代表其在地方人大代表选举中的参与表现越好。

3. 参与意愿

采用《中国政治参与报告（2012）》中有关政治行为意愿的3个题目对个体的选举参与意愿水平进行测量。量表由单一维度构成，采用5点计分（其中有1个题目是反向计分），数字1—5分别表示从"非常不同意"到"非常同意"。样题如示："我希望在地方人大代表选举中有更多的实际参与。"被调查者完成问卷作答后，对所有题目的得分加总取均值，分数越高表明其参与地方人大代表选举的意愿越强。在本章中，该量表的Cronbach's α为0.78。

4. 政治知识

基于地方人大代表选举的相关程序与内容，项目组自编了由12道题目组成的量表，对个体的政治知识水平进行测量。量表内容主要涉及四个方面的认知，即地方人大代表选举的重要性、权利与途径、内容、程序。每道题目回答正确，获得相应分数（0.5分/道）；否则，不得分。将所有题目得分加总（0—6分），被调查者得分越高，表明其了解和掌握的有关地方人大代表选举的知识越多、越好。

（三）调查过程及分析策略

"中国公民县乡人大代表选举参与调查"项目，由中国社会科学院委托第三方专业机构进行数据收集，整个执行过程历时4个月。为保证数据质量，在统一调查流程的基础上，项目主持方派遣调查督导对入户调查员的问卷调查发放情况进行抽检、核实。对于所获有效数据的统计处理：首先，对研究所涉及变量数据的同源偏差影响进行检验，并在此基础上对数据进行描述统计分析；其次，对假设模型进行验证分析，即基于计划行为理论的"效能→意愿→行为"中介模型和以政治知识为调节变量的调节模型；最后，针对有调节的中介模型进行稳健性检验，并对政治知识与其他预测变量的交互效应进行分析。

三 政治效能感与政治参与：参与意愿和政治知识的作用

（一）同源偏差检验

在数据收集过程中，我们主要采用了被调查者自行作答的方式。因而，在变量关系的假设检验上，有可能受到诸如共同方法效应、社会赞许期待等因素的影响而产生偏差。为此，我们采用两种方式对此进行控制检验。一是在核心变量的测量上采用不同备择选项数量和标尺计分，同时对被调查者参与问卷调查采取匿名作答的方式；二是采用 Harman 单因素检验，通过统计分析来确认同源偏差影响存在的可能程度，结果显示：在主成分分析处理下未对因子进行旋转设置，最终析出 7 个特征根植大于 1 的因子，其中首个因子的方差解释率为 12.54%（远小于临界标准 40%，同时也小于方差总解释率 48.25% 的一半）。由此可知，同源偏差影响并不严重，可对变量的模型假设进行后续检验分析。

（二）描述统计结果

核心变量的均值、标准差结果见表 5-2。对人口学变量、预测变量、结果变量、中介变量和调节变量进行相关分析，结果发现：政治效能感与参与意愿、选举参与行为均表现出显著的正相关；参与意愿与选举参与行为之间具有显著的正相关；政治知识与政治效能感、参与意愿、选举参与行为均表现出显著的正相关；此外，性别、年龄、政治面貌、收入水平、民族等人口学变量指标均与选举参与行为之间表现出显著的相关，对此将在后续的假设模型检验中作为控制变量予以控制。

（三）模型假设检验

1. 基于计划行为理论的中介作用模型检验

对于政治效能感、参与意愿和选举参与行为的中介影响机制，采用三个回归分析进行检验，具体步骤如下：首先，将拟纳入模型分析的类别变量转化为虚拟变量；其次，对所关注的变量进行标准化处理；最后，在控制性别、年龄、政治面貌、月均收入和民族等人口学变量的情况下，对参与意愿的中介作用进行检验，结果显示（见表 5-3）：政治效能感对选举参与行为

表 5-2　核心变量的均值、标准差及相关矩阵

	1	2	3	4	5	6	7	8	9	10	11
1	1.00										
2	-0.075**	1.00									
3	0.009	0.056**	1.00								
4	0.118**	0.073**	-0.159**	1.00							
5	-0.034**	-0.365**	0.339**	-0.383**	1.00						
6	-0.166**	-0.116**	0.228**	-0.142**	0.311**	1.00					
7	-0.010	-0.015	-0.099**	0.006	-0.053**	-0.155**	1.00				
8	-0.022*	0.036**	0.005	-0.054**	0.012	-0.016	-0.017	1.00			
9	-0.007	0.010	0.000	-0.069**	0.051**	-0.012	0.067**	0.317**	1.00		
10	-0.035**	0.109**	0.002	-0.074**	0.019	0.037**	0.036**	0.100**	0.097**	1.00	
11	-0.060**	0.101**	0.058**	-0.139**	0.087**	0.065**	0.067**	0.075**	0.114**	0.173**	1.00
M	1.50	41.53	0.46	2.64	1.69	1.71	1.10	3.07	3.20	1.03	2.37
SD	0.50	14.36	0.50	0.66	0.77	0.69	0.30	0.55	0.62	1.36	0.86

注：1＝性别，2＝年龄，3＝户籍类型，4＝政治面貌，5＝学历水平，6＝收入水平，7＝民族，8＝政治效能感，9＝参与意愿，10＝选举参与行为，11＝政治知识；* 表示 $p<0.05$，** 表示 $p<0.01$。

具有显著的正向预测作用（$\beta = 0.094$，$p < 0.001$）；同时，政治效能感对参与意愿也具有显著的正向预测作用（$\beta = 0.315$，$p < 0.001$）；将预测变量和中介变量同时纳入模型，参与意愿对选举参与行为的正向影响显著（$\beta = 0.064$，$p < 0.001$），且政治效能感对选举参与行为的正向影响作用虽有降低但依然显著（$\beta = 0.076$，$p < 0.001$）。由此可知，在政治效能感与选举参与行为的影响关系中，参与意愿具有显著的中介作用。

表5-3　　政治效能感、参与意愿与选举参与行为的中介影响机制

		M_1 选举参与行为		M_2 参与意愿		M_3 选举参与行为	
		β	t	β	t	β	t
性别	男	0.005	0.43	-0.005	-0.47	0.006	0.55
年龄		0.084	7.20***	0.000	0.00	0.084	7.18***
政治面貌	中共党员	0.098	8.90***	0.054	5.12***	0.094	8.57***
	共青团员	-0.034	-2.94**	0.026	2.37*	-0.035	-3.05**
月均收入	低收入	-0.070	-4.10***	0.012	0.72	-0.069	-4.01***
	中等收入	-0.064	-3.83***	-0.002	-0.12	-0.062	-3.70***
民族	汉族	-0.041	-3.82***	-0.074	-7.26***	-0.037	-3.41**
政治效能感		0.094	8.86***	0.315	30.86***	0.076	6.73***
参与意愿						0.064	5.71***
R^2		0.037		0.109		0.041	
F		41.40***		131.42***		40.63***	

注：* 表示 $p < 0.05$，** 表示 $p < 0.01$，*** 表示 $p < 0.001$。

2. 基于政治知识的调节作用检验

为验证政治知识的边界效应，对其在政治效能感与选举参与行为直接关系和间接关系中的调节作用进行检验。首先，将相关类别变量转化为虚拟变量；其次，对关注的核心变量进行标准化处理；最后，控制相关人口学变量指标，通过三组回归方程分析对政治知识的调节作用进行分析，结果如表5-4所示。第一组回归方程检验政治知识在政治效能感与参与意愿关系中的调节作用（预测变量的方差膨胀因子值 VIF 在1.055之下），结果显示：政治效能感（$b = 0.311$，$SE = 0.010$，$p < 0.001$）和政治知识（$b = $

0.077，$SE=0.011$，$p<0.001$）对参与意愿均表现出显著的正向影响，且二者的交互项对参与意愿的正向影响显著（$b=0.049$，$SE=0.010$，$p<0.001$）。第二组回归方程检验政治知识在政治效能感与选举参与行为关系中的调节作用（预测变量的方差膨胀因子值 VIF 在 1.054 之下），结果显示：政治效能感（$b=0.086$，$SE=0.011$，$p<0.001$）和政治知识（$b=0.142$，$SE=0.011$，$p<0.001$）对选举参与行为均表现出显著的正向影响，且二者的交互项对选举参与行为的正向影响显著（$b=0.026$，$SE=0.010$，$p<0.05$）。第三组回归方程检验政治知识在参与意愿与选举参与行为关系中的调节作用（预测变量的方差膨胀因子值 VIF 在 1.064 之下），结果显示：参与意愿（$b=0.078$，$SE=0.011$，$p<0.001$）和政治知识（$b=0.139$，$SE=0.011$，$p<0.001$）对选举参与行为均表现出显著的正向影响，但二者的交互项对选举参与行为的正向影响并不显著（$b=0.010$，$SE=0.010$，$p>0.05$）。由此可知，政治知识对政治效能感与选举参与行为的直接关系具有显著的调节作用；同时，在政治效能感通过参与意愿影响选举参与行为的间接关系中，政治知识对其前半段具有显著的调节作用。

表 5-4　　　　　　　　政治知识的调节作用分析

		参与意愿		选举参与行为		选举参与行为	
		M_4	M_5	M_6	M_7	M_8	M_9
		$b\ (t)$	$b\ (t)$	$b\ (t)$	$b\ (t)$	$b\ (t)$	$b\ (t)$
性别	男	-0.011 (-0.53)	-0.010 (-0.47)	0.005 (0.24)	0.006 (0.28)	0.009 (0.43)	0.009 (0.42)
年龄		-0.001 (-0.65)	-0.001 (-0.73)	0.005 (5.53***)	0.005 (5.49***)	0.005 (5.76***)	0.005 (5.75***)
政治面貌	中共党员	0.147 (4.14***)	0.141 (3.98***)	0.255 (6.97***)	0.252 (6.88***)	0.253 (6.88***)	0.252 (6.85***)
	共青团员	0.06 (1.91)	0.060 (1.92)	-0.125 (-3.90***)	-0.125 (-3.90***)	-0.119 (-3.71***)	-0.120 (-3.72***)
月均收入	低收入	0.046 (1.39)	0.048 (1.42)	-0.113 (-3.26**)	-0.112 (-3.24**)	-0.109 (-3.15**)	-0.110 (-3.17**)
	中等收入	0.006 (0.19)	0.007 (0.22)	-0.115 (-3.41**)	-0.115 (-3.39**)	-0.111 (-3.29**)	-0.111 (-3.29**)
民族	汉族	-0.23 (-6.67***)	-0.229 (-6.65***)	-0.091 (-2.54*)	-0.090 (-2.53*)	-0.071 (-1.99*)	-0.071 (-2.00*)

续表

	参与意愿		选举参与行为		选举参与行为	
	M₄	M₅	M₆	M₇	M₈	M₉
	b(t)	b(t)	b(t)	b(t)	b(t)	b(t)
政治效能感	0.315 (30.34***)	0.311 (29.90***)	0.088 (8.25***)	0.086 (8.03***)		
参与意愿					0.079 (7.40***)	0.078 (7.24***)
政治知识	0.081 (7.65***)	0.077 (7.29***)	0.143 (13.18***)	0.142 (12.98***)	0.140 (12.79***)	0.139 (12.65***)
政治效能感×政治知识		0.049 (4.93***)		0.026 (2.48*)		
参与意愿×政治知识						0.010 (0.97)
R^2	0.118	0.121	0.057	0.058	0.055	0.055
ΔR^2		0.003***		0.001*		0.000
F	124.00***	114.34***	55.53***	50.62***	53.39***	48.14***

注：* 表示 $p<0.05$，** 表示 $p<0.01$，*** 表示 $p<0.001$。

3. 针对政治参与意愿中介作用的稳健性检验

运用 Bootstrap 法对模型分析结果的稳健性进行检验，基于随机抽取的 5000 个 Bootstrap 样本的中介作用分析结果显示：参与意愿在政治效能感对选举参与行为的影响中起中介作用，中介效应值为 0.020，其 95% 置信区间为 [0.014，0.028]，中介效应占总效应的 21.45%。按照 $M±1SD$ 的标准，将政治知识划分为高分组和低分组。在政治知识高分组中，政治知识在政治效能感与选举参与行为关系中的中介作用显著，其效应值为 0.019，95% 置信区间为 [0.008，0.030]；而在政治知识低分组中，政治知识在政治效能感与选举参与行为关系中的中介作用显著，其效应值为 0.015，95% 置信区间为 [0.007，0.024]。

4. 政治效能感与政治知识的交互效应分析

将政治知识按照 $M±1SD$ 的标准划分为高、低分组，以检验政治知识在政治效能感与选举参与行为直接关系和参与意愿间接关系中的调节作用。进一步对政治效能感与政治知识的交互效应进行简单斜率检验，结果显示（见图 5-2）：在政治知识高分组中，政治效能感对选举参与行为具有显著的影响（$b_{simple}=0.283$，$t=4.044$，$p<0.001$）；而在政治知识低分

组中，政治效能感对选举参与行为的影响显著（$b_{simple} = 0.160$，$t = 2.979$，$p < 0.05$）；对不同政治知识得分条件下，政治效能感对选举参与行为影响的斜率差异进行检验，结果发现：二者的斜率差异不显著，$Z = 1.391$，$p > 0.05$。同样，以参与意愿为结果变量对政治效能感与政治知识的交互效应进行简单斜率检验，结果显示（见图5-3）：在政治知识高分组中，政治效能感对参与意愿具有显著的影响（$b_{simple} = 0.456$，$t = 14.894$，$p < 0.001$）；而在政治知识低分组中，政治效能感对参与意愿的影响显著（$b_{simple} = 0.287$，$t = 12.014$，$p < 0.001$）；对不同政治知识得分条件下，政治效能感对参与意愿影响的斜率差异进行检验，结果发现：相比于政治知识低分组，在政治知识高分组中，政治效能感对参与意愿的影响更大，$Z = 4.311$，$p < 0.05$。

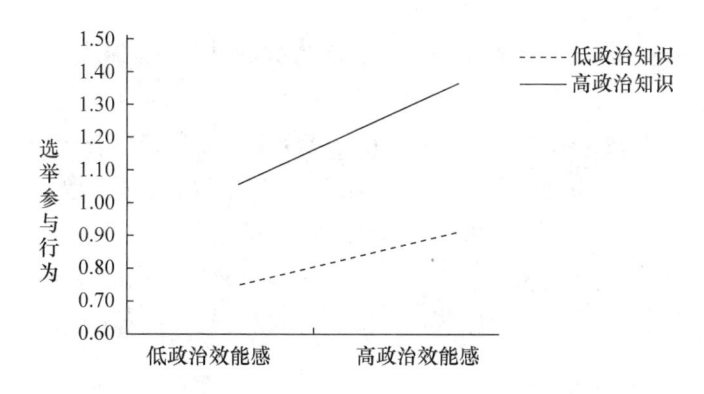

图5-2 政治效能感与政治知识对选举参与行为的交互作用

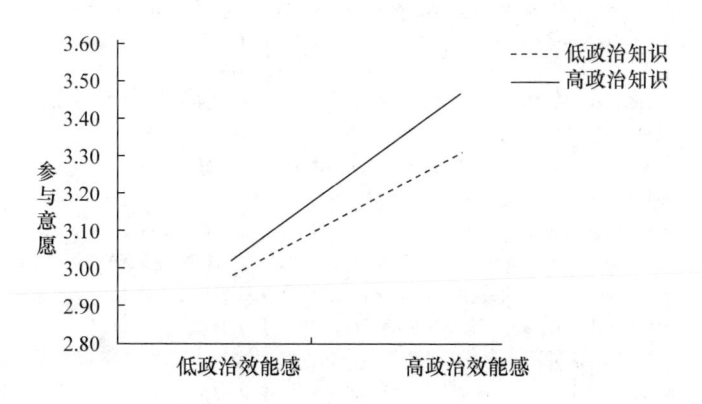

图5-3 政治效能感与政治知识对参与意愿的交互作用

四 讨论与总结

本章基于全国十省市调查获得了 8635 份有效数据,考察了政治效能感、参与意愿对选举参与行为的影响机制及作用条件,研究结果表明:(1)政治效能感通过参与意愿正向间接影响选举参与行为;(2)不论政治知识得分是高还是低,个体的政治效能感对其地方人大代表的选举参与行为都具有显著的正向影响;(3)政治知识对参与意愿的中介作用具有显著的调节作用,即在高政治知识条件下,政治效能感对参与意愿的影响效应更大,进而促使个体在选举参与的过程中有更为积极的表现。

(一)结果讨论

政治效能感作为个体政治行为发生最为重要的驱动资源类型之一,对个体的政治参与具有显著的正向预测作用。[1] 不论是从参与形式还是参与内容进行考察,政治效能感较高的个体在政治参与上都会有较为积极的表现;[2] 虽然国内研究者对此也进行了大量的实证研究,[3] 但有关政治效能感对政治参与影响机制的研究仍相对缺乏。在上述内容的基础上,本章发现,参与意愿在政治效能感与选举参与行为的关系中具有部分中介作用。这一结果在一定程度上印证了计划行为理论中有关"行为控制知觉→行为意向→实际行

---

[1] Valentino, N. A., Gregorowicz, K. and Groenendyk, E. W., "Efficacy, Emotions and the Habit of Participation", *Political Behavior*, Vol. 31, No. 3, 2009, pp. 307 – 330; Chang, S. P. and Karan, K., "Unraveling the Relationships Between Smartphone Use, Exposure to Heterogeneity, Political Efficacy, and Political Participation: A Mediation Model Approach", *Asian Journal of Communication*, Vol. 24, No. 4, 2014, pp. 370 – 389.

[2] Harel, O., "Resources, Political Efficacy and Political Performance: Political Participation on Facebook", Leiden University, Master thesis, 2013; Moeller, J., Vreese, C. D., Esser, F. and Kunz, R., "Pathway to Political Participation: the Influence of Online and Offline News Media on Internal Efficacy and Turnout of First-Time Voters", *American Behavioral Scientist*, Vol. 58, No. 5, 2014, pp. 689 – 700; Finkel, S. E., "Reciprocal Effects of Participation and Political Efficacy: A Panel Analysis", *American Journal of Political Science*, Vol. 29, No. 4, 1985, pp. 891 – 913.

[3] 吴雨欣:《中国基层人大选举提名制度运行情况解析》,《甘肃行政学院学报》2014 年第 4 期;臧雷振、孟天广:《中国农村基层民主选举中经济投票行为研究》,《社会科学》2012 年第 2 期;郑磊、朱志勇:《教育是否促进了中国公民的政治选举投票参与——来自 CGSS2006 调查数据的证据》,《北京大学教育评论》2013 年第 2 期。

为"的观点,① 即行为控制知觉感知越强,个体选择和实施该行为的意愿就越强,进而使个体后续实施该行为的概率随着其行为意愿的增强而不断提升。也就是说,公民在地方人大代表选举参与中的表现,部分源自其参与选举活动意愿的强弱,而这种参与意愿的强弱还会受到其所具有的政治效能感高低的影响。与此同时,上述中介模型所表现出的路径走向也与既有研究相契合:一是政治效能感以及由其引发的心理感知对特定政治行为的参与意愿具有直接或间接的正向影响;② 二是参与意愿对个体具体政治行为参与表现及动态过程的预测作用。③

依据计划行为理论,行为控制知觉通过行为意向对实际行为具有清晰而直接的决定效应;④ 但不可否认,上述影响机制的发生过程,还同时伴随诸如个人能力、机会以及主客观资源等变量的影响制约。参照政治参与的资源支持理论可知,⑤ 政治知识不仅对选举参与行为具有直接的影响,同时由于其兼具主、客观认知资源的特征,政治知识还可能与其他心理变量共同对选举参与行为起到加速或延缓作用。具体到本章结果,主要涉及以下三个方面的内容:第一,尽管在政治知识持有量不同的个体之间,政治效能感对实际参与行为表现的影响效应不存在显著差异,但二者的关联程度仍旧随着政治

---

① Ajzen, I., "The Theory of Planned Behavior", In P. A. M. van Lange, A. W. Kruglanski and E. T. Higgins (eds.), *Handbook of theories of social psychology*, New York: Lawrence Erlbaum Associates, 2012, pp. 438 – 459; Ajzen, I., "The Theory of Planned Behavior", *Organizational Behavior and Human Decision Processes*, Vol. 50, No. 2, 1991, pp. 179 – 211; Ajzen, I., "Perceived Behavioral Control, Self-Efficacy, Locus of Control, and the Theory of Planned Behavior", *Journal of Applied Social Psychology*, Vol. 32, No. 4, 2002, pp. 665 – 683.

② Li, L., "Distrust in Government Leaders, Demand for Leadership Change, and Preference for Popular Elections in Rural China", *Political Behavior*, Vol. 33, No. 2, 2011, pp. 291 – 311; Pavlova, M. K. and Silbereisen, R. K., "Supportive Social Contexts and Intentions for Civic and Political Participation: An Application of the Theory of Planned Behaviour", *Journal of Community & Applied Social Psychology*, Vol. 25, No. 5, 2015, pp. 432 – 446; Schlozman, K. L., Verba, S. and Brady, H. E., "Participation's Not a Paradox: The View From American Activists", *British Journal of Political Science*, Vol. 25, No. 1, 1995, pp. 1 – 36.

③ Han, L. Y., Kipps, E. and Kaye, S. B., "Predictors of Intentions to Participate in Politics and Actual Political Behaviors in Young Adulthood", *International Journal of Behavioral Development*, Vol. 37, No. 5, 2013, pp. 428 – 435; Swapan, M. S. H., "Who Participates and Who Doesn't? Adapting Community Participation Model for Developing Countries", *Cities*, Vol. 53, No. 9, 2016, pp. 70 – 77.

④ Ajzen, I., "The Theory of Planned Behavior", *Organizational Behavior and Human Decision Processes*, Vol. 50, No. 2, 1991, pp. 179 – 211.

⑤ Brady, H. E., Verba, S. and Schlozman, K. L., "Beyond SES: A Resource Model of Political Participation", *American Political Science Review*, Vol. 89, No. 2, 1995, pp. 271 – 294.

知识的多少而产生相应的变化；这说明，与地方人大代表选举参与相关的知识获得，是个体提升其对从事政治活动能力判断的重要来源。[1] 第二，对于那些具有较多政治知识的个体而言，其政治效能感通过参与意愿对选举参与行为的间接影响更强。这是因为，在个体资源相对丰富的情况下，个体更易于将其对自我能力的判断、认知转化为从事特定政治行为的心理动机，进而对其实际的参与行为发挥促进效应。第三，参与意向与实际行为的关联虽然仅表现为中等强度，但其预测、解释效果却具有一定的稳定性。[2] 因此，与参与意向转化为实际行为效应不同，在意向与行为的关系强度变化中，调节变量的作用可能并不明显，这也侧面解释了政治知识在中介模型后半段中调节效应不显著的原因。

（二）实践意涵

本章的研究发现对深入理解政治参与影响机制和激发公民积极参与地方人大代表选举具有以下三个方面的实践启示。第一，在公民的政治社会化进程中，要不断增强公民参与政治活动的能力，更要培养其通过政治参与在国家治理中积极发挥作用的意识和自信，最终实现个体政治参与的有序性与有效性目标。第二，本章所揭示出的有关选举参与行为的中介影响机制表明，在加强个体执行政治行为的胜任能力的同时，还应通过公平、公正的制度设计来提升公民的政治信任水平，进而增强其参与政治活动的意愿并在其中有积极的表现。第三，在提高公民综合素质的同时，还应针对具体政治活动培养其相关的知识（例如，有关地方人大代表选举参与的知识内容），这是增进个体政治参与支持资源的重要方面；通过提升个体特定政治参与知识的水平，对个体政治效能感的增强和参与意愿的激发都将发挥积极作用，并最终实现推动公民政治参与实际行为发生、发展的目的。

---

[1] Cho, J. and Mcleod, D. M. , "Structural Antecedents to Knowledge and Participation: Extending the Knowledge Gap Concept to Participation", *Journal of Communication*, Vol. 57, No. 2, 2007, pp. 205 – 228.

[2] Armitage, C. J. and Conner, M. , "Efficacy of the Theory of Planned Behaviour: A Meta-Analytic Review", *British Journal of Social Psychology*, Vol. 40, No. 4, 2001, pp. 471 – 499; Ajzen, I. , "Perceived Behavioral Control, Self-Efficacy, Locus of Control, and the Theory of Planned Behavior", *Journal of Applied Social Psychology*, Vol. 32, No. 4, 2002, pp. 665 – 683.

第六章 政治知识与政治参与行为：社会公平、媒体使用的作用

一 引言

（一）问题提出

作为现代社会民主发展的核心构成要素，政治参与不仅体现了公民个体政治社会化的行为特征，同时对于保障公民权利、提升治理绩效均具有重要的意义。然而，新近研究却发现，世界范围内公民个体的政治参与都呈现出下降的趋势，包括中国公民的选举参与投票率在十年间出现了 12.6% 的下滑。[1] 针对这一现象，越来越多的研究者开始关注，何种因素影响个体的政治参与以及在相近条件下为何不同个体的政治参与表现会存在巨大差异。其中，政治参与的资源支持理论认为，个体的政治知识是其介入政治活动、实施政治参与行为的重要决定因素。[2] 大量的实证研究表明，那些政治知识储备较多的公民个体，往往在政治参与过程中具有更为积极的表现，例如，在选举活动中积极参与投票。[3] 但是，也有研究指出，在不同的国家或地区，

---

[1] 孙龙、雷弢：《区县人大代表选举中的选民参与——对北京选民的追踪调查与比较分析》，《江苏行政学院学报》2007 年第 1 期；Xu, Q., Perkins, D. D. and Chun-Chung, C. J., "Sense of Community, Neighboring, and Social Capital as Predictors of Local Political Participation in China", *American Journal of Community Psychology*, Vol. 45, No. 3 - 4, 2010, pp. 259 - 271.

[2] Brady, H. E., Verba, S. and Schlozman, K. L., "Beyond SES: A Resource Model of Political Participation", *American Political Science Review*, Vol. 89, No. 2, 1995, pp. 271 - 294.

[3] Moeller, J. and de Vreese, C., "Spiral of Political Learning: The Reciprocal Relationship of News Media Use and Political Knowledge Among Adolescents", *Communication Research*, 2015, pp. 1 - 17. doi: 10.1177/0093650215605148; Vreese, C. H. D. and Boomgaarden, H., "News, Political Knowledge and Participation: The Differential Effects of News Media Exposure on Political Knowledge and Participation", *Acta Politica*, Vol. 41, No. 4, 2006, pp. 317 - 341; Corrigall-Brown, C. and Wilkes, R., "Media Exposure and the Engaged Citizen: How the Media Shape Political Participation", *Social Science Journal*, Vol. 51, No. 3, 2014, pp. 408 - 421.

个体的政治知识与政治参与行为之间的这种影响关系会有所变化;① 甚至有研究发现,政治知识对政治参与并不具有显著的预测作用。② 从上述分歧中可知,既有研究关于政治知识与公民个体政治参与行为的影响关系及其产生的条件,并未得到明确的检验和较为普遍、一致的结论。为此,本章将具体分析政治知识影响公民个体政治参与的条件,并据此检验二者关系的边界条件。

与时间、金钱等资源类型不同,作为个体对所处政治系统结构、运行过程及政治参与活动本身等信息的心理认知反映,政治知识既是一种客观性资源,同时也具有主观性资源的表现特征。③ 因此,在研究政治知识与政治参与的关系时,尽管运用政治参与的资源支持理论来进行分析具有一定的解释效力,但如果能够将反映个体差异的心理与行为变量纳入其中,将会极大提升我们对二者关系作用条件的把握与理解。为此,本章拟通过检验公民个体的社会公平感、媒体使用这两个变量的调节效应,对政治知识与选举参与的影响关系进行深入的探讨。究其原因,主要有以下两点考虑。

第一,政治参与行为的实施与否以及表现差异,通常会受到个体参与能力与心理动机的影响,并体现为资源支持系统与心理感知系统共同作用的结果。一方面,基于时间、金钱、公民技能等资源系统的因素,会对个体的参与意识、能力及胜任特征发挥作用;另一方面,相关的社会心理因素也会对行为主体的动机及程度差异产生驱动效果。例如,那些具有较高社会公平感知的个体,往往会形成较强的政治参与效能感和意愿,从而在政治活动中具有更为积极的参与表现。④ 因此,本章将检验个体政治知识与社会公平感对选举参与的共同影响作用。

第二,在探讨政治知识对选举参与的影响关系时,我们将媒体使用作为

---

① Howe, P., "Political Knowledge and Electoral Participation in the Netherlands: Comparisons with the Canadian Case", *International Political Science Review*, Vol. 27, No. 2, 2006, pp. 137 – 166.

② Mushtaq, S. and Baig, F., "The Relationship of TV News Channels Consumption with Political Participation, Political Knowledge and Civic Engagement", *Asian Social Science*, Vol. 11, No. 12, 2015, pp. 46 – 54.

③ 张明新:《互联网时代中国公众的政治参与:检验政治知识的影响》,《中国地质大学学报》(社会科学版) 2011 年第 6 期。

④ Krings, A., Austic, E. A., Gutiérrez, L. M. and Dirksen, K. E., "The Comparative Impacts of Social Justice Educational Methods on Political Participation, Civic Engagement, and Multicultural Activism", *Equity & Excellence in Education*, Vol. 48, No. 3, 2015, pp. 403 – 417.

高阶调节变量予以考察。首先，公民个体的媒体使用与其政治参与之间具有密切的关联。① 这种关联依媒体类型差异（诸如广播、电视、报刊、互联网等）而对制度化（或非制度化）政治参与表现出促进（或抑制）作用。其次，公民对不同媒体的选用与其政治知识水平具有不同程度的相关。例如，传统的电视媒体使用和新兴的互联网媒体使用，能够分别对个体的认知性和再认性政治知识予以有效预测。② 最后，传统和新兴媒体使用对社会公平感具有方向各异的显著影响；③ 而由不同的媒体使用偏好所引发的选择性接触效应，对个体的态度极化具有强化作用。④ 此外，中国互联网络信息中心2018年1月31日发布的第41次《中国互联网络发展状况统计报告》显示：截至2017年12月，我国网民规模达7.72亿人次，普及率达到55.8%，远超过全球和亚洲平均水平。以互联网和移动信息平台为主体的新兴媒体，与传统的电视、广播、报纸等媒体一起成为个体信息获取的重要平台。基于上述分析，我们试图将个人的政治知识、社会公平感和媒体使用结合起来，探索其交互项对选举参与的影响作用。

综上所述，本章从政治参与的资源支持理论出发，整合个体的心理与行为变量，探索在政治知识与选举参与关系中个体社会公平感的调节效应及其媒体使用情况的高阶调节效应，进而为全面理解政治知识对政治参与的影响关系及其作用的边界条件提供实证支持。这里需要说明的是，在本章中我们所考察的是地方人大代表选举参与，这一参与形式是中国公民以直接参与的方式介入现实政治活动的重要途径。但是，近年来选民参与地方人大代表选举的投票率却呈现出明显的下降趋势。对此，也有研究指出，随着教育水平

---

① Zúñiga, H. G. D., Jung, N. and Valenzuela, S., "Social Media Use for News and Individuals' Social Capital, Civic Engagement and Political Participation", *Journal of Computer-Mediated Communication*, Vol. 17, No. 3, 2012, pp. 319-336; Boulianne, S., "Does Internet Use Affect Engagement? A Meta-Analysis of Research", *Political Communication*, Vol. 26, No. 2, 2009, pp. 193-211.

② Hollander, B. A., "The Role of Media Use in the Recall Versus Recognition of Political Knowledge", *Journal of Broadcasting & Electronic Media*, Vol. 58, No. 1, 2014, pp. 97-113.

③ 卢春天、赵云泽、张志坚：《论教育程度和媒介涵化对社会公平感的塑造》，《现代传播》（中国传媒大学学报）2017年第12期。

④ Westerwick, A., Johnson, B. K. and Knobloch-Westerwick, S., "Confirmation Biases in Selective Exposure to Political Online Information: Source Bias Vs. Content Bias", *Communication Monographs*, Vol. 84, No. 3, 2017, pp. 343-364.

的提升，公民在人大代表的选举中的表现将更为积极。① 本章则进一步聚焦于公民个体所持有的政治知识与选举参与的关系，对提升地方人大代表选举投票率、推进基层政治参与实效化具有重要的现实意义。另外，以往有关知识与政治参与的研究，多集中于讨论知识差异（沟）的影响效应，而较少将反映个体对社会感知的心理变量纳入其中来检验政治知识对政治参与影响关系的作用条件；与此同时，本章研究内容跳出既有关于媒体使用对政治参与直接影响的分析路径，将媒体使用作为高阶调节变量，考察其对个体心理态度与知识认知交互项的影响。在资源支持理论的基础上，通过对个体心理与行为变量的整合，形成政治科学核心议题研究的科际（社会学、心理学、传播学等）联动，其结果将具有重要的理论价值。

（二）文献回顾与研究假设

1. 个体政治知识与其选举参与行为表现

政治参与是公民通过各种方式参加政治生活，并直接或间接地影响政治体系的构成、运行方式和规则以及公共政策的政治行为。② 就政治参与的类型而言，可以将其粗略划分为制度性参与（如选举投票）和非制度性参与（如抗争行为）两类；而针对我国的实际情况，也有研究者将政治参与的具体形式划分为五类，即选举参与、政策参与、社团参与、自治参与和接触式参与。③ 除制度性和区域性层面的变量外，个体层面中的人口学指标变量、社会经济状况、资源持有水平、心理特征变量等，均是公民政治参与表现重要的影响来源和预测变量。④ 针对政治参与的影响机制，理性选择理论和资源支持理论是两个相对重要的解释工具。特别是资源支持理论，针对个体层

---

① 邢春冰、罗楚亮：《社会信任与政治参与：城镇基层人大代表选举的居民投票行为》，《世界经济文汇》2011年第4期。

② Verba, S., Schlozman, K. L. and Brady, H. E., *Voice and Equality: Civic Voluntarism in American Politics*, Cambridge: Harvard University Press, 1995, p. 38.

③ 房宁：《政治参与蓝皮书：中国政治参与报告（2011）》，社会科学文献出版社2011年版，第1—62页。

④ Cohen, A., Vigoda, E. and Samorly, A., "Analysis of the Mediating Effect of Personal-Psychological Variables on the Relationship Between Socioeconomic Status and Political Participation: A Structural Equations Framework", *Political Psychology*, Vol. 22, No. 4, 2001, pp. 727 – 757; Brady, H. E., Verba, S. and Schlozman, K. L., "Beyond SES: A Resource Model of Political Participation", *American Political Science Review*, Vol. 89, No. 2, 1995, pp. 271 – 294; Gandhi, J. and Lust-Okar, E., "Elections Under Authoritarianism", *Annual Review of Political Science*, Vol. 12, No. , 2009, pp. 403 – 422.

面公民的政治参与表现及差异,从资源获取与消耗的视角对其给予了很好的解释说明;该理论认为,与公民的社会经济状况、受教育水平等相关联的资源(诸如时间、金钱、知识储备与公民技能等),增加了个体参与政治活动的可能水平及卷入程度。①

政治知识(Political Knowledge)作为驱动个体行为重要的资源类型,对政治参与具有明显的预测作用。② 从某种意义上来讲,政治知识与政治参与是同属于一个概念的两个维度。③ 人们对政治知识了解得越多,就越倾向于在相关的政治活动中扮演积极的角色。④ 具体在选举参与领域,不仅那些拥有更多政治知识的人更有可能参与投票,而且随着时间的推移,政治知识的增加也会增强个人的投票倾向与意愿。⑤ 有关教育与政治参与的研究也发现,受教育水平越高的公民越有可能参与竞选活动并在选举中进行投票,二者在有关政治行为的研究中是表现最为稳定的一对关系。⑥ 与此同时,个体所持有政治知识及受教育水平,还会对其政治效能感形成一定的提振效应,进而对公民政治参与行为表现出显著的促进作用。⑦ 在公民政治社会化的过程中,政治知识不仅对其政治参与具有重要的影响,而且对于那些相对积

---

① Brady, H. E., Verba, S. and Schlozman, K. L., "Beyond SES: A Resource Model of Political Participation", *American Political Science Review*, Vol. 89, No. 2, 1995, pp. 271 – 294.

② Johann, D., "Specific Political Knowledge and Citizens' Participation: Evidence from Germany", *Acta Politica*, Vol. 47, No. 1, 2012, pp. 42 – 66; Moeller, J. and de Vreese, C., "Spiral of Political Learning: The Reciprocal Relationship of News Media Use and Political Knowledge Among Adolescents", *Communication Research*, 2015, pp. 1 – 17. doi: 10.1177/0093650215605148; Vreese, C. H. D. and Boomgaarden, H., "News, Political Knowledge and Participation: The Differential Effects of News Media Exposure on Political Knowledge and Participation", *Acta Politica*, Vol. 41, No. 4, 2006, pp. 317 – 341; Corrigall-Brown, C. and Wilkes, R., "Media Exposure and the Engaged Citizen: How the Media Shape Political Participation", *Social Science Journal*, Vol. 51, No. 3, 2014, pp. 408 – 421.

③ Zaller, J., "Political Awareness, Elite Opinion Leadership, and the Mass Survey Response", *Social Cognition*, Vol. 8, No. 1, 2011, pp. 125 – 153.

④ 张明新:《互联网时代中国公众的政治参与:检验政治知识的影响》,《中国地质大学学报》(社会科学版)2011年第6期。

⑤ Corrigall-Brown, C. and Wilkes, R., "Media Exposure and the Engaged Citizen: How the Media Shape Political Participation", *Social Science Journal*, Vol. 51, No. 3, 2014, pp. 408 – 421.

⑥ Hillygus, D. S., "The Missing Link: Exploring the Relationship Between Higher Education and Political Engagement", *Political Behavior*, Vol. 27, No. 1, 2005, pp. 25 – 47; Persson, M., "Education and Political Participation", *British Journal of Political Science*, Vol. 45, No. 3, 2015, pp. 689 – 703.

⑦ Jackson, R. A., "Clarifying the Relationship Between Education and Turnout", *American Politics Research*, Vol. 23, No. 3, 1995, pp. 279 – 299; 张明新:《互联网时代中国公众的政治参与:检验政治知识的影响》,《中国地质大学学报》(社会科学版)2011年第6期。

极、活跃的政治参与主体,政治知识还将进一步对提升其关于具体参与规则的认知水平发挥促进作用。[①]

基于上述分析,提出本章的研究假设 H$_1$:公民个体的政治知识与其选举参与行为表现之间具有显著的正相关关系。

2. 基于社会公平感的调节效应

社会公平是对社会及政治体系、制度等属性的反映,其至少包含以下两个方面的内容,一是按照公平正义原则进行社会利益分配和责任分担,二是在政治决策与政策制定等过程中遵循公平公正原则以保障多元主体的基本权利。[②]而公民对上述有关公平内容的主观感知,即为社会公平感(Perceived Social Justice)。以往有关公平理论的研究指出,结果公平(Distributive Justice)、程序公平(Procedural Justice)和互动公平(Interactional Justice)体现了组织公平构成的基本维度。其中,结果公平和程序公平体现了分配的结果及所遵循的原则,而互动公平则反映了个体对人际过程中互动及质量的公平感知。[③]虽然在组织公平研究中,程序公平与互动公平所指向的对象有所差异,但二者都反映了公平感知形成、发展的"过程性"特征。[④]因此,我们对社会公平感的考察将重点集中于结果公平和程序公平两个方面。

随着公平理论的发展及相关研究的不断推进,有关其影响效应的探讨已不再局限于组织研究领域。特别是在政治与公共管理领域,社会公平感成为预测和解释个体行为重要的影响变量。[⑤]在政治参与的相关影响关系中,社

[①] Johann, D., "Specific Political Knowledge and Citizens' Participation: Evidence from Germany", *Acta Politica*, Vol. 47, No. 1, 2012, pp. 42 – 66.

[②] Rothmund, T., Becker, J. C. and Jost, J. T., "The Psychology of Social Justice in Political Thought and Action", In C. Sabbagh and M. Schmitt (eds.), *Handbook of Social Justice Theory and Research*, New York: Springer New York, 2016, pp. 275 – 291.

[③] Tyler, T. R., "Social Justice: Outcome and Procedure", *International Journal of Psychology*, Vol. 35, No. 2, 2000, pp. 117 – 125; Cropanzano, R., Prehar, C. A. and Chen, P. Y., "Using Social Exchange Theory to Distinguish Procedural from Interactional Justice", *Group & Organization Management*, Vol. 27, No. 3, 2002, pp. 324 – 351.

[④] Cropanzano, R., Prehar, C. A. and Chen, P. Y., "Using Social Exchange Theory to Distinguish Procedural from Interactional Justice", *Group & Organization Management*, Vol. 27, No. 3, 2002, pp. 324 – 351; Jost, J. T. and Kay, A. C., "Social Justice: History, Theory, and Research", In S. T. Fiske, D. Gilbert and G. Lindzey (eds.), *Handbook of social psychology*, Hoboken, NJ, US: John Wiley & Sons, Inc., 2010, pp. 1122 – 1165.

[⑤] Jost, J. T. and Kay, A. C., "Social Justice: History, Theory, and Research", In S. T. Fiske, D. Gilbert and G. Lindzey (eds.), *Handbook of social psychology*, Hoboken, NJ, US: John Wiley & Sons, Inc., 2010, pp. 1122 – 1165.

会公平感是重要的作用条件变量。一方面，个体的公平正义感知在其政治社会化对政治参与的正向影响关系中具有显著的调节作用，即在公平正义感知水平较低的群体中，其政治社会化（例如公民技能）对政治参与表现出更为强烈和明显的正向预测；[1] 另一方面，个体政治参与意愿与效能感的提升，受到政治信任和社会公平感的交互效应影响。因此，社会公平感作为个体重要的心理感知变量，应当在有关资源支持对政治参与作用边界的研究中予以重视。

根据资源支持理论，作为个体政治参与行为驱动的重要资源类型，政治知识集合了客观与主观资源的双重特征，并与个体的心理感知变量共同发挥作用。在高水平社会公平感条件下，政治知识对个体政治参与行为的影响更为显著。首先，社会公平感对公民参与行为具有正向关系，特别是有关政府决策中的程序公平，对相关政治参与具有显著的正向预测作用；[2] 同时，那些具有较高水平社会公平感的个体，在公共合作参与中具有更为积极的表现。[3] 其次，社会公平感对与政治参与行为相关的心理变量具有显著的影响。社会公平感不仅能够促进个体的政府信任，[4] 而且对个体的政治参与满意度、政治合法性知觉等具有正向影响作用；[5] 而一项准实验研究还发现，社会公平教育能够显著增加青年学生对政治参与的自信及意愿。[6] 因此，在高社会公平感条件下，支持个体政治参与行为的资源系统与其心理感知特征因素形成叠加效应，强化了个体参与政治活动的行为意愿和效能感；尤其在中国的实践情境下，以地方人大代表选举为例，作为一种半竞争性选举形

---

[1] Neufeind, M., Jiranek, P. and Wehner, T., "Beyond Skills and Structure: Justice Dispositions as Antecedents of Young Citizens' Volunteering and Political Participation", *Journal of Community & Applied Social Psychology*, Vol. 24, No. 4, 2014, pp. 278-295.

[2] Rasinski, K. A., "Economic Justice, Political Behavior, and American Political Values", *Social Justice Research*, Vol. 2, No. 1, 1988, pp. 61-79.

[3] 张书维：《社会公平感、机构信任度与公共合作意向》，《心理学报》2017年第6期。

[4] 张文雅：《影响农民政府信任的心理机制研究》，《云南行政学院学报》2017年第3期。

[5] Besley, J. C. and Mccomas, K. A., "Framing Justice: Using the Concept of Procedural Justice to Advance Political Communication Research", *Communication Theory*, Vol. 15, No. 4, 2005, pp. 414-436.

[6] Krings, A., Austic, E. A., Gutiérrez, L. M. and Dirksen, K. E., "The Comparative Impacts of Social Justice Educational Methods on Political Participation, Civic Engagement, and Multicultural Activism", *Equity & Excellence in Education*, Vol. 48, No. 3, 2015, pp. 403-417.

式，其投票率在很大程度上有赖于行政性动员的作用，[1] 社会公平感对政府信任的提升将使公民在投票参与中表现得更为积极。相反，在低社会公平感条件下，个体对分配结果及原则的不公平感知，不仅会降低其参与政治活动的意愿及对自身影响力的评估水平，还会对政治系统的信任产生负面影响，进而削弱政治知识对选举参与的预测作用。

基于上述分析，提出本章的研究假设 H_2：社会公平感正向调节政治知识与选举参与之间的关系，即相比社会公平感水平低的公民，在社会公平感水平高的公民中，其政治知识与选举参与的正向关系更强。

3. 基于媒体使用行为偏好的高阶调节效应

社会公平是政治行为的核心与关键，特别是在社交媒体等相关的新媒体技术发展背景下，基于二者的交叉研究，为政治理论发展与实践问题解决提供了重要的切入路径。[2] 依据政治参与的资源支持理论和社会公平理论，社会公平感正向调节政治知识与选举参与行为之间的关系。下面，我们将以媒体使用（Media Use）为高阶调节变量，来讨论社会公平感对政治知识与选举参与行为关系调节作用的边界。

随着信息技术的不断发展，可供个体选择的媒体类型已不再局限于传统的报刊、广播、电视等形式。特别是在互联网和移动通信技术的推动下，基于 PC、智能手机、平板电脑等硬件载体演变出诸多新的媒体形式，使公民在信息获取过程中形成了更多具有自我偏好的媒体使用选择。首先，针对媒体使用与个体政治行为的关系，国内外研究者进行了大量的研究，并形成了两种不同的观点，即媒体使用对个体的政治参与行为具有抑制或促进效应。早期研究主要集中在传统媒体的使用影响方面，例如，观看电视节目会对个体的政治参与行为形成抑制效应，但通过电视媒体获取新闻资讯则会促进其对公共事件与政治活动的参与；[3] 而个体政治参与表现的差异，则与其通过

---

[1] Chen, J. and Zhong, Y., "Why Do People Vote in Semicompetitive Election in China?", *Journal of Politics*, Vol. 64, No. 1, 2002, pp. 178–197; Guan, M. and Green, D. P., "Noncoercive Mobilization in State-Controlled Elections - an Experimental Study in Beijing", *Comparative Political Studies*, Vol. 39, No. 10, 2006, pp. 1175–1193.

[2] Rothmund, T., Becker, J. C. and Jost, J. T., "The Psychology of Social Justice in Political Thought and Action", In C. Sabbagh and M. Schmitt (eds.), *Handbook of Social Justice Theory and Research*, New York, Springer New York, 2016, pp. 275–291.

[3] Norris, P., "Does Television Erode Social Capital? A Reply to Putnam", *Political Science & Politics*, Vol. 29, No. 3, 1996, pp. 474–480.

报纸媒体获取信息的程度具有显著关联。[1] 新近研究则主要比较了传统媒体与新兴媒体使用对政治参与的影响差异，虽然有研究发现，传统媒体和新兴媒体对个体的政治参与均具有促进作用，[2] 但也有大量实证证据表明，新兴媒体的使用对于政治参与的影响极为有限，甚至具有负向的作用。[3] 例如，互联网的使用对城市居民的选举参与表现出显著的负向影响；[4] 特别是社交媒体的使用，对个体线上、线下两种形式的政治参与积极性均有明显的抑制作用。[5] 其次，对于那些金钱、时间和认知或组织资源不足的个体而言，政治参与的成本是决定其是否参与其中的重要因素，而对不同媒体的使用选择则影响着个体资源的可用性价值。[6] 有研究发现，通过传统的电视媒体获取新闻信息，能够有效预测个体认知性政治知识的水平与状况；而通过新兴的互联网媒体获取新闻信息，则能够有效预测个体再认性政治知识的水平与状况。[7] 就个体的知识储备资源而言，其对政治参与的影响来自教育水平与媒体使用（如报纸）的共同作用。[8] 相对于传统媒体的信息获取方式，以互联网为代表的新兴媒体使用，极大地降低了个体在参与政治活动中采择信息的效率和成本，为个体平等参与政治活动提供了必要的可能。[9] 同时，互联网

---

[1] William, P. E. and Scheufele, D. A., "Connecting News Media Use with Gaps in Knowledge and Participation", *Political Communication*, Vol. 17, No. 3, 2000, pp. 215–237.

[2] Lee, H., Kwak, N., Campbell, S. W. and Ling, R., "Mobile Communication and Political Participation in South Korea: Examining the Intersections Between Informational and Relational Uses", *Computers in Human Behavior*, Vol. 38, No. 38, 2014, pp. 85–92；金恒江、余来辉、张国良：《媒介使用对个体环保行为的影响——基于中国综合社会调查（CGSS2013）数据的实证研究》，《新闻大学》2017年第2期。

[3] 苏振华：《中国媒体信任的来源与发生机制：基于CGSS2010数据的实证研究》，《新闻与传播研究》2017年第5期。

[4] 张蓓：《媒介使用与城市居民的政治参与——基于中国综合社会调查的研究》，《学海》2014年第5期；臧雷振、劳昕、孟天广：《互联网使用与政治行为——研究观点、分析路径及中国实证》，《政治学研究》2013年第2期。

[5] Theocharis, Y. and Lowe, W., "Does Facebook Increase Political Participation? Evidence from a Field Experiment", *Information Communication & Society*, Vol. 19, No. 10, 2016, pp. 1465–1486.

[6] Anduiza, E., "Political Participation and the Internet: A Field Essay", *Information Communication & Society*, Vol. 12, No. 6, 2009, pp. 860–878.

[7] Hollander, B. A., "The Role of Media Use in the Recall Versus Recognition of Political Knowledge", *Journal of Broadcasting & Electronic Media*, Vol. 58, No. 1, 2014, pp. 97–113.

[8] William, P. E. and Scheufele, D. A., "Connecting News Media Use with Gaps in Knowledge and Participation", *Political Communication*, Vol. 17, No. 3, 2000, pp. 215–237.

[9] Anduiza, E., "Political Participation and the Internet: A Field Essay", *Information Communication & Society*, Vol. 12, No. 6, 2009, pp. 860–878.

使用有效地促进了个体诸如政治兴趣、政治信任感和效能感等态度变量,进而使个体更愿意参与到政治活动之中。[1]

在分析政治知识与其政治参与的关系中,有研究已经注意到了媒体使用差异所发挥的功能影响,包括媒体使用的目的、频率等。但需要注意的是,现实情况下许多传统媒体的内容发布已不再局限于原有的平台,诸如报刊、电视、广播等相关内容同时也在通过互联网、移动信息平台、App 终端等向公众传播。因此,在考虑到基于各类媒体所承载的信息内容时,个体对信息的采择、加工及其影响,同样具有不可忽视的作用。传播学和心理学的交叉研究早已发现,个体在信息采择和加工的过程中常常伴随有选择性接触(Selective Exposure)行为的发生,即个体更为偏好和选择那些与其既有态度、观念与行为一致的信息,并由此产生验证性偏差效应。[2] 一方面,虽然相较于传统媒体,新兴媒体的使用为个体提供了更多的信息选择自由,但是个体的信息阅读并未出现明显的多元化趋势,反而更为偏好那些与其既有态度或观点相一致的内容。[3] 具体到选举参与研究发现,选民会通过互联网搜索那些与其个人倾向相近的选举新闻进行阅读。[4] 另一方面,对政治信息的选择性接触,还会对个体的政治态度形成极化效应,也就是说,个体对一致性信息的接触会进一步强化其态度的持续性与强度。[5] 因此,对于那些偏好使用新兴媒体的个体而言,由于选择性接触影响的增强,其既有的社会公平感或对社会的不公平感知水平将会被进一步强化,对于具有较高社会公平感的公民,其以政治知识为主要形式的资源支持系统的作用和相关的政治心理

---

[1] Wang, S., "Political Use of the Internet, Political Attitudes and Political Participation", *Asian Journal of Communication*, Vol. 17, No. 4, 2007, pp. 381 – 395.

[2] Smith, S. M., Fabrigar, L. R. and Norris, M. E., "Reflecting on Six Decades of Selective Exposure Research: Progress, Challenges, and Opportunities", *Social & Personality Psychology Compass*, Vol. 2, No. 1, 2008, pp. 464 – 493.

[3] Dilliplane, S., "All the News You Want to Hear: The Impact of Partisan News Exposure on Political Participation", *Public Opinion Quarterly*, Vol. 75, No. 2, 2011, pp. 287 – 316.

[4] Tolbert, C. J. and Mcneal, R. S., "Unraveling the Effects of the Internet on Political Participation?", *Political Research Quarterly*, Vol. 56, No. 2, 2003, pp. 175 – 185.

[5] Knobloch-Westerwick, S., Mothes, C., Johnson, B. K., Westerwick, A. and Donsbach, W., "Political Online Information Searching in Germany and the United States: Confirmation Bias, Source Credibility, and Attitude Impacts", *Journal of Communication*, Vol. 65, No. 3, 2015, pp. 489 – 511; Westerwick, A., Johnson, B. K. and Knobloch-Westerwick, S., "Confirmation Biases in Selective Exposure to Political Online Information: Source Bias vs. Content Bias", *Communication Monographs*, Vol. 84, No. 3, 2017, pp. 343 – 364.

效应将会得以加强，进而使其在政治活动中的参与表现更为积极；与之对应，对于那些偏好使用传统媒体的个体，无法通过对社会公平感的强化来提升其参与意愿和效能感等心理水平，进而使其支持政治参与的资源可能性空间增值受限。

基于上述分析，提出本章的研究假设 H_3：在社会公平感与政治知识对选举参与的交互作用关系中，媒体使用具有显著的调节作用，即那些偏好使用新兴媒体且社会公平感水平高的公民，其政治知识与选举参与的正向关系更强。

综上所述，本章研究将探讨政治知识对中国公民选举参与的影响作用及社会公平感（程序公平与结果公平两个维度）和媒体使用变量的调节机制（见图 6-1）。具体而言，公民个体政治知识与选举参与之间的正相关受到社会公平感的调节作用影响；同时，上述调节作用关系还受到个体媒体使用情况变量的高阶调节作用影响，即中国公民的媒体使用情况对其政治知识与社会公平感的交互效应具有显著的调节作用。

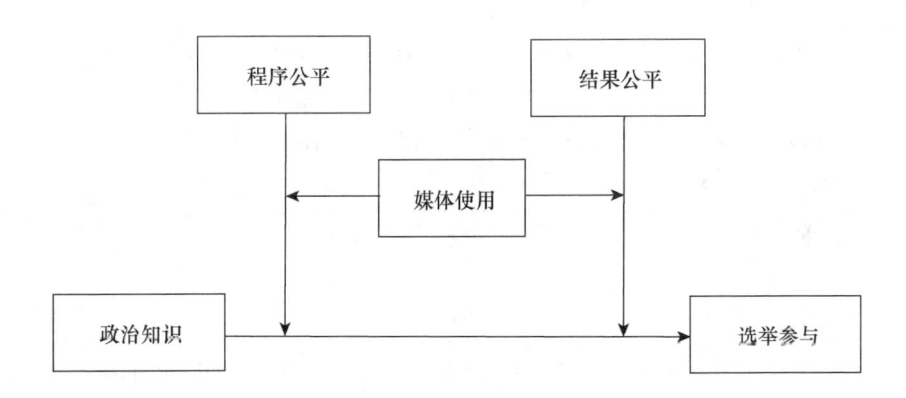

图 6-1 研究假设模型

二 研究方法与过程

（一）数据来源及样本基本情况

1. 抽样规则

中国社会科学院"中国公民县乡人大代表选举参与调查"项目组在进行全国范围的问卷调查（2014 年 6—10 月）之前，根据相关设计和标准进行了四级抽样。第一级抽样：根据国家统计局发布的 2013 年地区生产总值数据，按照经济发展水平居中的标准，在都会区（即4个直辖市）、东北、东部、中部和西部地区进行抽样，共抽取10个省（自治区、直辖市），分别为北京、天津、黑龙江、山东、浙江、安徽、湖北、甘肃、广西和陕西。第二级抽样：按照选择经济发展水平居中的地级市为抽取标准，比照各省2013年数据，共抽取24个地级市（其中8个省会城市和自治区首府城市为必选）。第三级抽样：按照相同标准，抽取地级市中经济发展水平居中的区或县。第四级抽样：在已抽取的区或县中，采用随机抽样的方式进行入户调查，面向当地年满18周岁且居住满一年的城乡居民发放问卷，每户最多有一名符合条件的居民参与问卷调查。

2. 样本概况

项目组共发放问卷8800份，收回有效问卷8635份，有效率为98.13%。其中，被试的年龄在18—88岁，平均年龄41.53岁，标准差为14.36；在行政区划分布方面，北京851人（9.86%），天津865人（10.02%），黑龙江880人（10.19%），山东873人（10.11%），浙江836人（9.68%），湖北877人（10.16%），安徽836人（9.68%），甘肃870人（10.08%），广西壮族自治区880人（10.19%），陕西867人（10.04%）；被试在性别、民族、学历、政治面貌、户籍类型等指标上的分布情况，详见表6-1所示。

表6-1　　　　　　　样本的基本情况（$N=8635$）

变量名称	类别	个案数量（%）	百分比（%）	变量名称	类别	个案数量（%）	百分比（%）
性别	男	4292	49.70	区域	都会区	1716	19.87
	女	4343	50.30		东北地区	880	10.19
学历	初中及以下	4286	49.64		东部地区	1709	19.79
	高中（含高职中专）	2739	31.72		中部地区	1713	19.84
	大学及以上	1610	18.64		西部地区	2617	30.31
户籍	城镇	3957	45.83	民族	汉族	7768人	89.96
	农村	4670	54.08		少数民族	867人	10.04
	信息缺失	8人	0.09	政治面貌	中共党员	892人	10.33
月均收入	1500元及以下	3653	42.31		共青团员	1343人	15.55
	1501—3500元	3829	44.34		群众及其他	6399人	74.11
	3501元及以上	1153	13.35		信息缺失	1人	0.01

（二）变量测量

1. 预测变量

政治知识：根据地方人大代表选举的相关程序与内容，项目组围绕地方人大代表选举的重要性认知、权利与途径认知、内容认知、程序认知四个方面，编制了12道题目来对被调查对象的政治知识进行测量。如果被试能够正确回答每道题目，则获得相应分数（0.5分/道）；否则，不得分。对所有题目得分进行加总，得分越高（0—6分），表明个体对有关地方人大代表选举的知识了解越多、掌握越好。

2. 结果变量

选举参与：地方（县、乡）人大代表由选民参与选举、直接投票产生，是我国公民参与政治生活并形成影响的重要体现。根据地方人大代表选举的基本程序，我们设计了4个题目对选民在参与地方人大代表选举中的表现情况进行评估，即要求其回答是否参与了候选人提名（0.5分）、是否参加协商确定候选人（0.5分）、是否参加了与候选人的见面活动（0.5分），是否现场投票（2.5分）。如果被试完成了上述行为，则获得相应分数；否则，不得分。对所有题目得分进行加总，得分越高（0—4分），表明在地方人大代表选举的参与中表现越好。

3. 调节变量

社会公平感：对社会公平感的测量，主要从程序公平和结果公平两个维度进行。借鉴刘亚等对这两个维度的测量题目，[1] 并对个别表述予以调整，形成了由12道题目构成的社会公平感测量问卷。其中，各有6道题目对程序公平（样题"我国现有的收入分配是有章可循的"）和结果公平（样题"我所获得的收入反映了我对工作所作的努力程度"）两个维度进行测量，题目采用5点计分方式（数字1—5分别表示从"非常不同意"到"非常同意"），并以单个维度为单位将得分加总取均值，最终分数越高，表明其程序或结果公平感知水平越高。在本章所使用数据中，程序公平和结果公平两个维度的 Cronbach's α 分别为 0.85、0.87。

媒体使用：通过预设"报刊""广播""电视""互联网"和"移动信息平台（手机、平板电脑等）"五个备择选项，对被试的媒体使用情况进行测量。针

---

[1] 刘亚、龙立荣、李晔：《组织公平感对组织效果变量的影响》，《管理世界》2003年第3期。

对媒体使用变量所获得的数据,在后续分析中,我们进一步将"报刊""广播"和"电视"三个备择选项的数据合并为"传统媒体"类别,而将"互联网"和"移动信息平台(手机、平板电脑等)"两个备择选项的数据合并为"新兴媒体"类别,进而考察"媒体使用"变量的高阶调节效应。

(三)数据收集及统计分析策略

2014年,中国社会科学院委托第三方专业机构开展数据收集工作,历时4个月。为保证数据质量,项目组对调查员的数据收集流程进行了标准化的统一规定,同时还派出调查督导员以抽检的形式对入户调查的执行情况进行核实。在数据的统计分析处理上,首先,对数据进行描述统计分析,并运用 Harman 单因子检验同源偏差影响予以分析;其次,对政治知识、社会公平感、选举参与的关系进行总体样本和分组样本的检验分析;最后,对高阶调节效应模型及其稳健性和交互效应进行检验分析。

三 认知对政治参与发生的影响:政治态度与行为偏好

(一)描述统计分析

研究关注的各变量及相关人口学变量指标的均值、标准差结果见表6-2。相关分析的结果显示:除政治知识和媒体使用之间不存在显著相关外,其他各变量两两之间均表现出显著的相关;此外,性别、民族、年龄、政治面貌和个人月均收入等人口学变量指标,与选举参与均存在显著的相关,需在后续的分析中作为控制变量纳入模型予以检验。

(二)同源偏差检验

本章所使用数据均是通过被试自行作答报告获得,可能会存在一定的偏差,例如,共同方法偏差、社会赞许期待等。为此,我们除了要求被试匿名参与调查并在变量测量过程中采用不同的计分方式外,还采用 Harman 单因素检验对可能存在的同源偏差影响进行检验:在因子未旋转的情况下进行主成分分析,结果出现八个特征根植大于1的因子,首个因子的方差解释率为19.36%(小于40%)。由此可知,同源偏差影响并不严重,可以进行后续的假设检验分析。

（三）政治知识、社会公平感对选举参与行为的影响

运用分组回归分析法来检验政治知识、社会公平感对选举参与行为的影响。首先，对预测变量和结果变量进行标准化，以减少多重共线性问题对研究结果的影响；其次，将类别变量转化为虚拟变量；最后，在控制相关人口学变量指标的情况下，运用全样本数据对模型进行检验，结果显示：方差膨胀因子（VIF）在 1.023—2.627（远小于 10），说明多重共线性问题并不严重；在控制了性别、年龄、民族、政治面貌和个人月均收入后，政治知识对选举参与行为的影响显著（$b=0.143$，$t=13.105$，$p<0.001$），程序公平对选举参与行为具有显著的正向影响（$b=0.128$，$t=10.013$，$p<0.001$），结果公平对选举参与行为的影响显著（$b=-0.031$，$t=-2.440$，$p<0.05$）；此外，政治知识和程序公平的交互效应显著（$b=0.055$，$t=4.431$，$p<0.001$），而政治知识和结果公平的交互效应不显著（$b=-0.008$，$t=-0.631$，$p>0.05$）。

为进一步检验上述结果在不同媒体使用偏好群体中的表现，根据媒体使用偏好的选择结果，我们将总体样本划分为 5 个子样本，并分别进行了回归分析。同样，在变量标准化、类别变量转化为虚拟变量后，将性别、年龄、民族、政治面貌和个人月均收入等人口学指标作为控制变量纳入模型检验，结果如表 6-3 所示：在媒体使用偏好为报刊的群体中，政治知识和程序公平对选举参与行为具有显著正向影响，结果公平对选举参与行为具有显著负向影响，而"政治知识与程序公平""政治知识与结果公平"的交互效应均不显著；在媒体使用偏好为广播的群体中，政治知识、程序公平、结果公平以及"政治知识与程序公平的交互项"对选举参与行为的影响均不显著，而"政治知识与结果公平"的交互效应显著；在媒体使用偏好为电视的群体中，政治知识、程序公平以及"政治知识与程序公平的交互项"对选举参与行为具有显著正向影响，结果公平对选举参与行为具有显著负向影响，而"政治知识与结果公平"的交互效应不显著；在媒体使用偏好为互联网的群体中，政治知识、程序公平以及"政治知识与程序公平的交互项"对选举参与行为具有显著正向影响，而结果公平的主效应和"政治知识与结果公平"的交互效应均不显著；在媒体使用偏好为移动信息平台的群体中，程序公平以及"政治知识与程序公平的交互项"对选举参与行为具有显著正向影响，而政治知识的主效应、结果公平的主效应以及"政治知识与结果公平"的交互效应均不显著。

表 6-2 各变量的均值、标准差及相关分析矩阵

	1	2	3	4	5	6	7	8	9	10	11	12	13
1	1.00												
2	-0.002	1.00											
3	-0.075**	-0.010	1.00										
4	-0.009	0.068**	-0.056**	1.00									
5	-0.034**	-0.064**	-0.365**	-0.339**	1.00								
6	0.118**	0.040**	0.073**	0.159**	-0.383**	1.00							
7	-0.166**	-0.053**	-0.116**	-0.228**	0.311**	-0.142**	1.00						
8	-0.010	0.284**	-0.015	0.099**	-0.053**	0.006	-0.155**	1.00					
9	-0.060**	0.067**	0.101**	-0.058**	0.087**	-0.139**	0.065**	-0.012	1.00				
10	0.012	0.030**	0.042**	0.087**	-0.090**	-0.001	-0.121**	0.082**	0.024*	1.00			
11	-0.019	0.059**	-0.002	0.044**	-0.020	-0.031**	-0.009	0.150**	0.030**	0.545**	1.00		
12	-0.043**	-0.067**	-0.481**	-0.138**	0.434**	-0.168**	0.265**	-0.029**	-0.017	-0.094**	-0.026*	1.00	
13	-0.035**	0.036**	0.109**	-0.002	0.019	-0.074**	0.037**	-0.020	0.173**	0.111**	0.043**	-0.039**	1.00
M	1.50	1.10	41.53	1.54	1.69	2.64	1.71	3.31	2.37	3.05	3.19	1.34	1.03
SD	0.50	0.30	14.36	0.50	0.77	0.66	0.69	1.49	0.86	0.79	0.80	0.47	1.36

注：* 表示 $p<0.05$，** $p<0.01$；1 代表性别，2 代表民族，3 代表年龄，4 代表户籍，5 代表学历，6 代表政治面貌，7 代表月均收入，8 代表地区，9 代表政治知识，10 代表程序公平，11 代表结果公平，12 代表媒体使用，13 代表选举参与。

表 6-3　　不同媒体使用偏好下政治知识、社会公平感对选举参与的分组回归分析

变量	模型1 报刊 (N=374) b	模型1 报刊 (N=374) t	模型2 广播 (N=195) b	模型2 广播 (N=195) t	模型3 电视 (N=5171) b	模型3 电视 (N=5171) t	模型4 互联网 (N=1770) b	模型4 互联网 (N=1770) t	模型5 移动信息平台 (N=1125) b	模型5 移动信息平台 (N=1125) t
男	-0.015	-0.123	-0.028	-0.176	-0.019	-0.676	0.008	0.173	0.118	1.934
汉族	0.174	0.910	-0.301	-1.185	-0.118	-2.713*	0.056	0.622	-0.073	-0.665
年龄	-0.001	-0.311	-0.002	-0.324	0.004	3.617***	0.008	3.256**	0.009	2.931**
中共党员	0.283	2.051*	0.484	1.945	0.299	5.952***	0.139	1.837	0.175	1.661
共青团员	-0.015	-0.075	0.205	0.727	-0.250	-4.672***	-0.060	-1.129	-0.086	-1.157
低收入	0.002	0.013	-0.531	-1.787	-0.157	-2.832**	-0.172	-2.561*	-0.154	-1.796
中等收入	-0.213	-1.235	-0.471	-1.572	-0.161	-2.898**	-0.135	-2.374*	-0.056	-0.721
政治知识	0.118	2.171*	0.119	1.557	0.169	11.875***	0.155	6.558***	0.041	1.373
程序公平	0.202	3.092**	0.095	0.998	0.122	7.070***	0.090	3.589***	0.203	5.732***
结果公平	-0.139	-2.073*	0.010	-0.095	-0.047	-2.741**	0.039	1.570	-0.063	-1.710
交互项1	-0.011	-0.195	-0.107	-1.158	0.040	2.420*	0.101	3.885***	0.081	2.309*
交互项2	0.085	1.563	0.229	2.395*	-0.014	-0.835	-0.014	-0.559	-0.025	-0.708
R^2	0.081		0.117		0.072		0.077		0.069	
F	2.508**		1.864*		32.102***		11.730***		6.542***	

注：* 表示 $p<0.05$，** 表示 $p<0.01$，*** 表示 $p<0.001$；交互项1为"政治知识与程序公平的交互项"，交互项2为"政治知识与结果公平的交互项"。

（四）高阶调节模型的检验

采用分组回归分析分别考察政治知识、社会公平感对中国公民选举参与的影响作用，以及媒体使用的调节作用。在进行模型检验前，对各预测变量进行标准化处理，并对性别、民族、年龄、政治面貌和个人月均收入等人口学变量指标予以控制；此外，在检验"媒体使用"变量的高阶调节效应时，

我们将五个备择选项划分为传统媒体和新兴媒体两类。结果如表6-4所示：除媒体使用的主效应不显著外，政治知识、社会公平感（程序公平和结果公平两个维度）对中国公民选举参与的主效应均显著，具有显著的正向影响。其中，政治知识和程序公平、政治知识和媒体使用、结果公平和媒体使用的交互效应显著，而程序公平和媒体使用、政治知识和结果公平的交互效应不显著。将社会公平感中的程序公平划分为高分组和低分组（$M \pm 1SD$），以考察不同偏好媒体群中政治知识对选举参与的影响（见图6-2）。简单斜率检验的结果显示：不论是程序公平高分组（$b_{simple}=0.217$，$SE=0.029$，$t=7.534$，$p<0.001$），还是程序公平低分组（$b_{simple}=0.099$，$SE=0.027$，$t=3.643$，$p<0.001$），公民的政治知识对其选举参与均具有显著的正向预测作用。

表6-4 高阶调节模型的回归分析

	模型6 b	模型6 t	模型7 b	模型7 t
性别—男	0.006	0.187	0.006	0.184
民族—汉	-0.100	-2.074*	-0.100	-2.057*
年龄	0.006	5.153***	0.006	5.239***
政治面貌—中共党员	0.346	6.974***	0.358	7.172***
政治面貌—共青团员	-0.182	-4.134***	-0.171	-3.856***
月均收入—低收入	-0.202	-4.196***	-0.153	-3.161**
月均收入—中等收入	-0.194	-4.196***	-0.161	-3.474***
政治知识	0.229	13.258***		
程序公平	0.189	10.267***		
媒体使用	0.034	0.921		
政治知识×程序公平	0.096	4.616***		
政治知识×媒体使用	-0.089	-2.480*		
程序公平×媒体使用	0.060	1.607		
政治知识×程序公平×媒体使用	0.091	2.091*		

续表

	模型6		模型7	
	b	t	b	t
政治知识			0.234	13.571***
结果公平			0.060	3.265**
媒体使用			0.009	0.232
政治知识×结果公平			0.038	1.861
政治知识×媒体使用			-0.108	-3.017**
结果公平×媒体使用			0.106	2.814**
政治知识×结果公平×媒体使用			0.018	0.415
R^2	0.067		0.053	
F	42.162***		33.291***	

注：* 表示 $p<0.05$，** 表示 $p<0.01$，*** $p<0.001$。

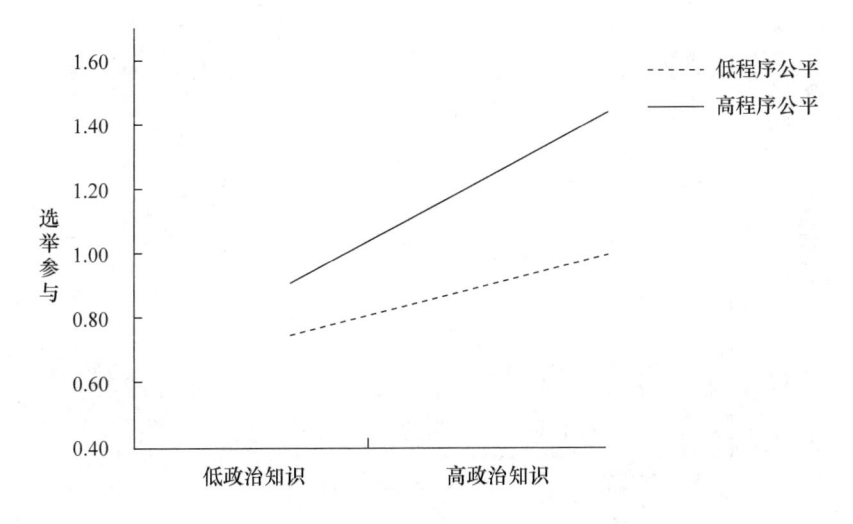

图6-2 政治知识与程序公平的交互作用

对于高阶调节模型的检验结果显示：媒体使用与程序公平、政治知识的三阶交互项，对中国公民的选举参与表现出显著的影响作用，$b=0.091$，$SE=0.044$，$p<0.05$；而媒体使用与结果公平、政治知识的三阶交互项，对中国公民的选举参与影响不显著。其中，对于媒体使用不论是偏好传统媒体（$b_{simple}=0.033$，$SE=0.013$，$t=2.506$，$p<0.05$）还是偏好新兴媒体（$b_{simple}=$

0.079，$SE=0.017$，$t=4.562$，$p<0.001$），政治知识和程序公平的交互效应对选举参与的影响都显著；对不同媒体使用下，政治知识与程序公平的交互效应的差异进行检验，结果发现：相比传统媒体的使用，在新兴媒体使用条件下，二者的交互效应对选举参与的影响水平更高，$Z=2.150$，$p<0.05$。将程序公平划分为高分组和低分组（$M\pm1SD$），以考察不同偏好媒体人群中政治知识对选举参与的影响（见图6-3）。同样，运用简单斜率检验对高阶调节作用进行分析，结果显示：在偏好使用传统媒体的人群中，不论是程序公平高分组（$b_{simple}=0.311$，$SE=0.027$，$t=11.524$，$p<0.001$）还是低分组（$b_{simple}=0.206$，$SE=0.032$，$t=6.477$，$p<0.001$），政治知识均显著影响公民的选举参与；而在偏好使用新兴媒体的人群中，对于程序公平高分组（$b_{simple}=0.295$，$SE=0.042$，$t=7.096$，$p<0.001$），政治知识对公民的选举参与表现出显著的影响，而对于程序公平低分组（$b_{simple}=0.044$，$SE=0.040$，$t=1.121$，$p>0.05$），则政治知识对选举参与的影响不显著。

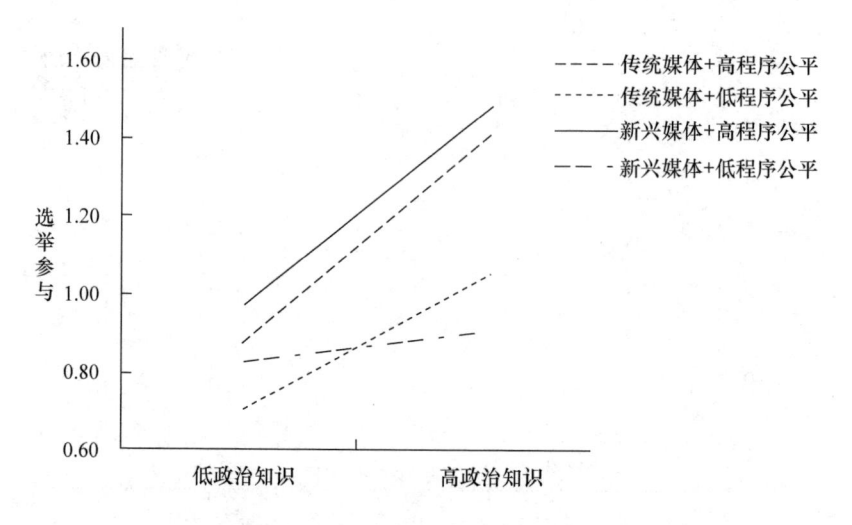

图6-3 媒体使用、程序公平与政治知识的三阶交互作用

根据Dawson等的建议，[①] 我们对四种情况下的回归斜率差异进行显著

[①] Dawson, J. F. and Richter, A. W., "Probing Three-Way Interactions in Moderated Multiple Regression: Development and Application of a Slope Difference Test", *Journal of Applied Psychology*, Vol. 91, No. 4, 2006, pp. 917-926.

性检验，结果显示:"新兴媒体、高程序公平"与"传统媒体、高程序公平"的回归斜率差异不显著（$t = -0.672, p > 0.05$），"新兴媒体、高程序公平"与"新兴媒体、低程序公平"的回归斜率差异显著（$t = 5.103, p < 0.001$），"新兴媒体、高程序公平"与"传统媒体、低程序公平"的回归斜率差异不显著（$t = 0.290, p > 0.05$），"传统媒体、高程序公平"与"新兴媒体、低程序公平"的回归斜率差异显著（$t = 4.364, p < 0.001$），"传统媒体、高程序公平"与"传统媒体、低程序公平"的回归斜率差异不显著（$t = 0.953, p > 0.05$），"新兴媒体、低程序公平"与"传统媒体、低程序公平"的回归斜率差异显著（$t = -3.162, p < 0.01$）。

四 讨论与总结

在资源支持理论的基础上，本章整合心理学与传播学的相关理论，探讨了社会公平感和媒体使用对公民政治知识与选举参与行为关系的调节作用。根据对全国10个省（自治区、直辖市）的问卷调查数据分析发现，在政治知识与选举参与行为的正向关系中，社会公平感中程序公平的调节作用显著，而结果公平的调节作用不显著；同时，媒体使用在社会公平感与政治知识对选举参与的交互作用关系中，具有显著的调节作用。本章结果对加深有关公民政治知识与选举参与行为关系的理解，具有重要的理论与实践意义。

（一）结果分析

首先，我们通过对政治知识测量的聚焦操作，进一步明确了资源支持系统对公民政治参与行为的正向影响作用。以往研究指出，政治知识与公民政治参与行为具有显著的正向预测作用。[1] 但是，相关的实证研究，并未就此关系及作用方向等问题获得一致性的结果和认识。[2] 究其原因，一

---

[1] Brady, H. E., Verba, S. and Schlozman, K. L., "Beyond SES: A Resource Model of Political Participation", *American Political Science Review*, Vol. 89, No. 2, 1995, pp. 271-294.

[2] Howe, P., "Political Knowledge and Electoral Participation in the Netherlands: Comparisons with the Canadian Case", *International Political Science Review*, Vol. 27, No. 2, 2006, pp. 137-166; Mushtaq, S. and Baig, F., "The Relationship of TV News Channels Consumption with Political Participation, Political Knowledge and Civic Engagement", *Asian Social Science*, Vol. 11, No. 12, 2015, pp. 46-54.

是在政治知识的测量上,没有对一般性政治知识和针对具体政治参与的知识进行区分;二是在政治知识与政治参与关系的确认上较少引入条件变量进行细化。针对第一点,本章将政治知识的测量操作,聚焦于有关地方人大代表选举参与的陈述性和程序性知识上,进而使预测变量与结果变量的对应性程度得以增强。而针对第二点,在以往研究的基础上,[1] 我们设定了与结果变量相关的个体心理变量,以考察社会公平感的调节作用;同时,还进一步引入与本章关注变量相关的个体行为变量,以考察媒体使用所表现出的高阶调节作用。

其次,我们通过引入个体层面的心理感知变量,验证了新的有关政治知识与公民政治参与的作用关系的边界变量——社会公平感。作为个体所持有的支持性资源,政治知识对政治参与驱动作用的发挥,离不开对行为主体心理感知效应的协同、整合。以社会公平感为例,其影响效应不仅表现在政治参与行为本身,[2] 同时还作用于与政治参与相关的政治信任、参与意愿、效能感等政治心理变量上,[3] 成为考察政治知识与政治参与作用条件必须重视的因素。本章对于社会公平感两个维度的检验,重点表现在程度公平的调节效应发挥上,即公民对社会公平感知的体验,更重视有关社会发展过程及成果分配的原则或规则性内容。相较于结果公平,公民对决策或协商过程中的程序性公平更为关注,同时公民对政治合法性知觉的形成也受到程序公平的显著影响。[4] 因为这种对程序公平的感知,通常会直接影响公民政治信任的形成与水平,并在其政治活动的参与表现上有所差异。

最后,通过对媒体使用高阶调节效应的检验,我们进一步明确了社会公平感调节效应的作用条件。有研究指出,对于支持资源系统与政治参与的关

---

[1] Neufeind, M., Jiranek, P. and Wehner, T., "Beyond Skills and Structure: Justice Dispositions as Antecedents of Young Citizens' Volunteering and Political Participation", *Journal of Community & Applied Social Psychology*, Vol. 24, No. 4, 2014, pp. 278 – 295.

[2] Rasinski, K. A., "Economic Justice, Political Behavior, and American Political Values", *Social Justice Research*, Vol. 2, No. 1, 1988, pp. 61 – 79.

[3] 张文雅:《影响农民政府信任的心理机制研究》,《云南行政学院学报》2017 年第 3 期;Besley, J. C. and Mccomas, K. A., "Framing Justice: Using the Concept of Procedural Justice to Advance Political Communication Research", *Communication Theory*, Vol. 15, No. 4, 2005, pp. 414 – 436.

[4] Besley, J. C. and Mccomas, K. A., "Framing Justice: Using the Concept of Procedural Justice to Advance Political Communication Research", *Communication Theory*, Vol. 15, No. 4, 2005, pp. 414 – 436.

系，社会公平感有明显的反向调节作用，①这与本章的发现存在差异；同时，还有研究发现，那些偏好于公平正义的个体在政治活动的参与上并不比偏好利己主义的个体更为积极。②这说明有必要进一步明确社会公平感的作用条件。本章针对五种具体媒介的分组样本分析也发现，社会公平感的调节效应表现存在差异。而以往的研究多聚焦于媒体使用与社会公平感的直接关系，③较少将其作为调节变量予以研究分析。此外，以往对于媒体使用对政治参与的作用，一直存在"支持论和抑制论"两种不同的观点；但是，我们并未简单地将其看作公民政治参与行为的预测变量，而是将其作为高阶调节变量，分别对结果公平与程序公平的作用条件进行确认，结果发现，对新兴媒体的使用，强化了程序公平的正向调节效应。也就是说，偏好于新兴媒体使用的个体，更易于在信息的选择性接触作用下使其程序公平的感知得以强化，进而通过对诸如政治信任、参与意愿、政治效能感等心理变量的加强，提升政治知识等支持性资源的可用性价值，促进其在参与地方人大代表选举活动中的表现。

（二）实践启示

对于公民的政治参与表现，我们的研究结果具有三个方面的实践启示。第一，政治知识的提升是个体向成熟"政治人"转变的重要途径，也是个体持续政治社会化的重要实现形式。在此过程中，既要重视培养反映公民素质的一般性政治知识，更要加强对具体政治参与活动相关规则、程序等方面的教育，从而促进公民在现实中的政治参与。第二，不但要让每位公民平等享有改革发展成果、提升获得感，更要让大家感受到公平公正的社会发展参与氛围、增强安全感，进而提高个体对政治合法性的知觉水平和参与社会公共事务的心理动能。第三，对媒体使用影响效应的关注，不应局限于媒介传

---

① Neufeind, M., Jiranek, P. and Wehner, T., "Beyond Skills and Structure: Justice Dispositions as Antecedents of Young Citizens' Volunteering and Political Participation", *Journal of Community & Applied Social Psychology*, Vol. 24, No. 4, 2014, pp. 278 – 295.

② Dawes, C. T., Loewen, P. J. and Fowler, J. H., "Social Preferences and Political Participation", *Journal of Politics*, Vol. 73, No. 3, 2011, pp. 845 – 856.

③ Besley, J. C., Mccomas, K. A. and Waks, L., "Media use and the Perceived Justice of Local Science Authorities", *Journalism & Mass Communication Quarterly*, Vol. 83, No. 4, 2006, pp. 801 – 818; 卢春天、赵立泽、张志坚：《论教育程度和媒介涵化对社会公平感的塑造》，《现代传播》（中国传媒大学学报）2017年第12期。

播形式与内容的差异，还应关注上述特征对媒介使用主体的认知、态度等主观心理因素的影响。例如，本章所发现的，由媒体使用偏好所引发的基于选择性接触影响下的态度极化效应，以及对个体选举参与影响关系的边界条件的确认。

（三）本章研究的不足与未来展望

本章在厘清政治知识与选举参与关系的边界条件方面做出了努力与尝试，但仍存在一些不足，需在今后予以改进。第一，本章数据获取分别来自被调查者的客观认知和主观感知两部分，但其收集形式主要采用个体的自我报告，因此可能会存在各类偏差影响。尽管后续检验显示同源偏差影响并不显著，但是为提升研究变量的因果关系确认性水平，今后可采用多源数据收集、分段数据收集或实验设计方式，以提升数据质量与研究结论稳健性。第二，我们的研究没有直接通过数据检验媒体使用偏好所引发的选择性接触影响及其对社会公平感的作用，今后研究可尝试在验证本章假设模型的基础上，同时纳入对"媒体使用→选择性接触→社会公平感"中介机制的检验。第三，虽然对政治知识与选举参与影响关系的边界条件进行了探讨，但我们对二者影响关系的作用机制并未涉及。未来研究可考虑在控制个体社会公平感的同时，将政治信任、参与意愿、内外部政治效能感等变量作为中介变量引入模型予以检验。

第七章 社团参与行为的影响机制：个体认知、态度与社团有效性

一 引言

社团参与是与我国现实紧密关联的政治参与形式之一，[①] 其性质和目的在于通过公民个体对各类政治活动形式的参与，进而以直接或间接的方式实现其对政治体系构成、运行方式和规则以及公共政策的影响作用。[②] 从当前我国的实际情况来看，虽然社团参与作为基层社会治理的重要途径与形式，表现十分活跃；但是，就其内容和实质而言，公民个体的参与活动多集中于基于自身志趣形成的各类文娱兴趣组织，或不具有独立性且具有较强行政依附性的社会组织，真正属于基层社会治理范畴的具有政治参与性质的社团参与相对缺乏。[③] 为此，从不同视角开展分析，系统研究影响我国公民参与社会组织的相关机制，便具有十分重要的理论与现实意义。对于本章，我们将尝试从个体的认知、态度以及社团有效性等几个因素，来对影响中国公民参与社团活动的机制过程进行实证分析。具体的变量逻辑关系及研究假设框架如下。

[①] 本章所讨论的社团，涵盖社会组织、社会团体与工青妇等在内的人民团体，虽然上述组织类型存在有一定的差异，但本章所关注的内容及目的并非对不同组织类型下个体参与差异的描述性分析，而是基于个体的参与功能来考察其在上述类型的组织系统中所表现出的相关参与机制。因此，我们将其放置于同一领域或范畴进行研究分析。

[②] 房宁：《政治参与蓝皮书：中国政治参与报告（2011）》，社会科学文献出版社2011年版，第1—62页；Verba, S., Schlozman, K. L. and Brady, H. E., 1995, *Voice and Equality: Civic Voluntarism in American Politics*, Cambridge: Harvard University Press, 1995, p.38。

[③] 郑建君：《推动公民参与基层治理：公共服务提升与社会秩序维护——基于苏州市相城区的调研分析》，《甘肃社会科学》2017年第2期。

第一,社团参与认知与实际参与行为之间的关系。有鉴于不同公民个体在政治参与过程中的表现差异,政治参与的资源支持理论从资源获取与消耗的视角,对上述内容进行了解释。具体而言,个体对于政治活动的参与水平及卷入程度,有赖于与其相对应的社会经济状况、受教育水平等相关联的资源(诸如时间、金钱、知识储备与公民技能等)状况。[①] 基于上述理论,既有研究多从个体受教育水平切入,对其实际的政治参与行为进行研究分析。一些研究发现,受教育水平与政治参与在有关政治行为的研究中是表现最为稳定的一对关系,例如,那些具有较高教育水平的公众更倾向于在选举活动中参与投票;[②] 然而,另一些研究却发现,受教育水平与个体的政治参与行为频度之间仅呈现微弱的正相关,那些具有较高学历的个体,在实际的政治活动中的参与表现并不积极。[③] 之所以出现上述不一致的研究结果,我们认为受教育水平仅能反映个体整体的素质与能力,并不能代表其针对具体某项政治参与活动所具备的实际认知水平。因此,在政治参与的资源支持理论框架下,应当从具体的政治参与活动入手,考察与该活动相关的认知与实际参与行为之间的关系。

第二,社团有效性在社团参与认知与实际参与行为关系中的中介作用。对于个体而言,组织有效性实际上体现了面向利益相关主体的重要组织行为、特征以及结果的综合性反应,是通过多个指标体系反映组织绩效水平的概念变量。[④] 因此,现有成果多将其看作研究社团的结果变量加以分析,例如,从网络管理的视角研究非营利组织的有效性问题;组织能力在制度环境、社会资本与组织有效性关系中的中介机制;"社会组

---

① Brady, H. E., Verba, S. and Schlozman, K. L., "Beyond SES: A Resource Model of Political Participation", *American Political Science Review*, Vol. 89, No. 2, 1995, pp. 271–294.

② Hillygus, D. S., "The Missing Link: Exploring the Relationship Between Higher Education and Political Engagement", *Political Behavior*, Vol. 27, No. 1, 2005, pp. 25–47; Persson, M., "Education and Political Participation", *British Journal of Political Science*, Vol. 45, No. 3, 2015, pp. 689–703.

③ 魏以宁:《"倒挂":中国公民政治参与意愿与行为的影响因素研究——基于CGSS2010的实证研究》,《改革与开放》2017年第17期。

④ Herman, R. D. and Renz, D. O., "Nonprofit Organization Effectiveness: Contrasts Between Especially Effective and Less Effective Organizations", *Nonprofit Management & Leadership*, Vol. 9, No. 1, 1998, pp. 23–38; Johansen, M. and Leroux, K., "Managerial Networking in Nonprofit Organizations: The Impact of Networking on Organizational and Advocacy Effectiveness", *Public Administration Review*, Vol. 73, No. 2, 2012, pp. 355–363.

织政治关联→组织自主性→组织有效性"的中介机制以及制度支持对上述关系的调节作用等,[①] 而较少有研究关注到组织有效性这一变量对组织构成主体行为的影响作用。以社会组织为例,公民个体作为社会组织的利益相关主体,他们的行为恰恰受到其对社会组织有效性主观感知评价的影响。因为利益相关主体通常正是通过对组织有效性的认知来做出关于组织的重要决策的;同时,对组织有效性的认知,也有利于普通公众形成和提升对组织目标的认同。[②] 新近的研究就发现,组织有效性与学生参与大学治理之间建立了显著的关系,组织有效性的增加与学生参与学校治理行为的水平的提升之间具有同向变化的特征表现。[③] 据此,我们认为,中国公民有关社团参与的认知通过社团有效性评价对其实际的参与行为予以影响。

第三,参与效能感在"参与认知→实际参与行为""参与认知→社团有效性→实际参与行为"关系中的调节作用。政治效能感强调个体对于自己所具有的理解和参与政治活动能力的自信程度,是个体参与政治活动重要的心理动因与态度表现。[④] 相关的实证研究显示,政治效能感与政治参与行为及个体的参与意愿均表现出显著的关联,成为个体对其政治影响可及性及结

[①] Johansen, M. and Leroux, K., "Managerial Networking in Nonprofit Organizations: The Impact of Networking on Organizational and Advocacy Effectiveness", *Public Administration Review*, Vol. 73, No. 2, 2012, pp. 355 – 363; 金蕾:《制度环境、社会资本对社区社会组织有效性的影响及其作用机制》,浙江大学,博士学位论文, 2017 年; 蔡宁、张玉婷、沈奇泰松:《政治关联如何影响社会组织有效性? ——组织自主性的中介作用和制度支持的调节作用》,《浙江大学学报》(人文社会科学版) 2018 年第 1 期。

[②] Herman, R. D. and Renz, D. O., "Nonprofit Organization Effectiveness: Contrasts Between Especially Effective and Less Effective Organizations", *Nonprofit Management & Leadership*, Vol. 9, No. 1, 1998, pp. 23 – 38; Leroux, K. M. and Goerdel, H. T., "Political Advocacy by Nonprofit Organizations: A Strategic Management Explanation", *Public Performance and Management Review*, Vol. 32, No. 4, 2009, pp. 514 – 536.

[③] Akomolafe, C. O. and Ibijola, E. Y., "Rationale for Students' Participation in University Governance and Organizational Effectiveness in Ekiti and Ondo States, Nigeria", *International Journal of Educational Administration & Policy Studies*, Vol. 4, No. 1, 2012, pp. 14 – 18.

[④] Niemi, R. G., Craig, S. C. and Mattei, F., "Measuring Internal Political Efficacy in the 1988 National Election Study", *American Political Science Review*, Vol. 85, No. 4, 1991, pp. 1407 – 1413; Chang, S. P. and Karan, K., "Unraveling the Relationships Between Smartphone Use, Exposure to Heterogeneity, Political Efficacy, and Political Participation: A Mediation Model Approach", *Asian Journal of Communication*, Vol. 24, No. 4, 2014, pp. 370 – 389.

果评估重要的决定变量。[①] 首先，政治效能感对个体的政治参与行为具有显著的提升作用；特别是个体的内部政治效能感，其与政治参与的关联性更为紧密。[②] 其次，政治效能感对个体的政治参与意愿也表现出明显的提升推进作用。例如，针对新闻从业人员的研究指出，政治效能感越高的个体，其参与政治活动的意愿就越强。[③] 最后，政治效能感与相关认知特征之间具有联动性。个体对政治活动及其相关情境（政治系统、结构、政策、周边事件等）的了解越多，就越有利于其进行理性分析与思考，进而提升参与意愿并实施更为积极的参与行为。[④] 基于上述分析，我们认为参与认知与参与效能感、社团有效性与参与效能感，这两个交互项将会对个体的实际参与行为表现出显著的影响作用。

第四，参与意愿在"参与认知→实际参与行为""参与认知→社团有效性→实际参与行为"关系中的调节作用。一方面，以政治知识为具体表现形式的政治参与认知，会依据参与活动的特征差异而产生对个体实际参与行为不同的影响作用。例如，那些学历层次越高的个体，在参与所在社区和工作单位事务的管理过程中意愿越强；并且随着教育程度的提高，其参与政治活动的意愿也随之增强。[⑤] 但是，针对特定职业群体开展的研究也有不同的发现，例如，有关媒体从业人员的研究指出，那些学历越高的媒体从业者，

[①] Hoffman, L. H., Jones, P. E. and Young, D. G., "Does My Comment Count? Perceptions of Political Participation in an Online Environment", *Computers in Human Behavior*, Vol. 29, No. 6, 2013, pp. 2248 – 2256; Schlozman, K. L., Verba, S. and Brady, H. E., "Participation's Not a Paradox: The View from American Activists", *British Journal of Political Science*, Vol. 25, No. 1, 1995, pp. 1 – 36.

[②] 张剑、李后建、邹雨潇：《政治效能感、政治参与和家庭高风险投资决策——基于 CGSS 2010 的实证研究》，《当代经济科学》2017 年第 1 期；孙昕聪：《论政治效能感对农民政治参与的影响——基于中国乡镇民主与治理调查数据的多元线性回归分析》，《甘肃理论学刊》2017 年第 2 期；李蓉蓉：《农民政治效能感对政治参与影响的实证研究》，《深圳大学学报》（人文社会科学版）2013 年第 4 期。

[③] 夏守智：《社交媒体、政治效能感与台湾青年的政治参与研究》，《青年探索》2017 年第 6 期；郭小安、张伟伟：《新媒体从业人员的政治效能感与政治参与意愿——一项针对成、渝两地新媒体从业者的调查研究》，《新闻大学》2016 年第 4 期。

[④] Jackson, R. A., "Clarifying the Relationship Between Education and Turnout", *American Politics Research*, Vol. 23, No. 3, 1995, pp. 279 – 299; 金姗姗：《政治参与行为对政治效能感的影响——基于浙江省间村基层民主选举投票的实证调研》，《甘肃行政学院学报》2012 年第 2 期。

[⑤] 麻宝斌、于丽春、杜平：《收入水平、政治社会化与参与意愿——转型期公众政治参与机会认知的影响因素分析》，《武汉大学学报》（哲学社会科学版）2017 年第 4 期；魏以宁：《"倒挂"：中国公民政治参与意愿与行为的影响因素研究——基于 CGSS2010 的实证研究》，《改革与开放》2017 年第 17 期。

其政治参与的意愿反而越弱;[①] 而有关新生代农民工的研究则发现,学历水平与政治参与意愿呈现出倒"U"字形态,那些具有高中学历的新生代农民工的政治参与意愿最强。[②] 另一方面,个体的参与意愿对其实际的参与行为具有显著的预测作用。计划行为理论指出,个体的具体行为执行受到其所具有的行为意向的显著影响,具体来讲,这种意向反映了个体对执行特定行为的主观意愿,同时也反映了个体计划卷入某类行为所持有的动机结构。[③] 有关参与意愿与政治参与行为关系的研究发现,那些在政治活动(例如,意见表达参与、选举投票等)中具有较好参与表现的个体,往往表现出较高的参与意愿。[④] 基于上述分析,我们认为参与认知与参与意愿、社团有效性与参与意愿,这两个交互项将会对个体的实际参与行为表现出显著的影响作用。

综上所述,我们依据社团参与认知、参与意愿、参与效能感、社团有效性和实际参与行为之间的关系,提出如下研究假设,相关假设模型示例见图 7-1。

二 数据获取、变量测量与调查设计

(一)数据收集与样本情况

本报告的数据来源于中国社会科学院"中国公民政治参与 2016 调查项目",是中国社会科学院创新项目、由中国社会科学院政治学研究主持的大型系列调查项目"中国公民政治参与调查"的成果之一。中国社会科学院调查与数据信息中心委托专业数据调查机构对此次项目的数据进行收集,具体执行时间为 2016 年 8—10 月,历时三个月。在抽样设计和执行方面,项目组划定了五大区域(都会区、东北地区、东部地区、中部地区和西部地

[①] 郭小安、张伟伟:《新媒体从业人员的政治效能感与政治参与意愿——一项针对成、渝两地新媒体从业者的调查研究》,《新闻大学》2016 年第 4 期。

[②] 白萌、杜海峰、惠亚婷:《新生代农民工政治表达意愿性别差异的研究》,《西安交通大学学报》(社会科学版) 2012 年第 3 期。

[③] Ajzen, I., "The Theory of Planned Behavior", *Organizational Behavior and Human Decision Processes*, Vol. 50, No. 2, 1991, pp. 179 – 211; Ajzen, I., "The Theory of Planned Behavior", In P. A. M. van Lange, A. W. Kruglanski and E. T. Higgins (eds.), *Handbook of theories of social psychology*, New York: Lawrence Erlbaum Associates, 2012.

[④] Swapan, M. S. H., "Who Participates and Who Doesn't? Adapting Community Participation Model for Developing Countries", *Cities*, Vol. 53, No. 53, 2016, pp. 70 – 77.

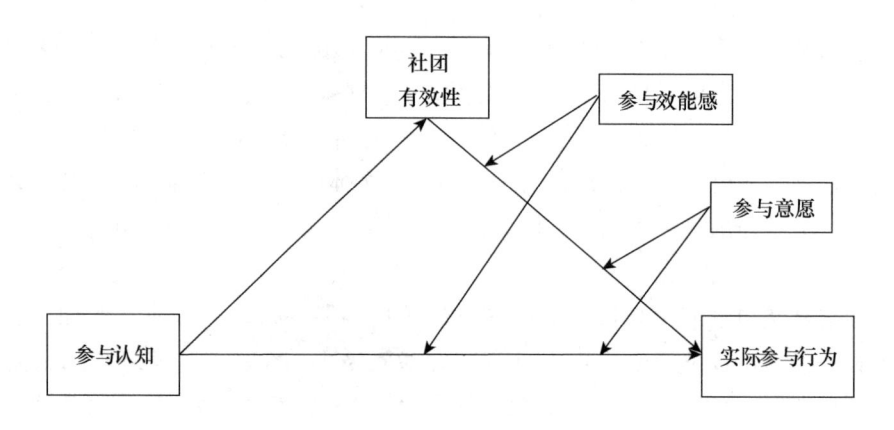

图 7-1 研究的总体假设模型

区);同时,参考国家统计局2016年发布的各省、自治区、直辖市2015年的国内生产总值(GDP)数据,分别从上述五大区域中挑选出经济发展处于中等水平的省份,并以随机抽样的方式在每个省份发放问卷500份,10个省份共计回收了有效问卷4261份。具体来看,我们从都会区获得有效数据849份(其中,北京市421份、占比为9.88%,天津市428份、占比为10.04%);从东北地区(黑龙江省)获得有效数据418份(9.81%);从东部地区获得有效数据853份(其中,山东省424份、占比为9.95%,浙江省429份、占比为10.07%);从中部地区获得有效数据846份(其中,湖北省433份、占比为10.16%,安徽省413份、占比为9.69%);从西部地区获得有效数据1295份(其中,广西壮族自治区418份、占比为9.81%,陕西省423份、占比为9.93%,甘肃省454份、占比为10.65%)。

进一步对4261名有效被试在人口学变量方面的占比情况进行统计分析,结果显示:本次调查针对在当地居住一年以上且年满18周岁的成年公民进行问卷发放,其中,参与调查的被试的平均年龄为41.05岁(年龄分布在18—91岁,标准差为14.17);按照"61岁及以上"为老年、"46—60岁"为中年、"18—45岁"为青年的标准,将被调查者划分为老、中、青三个年龄段,共有2579名被试属于青年、1291名被试属于中年、391名被试属于老年。在性别分布上,参与调查的男性和女性受访者分别为1935人和2326人。在民族类型上,参与调查的汉族被试和少数民族被试分别为3885人和376人。在学历层次的分布上,具有"初中及以下"学历的被试1924人,具有"高中(含高职、中专)"学历的被试1407人,具有"大学(含大专及本科)及以上"

学历的被试 930 人。在政治面貌的类型上，参与调查的"中共党员"被试 364 人，参与调查的"共青团员"被试 559 人，参与调查的"群众及其他"被试 3338 人。在 4261 份有效数据中，"城镇户籍"和"农村户籍"的受访被试分别有 1885 人和 2376 人。在职业类型上，参与调查的受访者中有 1334 人为"务农人员"、有 605 人为"私营企业主（含个体户）"、有 369 人为"专业技术人员"、有 86 人为"公务员"、有 1302 人为"务工人员"、有 565 人为"其他类型从业者"。在体现个人经济状况的月均收入水平指标上，"500 元以下"的被试有 850 人，"501—1500 元"的被试有 702 人，"1501—2500 元"的被试有 953 人，"2501—3500 元"的被试有 881 人，"3501—5000 元"的被试有 610 人，"5001 元及以上"的被试有 265 人。

（二）核心变量测量

1. 参与认知

对于中国公民社团参与（包括社会组织参与和人民团体参与）认知的测量，共包含一级指标 4 个，分别为"社团参与重要性认知""社团参与权利与途径认知""社团参与内容认知"和"社团参与程序认知"，基于上述 4 个一级指标构成的调查问卷，满分为 6 分。其中，4 个一级指标共由 12 个二级指标组成，具体如下："社团参与重要性认知"维度包含二级指标 2 个，即"人民团体的重要性"和"社会组织的重要性"，2 个二级指标的得分范围均在 0—0.50；"社团参与权利与途径认知"维度包含二级指标 2 个，即"组织权利认知"和"加入组织途径认知"，2 个二级指标的得分范围均在 0—0.50；"社团参与内容认知"维度包含 5 个二级指标，即"工会活动内容认知""妇联活动内容认知""共青团活动内容认知""社会组织活动内容"和"社会组织的不当行为"，5 个二级指标的得分范围均在 0—0.50；"社团参与程序认知"维度包含 3 个二级指标，即"人民团体代表群众意见""社会组织代表群众意见"和"评估政府行为"，3 个二级指标的得分范围均在 0—0.50。

2. 社团有效性

项目组设计了 7 个题目对社团有效性的主观感知进行测量，问卷采用 5 点计分方式，数字 1—5 分别表示从"非常不满意"到"非常满意"。在本批次数据中，社团有效性的 α 系数为 0.87。为了进一步确认项目组对社团有效性测量结构的设计是否合理，我们将 4261 份有效数据随机分为两部分，以分别用于对社团有效性结构的探索性因素分析（2135 份）和验证性因素分析（2126 份）。探索性因素分析的结果显示：对初始设计的 7 个项目进行球形检验，$KMO=0.91$，$\chi^2=5782.49$，$p<0.001$，表示适合进行因素分析。以共同度不小于 0.4 和因子载荷大于 0.6、特征根值大于 1 为标准，采用正交方差最大化、主成分分析方法进行探索性因素分析，7 个项目汇聚在一个因子上，共解释了总方差的 55.83%（因素载荷结果见表 7-1）。验证性因素分析的结果显示：$\chi^2=164.90$，$df=14$，$CFI=0.98$，$TLI=0.96$，$RMSEA=0.071$ [0.062, 0.081]，$SRMR=0.025$（因素载荷结果见表 7-1），表明单因素模型拟合指标表现良好。

表 7-1　　关于社团有效性的因素分析的载荷结果

社团有效性评价题目	EFA	CFA
社团的凝聚力和吸引力	0.729	0.668
社团的组织活动能力	0.702	0.642
参与社团活动的社会意义	0.735	0.676
社团维护公民权利的作用	0.751	0.734
社团对相关群体利益的代表	0.758	0.726
通过社团表达意见的有效性	0.770	0.741
民众参与社团活动的积极性	0.782	0.729

3. 实际参与行为

对于中国公民实际参与行为的测量，共包含 8 个二级指标（其得分范围在 0—4.00），分别为"工会参与""妇联参与""共青团参与""民非单位参与""文化娱乐组织参与""志愿者组织参与""维权组织参与"和"基金会参与"，8 个二级指标的得分范围均在 0—0.50。

4. 参与效能感

对于中国公民的参与效能感，采用 3 个题目（反向计分题目 1 个）对其进行测量，题目样例如"在社团中我能够充分收集相关信息，并进行有效的分析和判断"。每个题目提供 5 个备择选项，选项"1"代表"非常不符合"，选项"2"代表"比较不符合"，选项"3"代表"不确定"，选项"4"代表"比较符合"，选项"5"代表"非常符合"。最后，采用加总取均值的方式计算参与效能感的得分。在本批次数据中，社团参与效能感问卷的 α 系数为 0.72。

5. 参与意愿

对于中国公民的参与意愿，采用 3 个题目（反向计分题目 1 个）对其进行测量，题目样例如"我希望在社团中有更多的实际参与"。每个题目提供 5 个备择选项，选项"1"代表"非常不符合"，选项"2"代表"比较不符合"，选项"3"代表"不确定"，选项"4"代表"比较符合"，选项"5"代表"非常符合"。最后，采用加总取均值的方式计算参与效能感的得分。在本批次数据中，社团参与意愿问卷的 α 系数为 0.73。

三 社团参与的影响机制：假设检验与分析

（一）核心变量的描述统计分析结果

对拟检验假设模型所包含的核心变量进行描述统计分析（见表 7-2），相关结果如下。第一，人口学变量中的多个指标与社团有效性、实际参与行为之间具有显著的相关关系。具体来看，性别与社团有效性之间具有显著的相关（$r=0.06$，$p<0.01$），年龄与个体的实际参与行为具有显著的相关（$r=-0.12$，$p<0.01$），公民个人的学历水平与其实际的社团参与行为（$r=0.20$，$p<0.01$）和社团有效性评价（$r=0.04$，$p<0.01$）具有显著的相关，个体的政治面貌类型特征与其实际的社团参与行为（$r=-0.21$，$p<0.01$）和社团有效性评价（$r=-0.07$，$p<0.01$）具有显著的相关，户籍类型与个体实际的社团参与行为具有显著相关（$r=-0.11$，$p<0.01$），个体所从事的职业类型与其实际的社团参与行为具有显著相关（$r=0.06$，$p<0.01$），同时，公民的月收入水平也与其实际的社团参与行为表现出显著的相关（$r=0.11$，$p<0.01$）。上述人口学变量指标将作为控制变量纳入后续的模型检验当中。第二，作为前因变量，公民个体对于社团的参与认知与其实际的社团参与行为（$r=-0.12$，$p<0.01$）、社团有效性评价（$r=0.20$，$p<0.01$）、参与效能感（$r=0.17$，$p<0.01$）和参与意愿（$r=0.20$，$p<0.01$）之间均具有显著的相关。第三，公民对社团有效性的评价与其实际的社团参与行为（$r=-0.08$，$p<0.01$）、参与效能感（$r=0.38$，$p<0.01$）和参与意愿（$r=0.32$，$p<0.01$）之间均具有显著的相关。此外，个体的社团参与效能感与其参与意愿之间也表现出非常显著的相关关系（$r=0.41$，$p<0.01$）。

表7-2 描述统计结果与相关分析矩阵（$N=4261$）

	性别	民族	年龄	学历	政治面貌	户籍	职业类型	月均收入	参与效能感	参与意愿	实际参与行为	参与认知	社团有效性
性别	1.00												
民族	-0.037*	1.00											
年龄	-0.075**	-0.008	1.00										
学历	-0.023	-0.088**	-0.421**	1.00									
政治面貌	0.086**	0.009	0.085**	-0.384**	1.00								
户籍	0.013	0.089**	-0.037*	-0.362**	0.142**	1.00							
职业类型	-0.010	-0.126**	-0.137**	0.311**	-0.148**	-0.434**	1.00						
月均收入	-0.171**	-0.159**	-0.140**	0.394**	-0.156**	-0.323**	0.167**	1.00					
参与效能感	0.002	-0.019	-0.025	0.087**	-0.088**	-0.050**	0.046**	0.020	1.00				
参与意愿	0.008	0.021	-0.029	0.090**	-0.091**	-0.066**	0.044**	0.015	0.409**	1.00			

第七章 社团参与行为的影响机制：个体认知、态度与社团有效性

续表

	性别	民族	年龄	学历	政治面貌	户籍	职业类型	月均收入	参与效能感	参与意愿	实际参与行为	参与认知	社团有效性
实际参与行为	-0.025	0.002	-0.124**	0.200**	-0.209**	-0.109**	0.060**	0.111**	0.014	0.008	1.00		
参与认知	0.024	0.032*	0.012	0.096**	-0.109**	-0.077**	0.041**	0.028	0.168**	0.197**	-0.119**	1.00	
社团有效性	0.060**	-0.001	0.027	0.042**	-0.069**	-0.026	0.020	-0.023	0.381**	0.321**	-0.079**	0.200**	1.00
M	1.55	1.09	41.05	1.77	2.70	1.56	3.26	3.12	3.13	3.20	0.64	3.15	3.31
SD	0.50	0.28	14.17	0.78	0.62	0.50	1.94	1.51	0.39	0.45	0.94	0.97	0.57

注：* 表示 $p < 0.05$，** 表示 $p < 0.01$；性别（1 = 男性，2 = 女性），民族（1 = 汉族，2 = 少数民族），学历 [1 = 初中及以下，2 = 高中（含高职中专），3 = 大学（含大专及以上）]，政治面貌（1 = 中共党员，2 = 共青团员，3 = 群众及其他），户籍（1 = 城镇，2 = 农村），职业类型（1 = 务农人员，2 = 私营企业主，3 = 专业技术人员，4 = 公务员，5 = 其他类型从业者，6 = 其他类型从业者），月均收入（1 = 500 元以下，2 = 501—2500 元，3 = 2501—3500 元，4 = 3501—5000 元，5 = 5001 元及以上）。

(二) 研究假设模型的总体性检验

首先,将个体基于社团的总体性认知作为预测变量、将个体参与社团活动的实际行为作为结果变量、将个体对于社团有效性的评价作为中介变量、将参与效能感和参与意愿作为调节变量,对本报告提出的假设模型进行检验。在对类别变量和相关核心变量进行虚拟变量转化及中心化处理后,一方面对性别、年龄、学历、政治面貌、职业类型和收入水平等人口学变量指标进行控制,另一方面将相关变量及变量之间的交互项纳入模型检验,结果显示:个体有关社团参与的认知对其实际的社团参与行为($b=-0.14$, $SE=0.01$, $t=-9.67$, $p<0.001$)和社团有效性评价具有显著的预测作用($b=0.11$, $SE=0.01$, $t=12.46$, $p<0.001$);同时,公民个体对社团有效性的评价对其实际的社团参与行为具有显著的预测作用($b=-0.14$, $SE=0.03$, $t=-5.25$, $p<0.001$),而其参与社团活动的效能感和意愿两个变量则对其实际的参与行为预测作用不显著。此外,社团参与意愿与参与认知的交互项($b=0.15$, $SE=0.03$, $t=4.24$, $p<0.001$)、社团参与意愿与社团有效性的交互项($b=0.14$, $SE=0.06$, $t=2.42$, $p<0.05$),对个体实际的社团参与行为均表现出显著的预测作用;而社团参与效能感与参与认知的交互项、社团参与效能感与社团有效性的交互项,对个体实际的社团参与行为的预测作用并不显著。对于社团参与认知与实际参与行为的直接关系,个体的参与效能感不论是在高分组还是低分组(以 $M±1SD$ 为标准),不同参与意愿得分水平的个体,其参与认知对实际参与行为均具有显著的预测作用(见表7-3);而对于社团有效性在参与认知对实际参与行为预测作用中的间接关系,在低参与效能感、高参与意愿条件下社团有效性的中介作用不显著(见表7-4)。对于有调节的中介效应而言,以参与效能感为调节变量,社团有效性的中介效应不显著(效应值为-0.01),$SE=0.01$,95%置信区间为[-0.0265, 0.0023];以参与意愿为调节变量,社团有效性的中介效应显著(效应值为0.02),$SE=0.01$,95%置信区间为[0.0022, 0.0296]。然而,上述分析仅仅是关于社团参与认知对实际参与行为影响机制的初步检验,为进一步了解参与认知不同维度上各因素的影响效应,还应对参与认知予以分解检验,即检验所包含的四个维度对个体实际的社团参与行为的影响机制。

表7-3　　　　　参与认知与实际参与行为直接关系的调节效应

参与效能感	参与意愿	效应值	SE	t	p	下限	上限
低分组	低分组	-0.2316	0.0220	-10.5380	0.0000	-0.2747	-0.1885
	高分组	-0.1014	0.0301	-3.3711	0.0008	-0.1603	-0.0424
高分组	低分组	-0.1786	0.0298	-5.9884	0.0000	-0.2371	-0.1201
	高分组	-0.0484	0.0214	-2.2624	0.0237	-0.0903	-0.0065

表7-4　　　　参与认知通过社团有效性影响实际参与
行为的间接关系的调节效应

参与效能感	参与意愿	效应值	BootSE	下限	上限
低分组	低分组	-0.0181	0.0048	-0.0286	-0.0095
	高分组	-0.0042	0.0058	-0.0160	0.0069
高分组	低分组	-0.0271	0.0070	-0.0428	-0.0145
	高分组	-0.0132	0.0039	-0.0211	-0.0058

（三）重要性认知、社团有效性与实际参与行为：参与效能感和意愿的调节作用

1. 中介效应检验

将个体针对社团总体性认知中的重要性认知作为预测变量、将个体参与社团活动的实际行为作为结果变量、将个体对于社团有效性的评价作为中介变量，对本报告提出的假设模型进行检验。在对类别变量和相关核心变量进行虚拟变量转化及中心化处理后，一方面对性别、年龄、学历、政治面貌、职业类型和月均收入等人口学变量指标进行控制，另一方面将相关变量纳入检验模型，结果显示（见表7-5）：社团参与重要性认知对实际参与行为的预测作用不显著（$b=0.07$，$p>0.05$）；社团参与重要性认知对社团有效性的预测作用显著（$b=0.44$，$SE=0.03$，$t=13.69$，$p<0.001$）；将预测变量和中介变量同时纳入回归方程，社团有效性对社团的实际参与行为具有显著的预测作用（$b=-0.17$，$SE=0.03$，$t=-6.86$，$p<0.001$），而社团参与重要性认知对社团的实际参与行为具有显著的预测作用（$b=0.15$，$SE=0.05$，$t=2.76$，$p<0.01$）。根据温忠麟等的建议进行判断可知，[1] 基于社团

---

[1] 温忠麟、侯杰泰、张雷：《调节效应与中介效应的比较和应用》，《心理学报》2005年第2期。

有效性为中介变量、社团参与重要性认知对实际参与行为影响的中介模型不成立。

表7-5 重要性认知、社团有效性对社团实际参与行为影响的回归分析

		M₁ 实际参与行为		M₂ 社团有效性		M₃ 实际参与行为	
		b	t	b	t	b	t
性别	男	0.02	0.70	-0.08	-4.32***	0.01	0.25
	年龄	-0.01	-4.99***	0.00	2.96**	-0.01	-4.70***
学历	初中及以下	-0.14	-2.87**	-0.04	-1.16	-0.15	-3.01**
	高中（含高职、中专）	-0.08	-1.82	-0.05	-1.82	-0.09	-2.02*
政治面貌	共青团员	0.21	4.45***	0.10	3.42**	0.23	4.83***
	中共党员	0.43	7.96***	0.03	0.91	0.44	8.10***
户籍	城镇	0.10	3.01**	0.00	0.21	0.11	3.05**
职业类型	务农人员	-0.06	-1.25	-0.03	-0.92	-0.07	-1.35
	私营企业主（含个体户）	-0.03	-0.58	-0.06	-1.75	-0.04	-0.76
	专业技术人员	0.09	1.37	0.02	0.38	0.09	1.42
	公务员	0.11	1.00	0.05	0.67	0.12	1.08
	务工人员	-0.15	-3.19**	-0.04	-1.46	-0.16	-3.36**
月均收入	低收入	-0.07	-1.41	0.01	0.17	-0.07	-1.40
	中等收入	-0.08	-2.05*	0.01	0.21	-0.08	-2.04*
社团参与重要性认知		0.07	1.37	0.44	13.69***	0.15	2.76**
社团有效性						-0.17	-6.86***
R		0.27		0.24		0.29	
R^2		0.08		0.06		0.09	
F		22.98***		17.72***		24.72***	

注：* 表示 $p < 0.05$，** 表示 $p < 0.01$，*** 表示 $p < 0.001$。

2. 调节效应检验

从表7-5的结果我们发现，社团有效性在社团参与重要性认知与实际参与行为的关系中虽然不存在中介作用，但并不能排除社团参与重要性认知与社团有效性对实际参与行为影响的交互效应。为此，我们基于上述结果进行了相应的检验。首先，将类别变量和相关变量进行虚拟变量转化及中心化处理，分别将相关人口学变量指标（性别、年龄、学历、政治面貌、职业类型和月均收入等）、相关变量（预测变量和调节变量）及变量之间的交互

项纳入模型检验，结果显示（见表7-6）：社团参与重要性认知（$b = 0.04$, $SE = 0.02$, $t = 2.46$, $p < 0.05$）与社团有效性（$b = -0.12$, $SE = 0.02$, $t = -7.74$, $p < 0.001$）对实际的社团参与行为的主效应显著；同时，二者的交互项对社团的实际参与行为也具有显著的预测作用（$b = 0.07$, $SE = 0.01$, $t = 5.99$, $p < 0.001$）。上述结果表明，社团有效性在社团参与重要性认知与社团实际参与行为的关系中具有显著的调节作用，且 $\Delta R^2 = 0.01$, $F = 25.57$, $p < 0.001$。

表7-6　　社团有效性在重要性认知对社团实际参与行为影响中的调节作用

		M_4 实际参与行为		M_5 实际参与行为		M_6 实际参与行为	
		b	t	b	t	b	t
性别	男	0.02	0.69	0.01	0.25	0.00	0.15
	年龄	-0.01	-4.95 ***	-0.01	-4.70 ***	-0.01	-4.52 ***
学历	初中及以下	-0.16	-2.94 **	-0.16	-3.01 **	-0.17	-3.17 **
	高中（含高职、中专）	-0.09	-1.85	-0.09	-2.02 *	-0.10	-2.15 *
政治面貌	共青团员	0.23	4.57 ***	0.24	4.83 ***	0.24	4.77 ***
	中共党员	0.47	8.05 ***	0.47	8.10 ***	0.46	7.97 ***
户籍	城镇	0.11	3.02 **	0.11	3.05 **	0.12	3.29 **
职业类型	务农人员	-0.07	-1.22	-0.07	-1.35	-0.07	-1.32
	私营企业主（含个体户）	-0.03	-0.57	-0.05	-0.76	-0.04	-0.71
	专业技术人员	0.10	1.40	0.10	1.42	0.10	1.51
	公务员	0.12	1.01	0.13	1.08	0.13	1.14
	务工人员	-0.16	-3.17 **	-0.17	-3.36 **	-0.17	-3.24 **
月均收入	低收入	-0.07	-1.36	-0.07	-1.40	-0.06	-1.23
	中等收入	-0.09	-2.02 *	-0.09	-2.04 *	-0.08	-1.95
社团参与重要性认知				0.04	2.76 *	0.04	2.46 *
社团有效性				-0.10	-6.86 ***	-0.12	-7.74 ***
交互项						0.07	5.99 ***
R		0.27		0.29		0.31	
R^2		0.08		0.09		0.09	
ΔR^2		0.08 ***		0.01 ***		0.01 ***	
F		24.48 ***		17.72 ***		25.57 ***	

注：* 表示 $p < 0.05$，** 表示 $p < 0.01$，*** 表示 $p < 0.001$。

将公民对社团有效性得分划分为高分组和低分组（$M±1SD$），对交互效应进行简单斜率检验，结果显示（见图7-2）：在社团有效性低分组，公民有关社团参与的重要性认知对实际的参与行为影响不显著（$b_{simple} = -0.13$，$SE=0.07$，$t=-1.85$，$p>0.05$）；然而，在社团有效性高分组，公民有关社团参与的重要性认知对实际的参与行为具有显著的正向影响（$b_{simple}=0.39$，$SE=0.06$，$t=5.85$，$p<0.001$）。

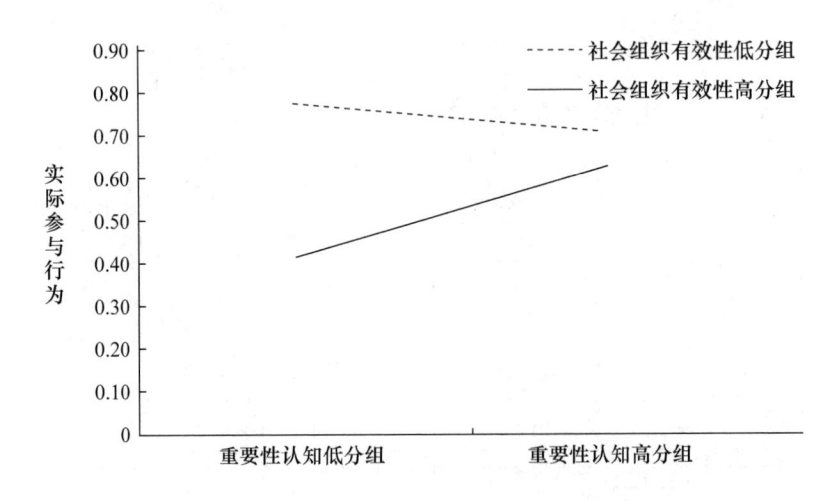

图7-2 重要性认知和社团有效性的交互效应

（四）权利与途径认知、社团有效性与实际参与行为：参与效能感和意愿的调节作用

1. 中介效应检验

将个体针对社团总体性认知中的权利与途径认知作为预测变量、将个体参与社团活动的实际行为作为结果变量、将个体对于社团有效性的评价作为中介变量，对本报告提出的假设模型进行检验。在对类别变量和相关核心变量进行虚拟变量转化及中心化处理后，一方面对性别、年龄、学历、政治面貌、职业类型和月均收入等人口学变量指标进行控制，另一方面将相关变量纳入检验模型，结果显示（见表7-7）：社团参与的权利与途径认知对实际参与行为的预测作用显著（$b=-0.33$，$SE=0.04$，$t=-7.55$，$p<0.001$）；社团参与的权利与途径认知对社团有效性的预测作用显著（$b=0.12$，$SE=0.03$，$t=4.21$，$p<0.001$）；将预测变量和中介变量同时纳入回归方程，社团有效性对社团的实际参与行为具有显著的预测作用（$b=-0.15$，$SE=$

0.02，$t = -5.99$，$p < 0.001$），而社团参与权利与途径认知对社团的实际参与行为具有显著的预测作用（$b = -0.31$，$SE = 0.04$，$t = -7.18$，$p < 0.001$）。根据上述结果可知，社团参与权利与途径认知对实际参与行为影响的中介模型成立，社团有效性在其中具有部分中介的作用。随后，采用Bootstrapping法对中介效应的稳健性进行检验，结果显示：社团参与权利与途径认知对社团实际参与行为影响的直接效应为 -0.33，其95%置信区间为 [-0.41，-0.24]；社团有效性在社团参与权利与途径认知对社团实际参与行为影响中起中介作用，中介效应为 -0.02，其95%置信区间为 [-0.03，-0.01]，中介效应占总效应的6.06%。

表7-7　　权利与途径认知、社团有效性对社团实际参与行为影响的回归分析

		M_7 实际参与行为		M_8 社团有效性		M_9 实际参与行为	
		b	t	b	t	b	t
性别	男	0.02	0.63	-0.08	-4.33***	0.01	0.23
	年龄	-0.01	-4.61***	0.00	3.20**	-0.01	-4.33***
学历	初中及以下	-0.17	-3.37**	-0.05	-1.52	-0.18	-3.53**
	高中（含高职、中专）	-0.09	-2.15*	-0.05	-1.89	-0.10	-2.33*
政治面貌	共青团员	0.23	5.02***	0.12	4.15***	0.25	5.41***
	中共党员	0.44	8.21***	0.06	1.61	0.45	8.39***
户籍	城镇	0.11	3.18**	0.00	0.20	0.11	3.21**
职业类型	务农人员	-0.06	-1.16	-0.02	-0.60	-0.06	-1.22
	私营企业主（含个体户）	-0.04	-0.64	-0.06	-1.58	-0.04	-0.79
	专业技术人员	0.09	1.45	0.02	0.58	0.10	1.51
	公务员	0.10	0.95	0.05	0.77	0.11	1.02
	务工人员	-0.15	-3.01**	-0.04	-1.28	-0.15	-3.14**
月均收入	低收入	-0.07	-1.43	0.02	0.72	-0.06	-1.37
	中等收入	-0.09	-2.27*	0.02	0.66	-0.09	-2.22*
社团参与权利与途径认知		-0.33	-7.55***	0.12	4.21***	-0.31	-7.18***
社团有效性						-0.15	-5.99***
R		0.30		0.15		0.31	
R^2		0.09		0.02		0.10	
F		26.95***		6.20***		27.72***	

注：* 表示 $p < 0.05$，** 表示 $p < 0.01$，*** 表示 $p < 0.001$。

2. 调节效应检验

从表7-7的结果可知，社团有效性在社团参与权利与途径认知和实际参与行为的关系中存在部分中介作用，在此基础上，我们将进一步对个体参与效能感和参与意愿在上述中介关系中的调节作用进行检验。首先，将类别变量和相关变量进行虚拟变量转化及中心化处理，分别将相关人口学变量指标（性别、年龄、学历、政治面貌、职业类型和月均收入等）、相关变量（预测变量和两个调节变量）及变量之间的交互项纳入模型检验，结果显示（见表7-8）：社团参与权利与途径认知（$b = -0.11$，$SE = 0.02$，$t = -6.73$，$p < 0.001$）和社团有效性（$b = -0.10$，$SE = 0.02$，$t = -6.32$，$p < 0.001$）对实际的社团参与行为的主效应显著，而参与效能感（$b = 0.03$，$p > 0.05$）和参与意愿（$b = 0.01$，$p > 0.05$）对实际的社团参与行为的主效应不显著；同时，社团参与权利与途径认知和参与效能感的交互项（$b = 0.01$、$p > 0.05$）、社团有效性和参与效能感的交互项（$b = -0.02$，$p > 0.05$）对个体的社团实际参与行为影响不显著，而社团参与权利与途径认知和参与意愿交互项（$b = 0.08$，$SE = 0.02$，$t = 4.58$，$p < 0.001$）、社团有效性和参与意愿的交互项（$b = 0.05$，$SE = 0.02$，$t = 3.10$，$p < 0.01$）对个体的社团实际参与行为则表现出显著的预测作用。上述结果表明，参与意愿在社团参与权利与途径认知和社团实际参与行为的直接关系同基于社团有效性的间接关系中具有显著的调节作用，且 $\Delta R^2 = 0.01$，$F = 22.51$，$p < 0.001$。

表7-8　　　　**参与效能感、参与意愿在中介模型中的调节作用**

		M_{10}实际参与行为		M_{11}实际参与行为		M_{12}实际参与行为	
		b	t	b	t	b	t
性别	男	0.02	0.69	0.01	0.20	0.00	0.02
年龄		-0.01	-4.95***	-0.01	-4.28***	-0.01	-4.15***
学历	初中及以下	-0.16	-2.94**	-0.18	-3.46**	-0.19	-3.60**
	高中（含高职、中专）	-0.09	-1.85	-0.10	-2.28*	-0.11	-2.35*
政治面貌	共青团员	0.23	4.57***	0.27	5.40***	0.26	5.27***
	中共党员	0.47	8.05***	0.48	8.31***	0.48	8.31***
户籍	城镇	0.11	3.02**	0.12	3.18**	0.12	3.27**

续表

		M_{10}实际参与行为		M_{11}实际参与行为		M_{12}实际参与行为	
		b	t	b	t	b	t
职业类型	务农人员	-0.07	-1.22	-0.06	-1.17	-0.06	-1.15
	私营企业主（含个体户）	-0.03	-0.57	-0.05	-0.74	-0.04	-0.73
	专业技术人员	0.10	1.40	0.11	1.53	0.11	1.63
	公务员	0.12	1.01	0.12	1.03	0.11	0.96
	务工人员	-0.16	-3.17**	-0.16	-3.08**	-0.15	-2.92**
月均收入	低收入	-0.07	-1.36	-0.07	-1.38	-0.07	-1.29
	中等收入	-0.09	-2.02*	-0.10	-2.23*	-0.10	-2.27*
社团参与权利与途径认知				-0.11	-7.22***	-0.10	-6.73***
社团有效性				-0.10	-6.15***	-0.10	-6.32***
参与效能感				0.03	1.56	0.03	1.56
参与意愿				0.01	0.29	0.01	0.16
交互项1						0.01	0.16
交互项2						-0.02	-1.15
交互项3						0.08	4.58***
交互项4						0.05	3.10**
R		0.27		0.31		0.32	
R^2		0.08		0.10		0.11	
ΔR^2		0.08***		0.02***		0.01***	
F		24.48***		24.82***		22.51***	

注：*表示 $p < 0.05$，**表示 $p < 0.01$，***表示 $p < 0.001$；交互项1＝社团参与权利与途径认知×参与效能感，交互项2＝社团有效性×参与效能感，交互项3＝社团参与权利与途径认知×参与意愿，交互项4＝社团有效性×参与意愿。

将公民的参与意愿得分划分为高分组和低分组（$M \pm 1SD$），对社团参与权利与途径认知和参与意愿的交互效应进行简单斜率检验，结果显示（见图7-3）：在参与意愿低分组，公民有关社团参与的权利与途径认知对实际的参与行为影响显著（$b_{simple} = -0.56$，$SE = 0.06$，$t = -9.58$，$p < 0.001$）；然而，在参与意愿高分组，公民有关社团参与的权利与途径认知对实际的参与行为影响不显著（$b_{simple} = -0.04$，$SE = 0.06$，$t = -0.63$，$p > 0.05$）。

将公民的参与意愿得分划分为高分组和低分组（$M \pm 1SD$），对社团有效性和参与意愿的交互效应进行简单斜率检验，结果显示（见图7-4）：在

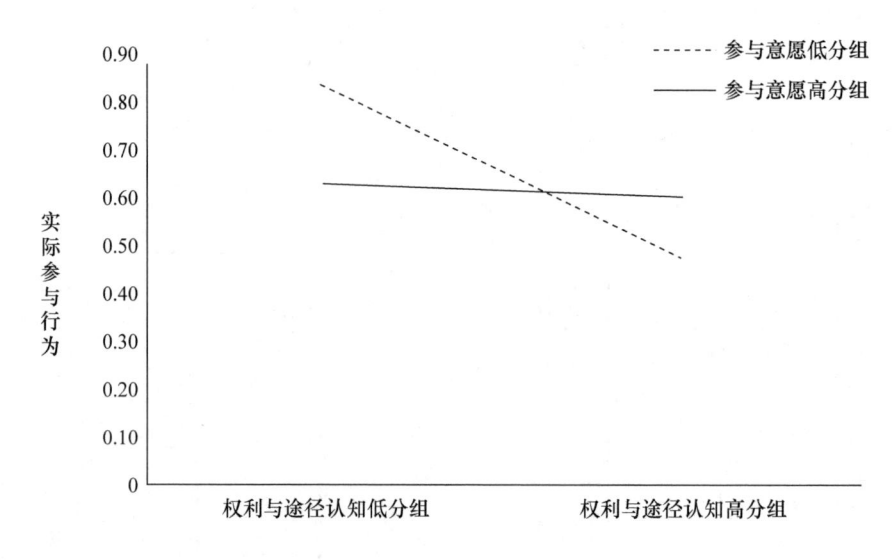

图 7-3 权利与途径认知和参与意愿的交互效应

参与意愿低分组，公民有关社团有效性的评价对实际的参与行为影响显著（$b_{simple} = -0.26$，$SE = 0.03$，$t = -7.38$，$p < 0.001$）；同样，在参与意愿高分组，公民有关社团有效性的评价对实际的参与行为影响依然显著（$b_{simple} = -0.10$，$SE = 0.03$，$t = -3.40$，$p < 0.01$）。对参与意愿高低分组情况下，社团有效性影响实际参与行为的效应大小进行斜率差异检验，结果显示：$Z = 3.77$（>1.96）；由此可知，在不同参与意愿得分水平条件下，社团有效性对实际参与行为的影响的效应差异显著。

（五）内容认知、社团有效性与实际参与行为：参与效能感和意愿的调节作用

1. 中介效应检验

将个体针对社团总体性认知中的内容认知作为预测变量、将个体参与社团活动的实际行为作为结果变量、将个体对于社团有效性的评价作为中介变量，对本报告提出的假设模型进行检验。在对类别变量和相关核心变量进行虚拟变量转化及中心化处理后，一方面对性别、年龄、学历、政治面貌、职业类型和月均收入等人口学变量指标进行控制，另一方面将相关变量纳入检验模型，结果显示（见表7-9）：社团参与内容认知对实际参与行为的预测作用显著（$b = -0.29$，$SE = 0.02$，$t = -12.79$，$p < 0.001$）；社团参与内容

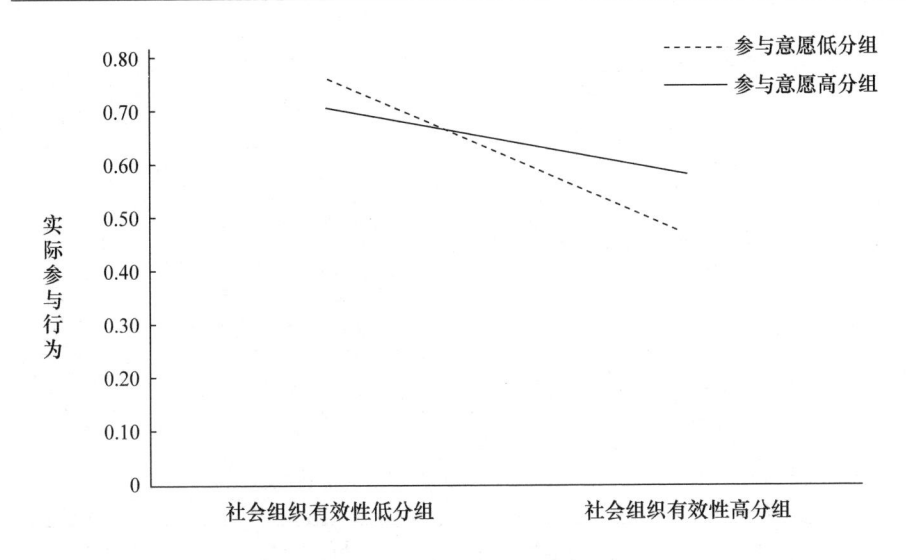

第七章　社团参与行为的影响机制：个体认知、态度与社团有效性　137

图 7-4　社团有效性和参与意愿的交互效应

认知对社团有效性的预测作用不显著（$b = 0.01$，$SE = 0.01$，$t = 0.01$，$p > 0.05$）；将预测变量和中介变量同时纳入回归方程，社团有效性对社团的实际参与行为具有显著的预测作用（$b = -0.16$，$SE = 0.02$，$t = -6.55$，$p < 0.001$），而社团参与内容认知对社团的实际参与行为具有显著的预测作用（$b = -0.29$，$SE = 0.02$，$t = -12.85$，$p < 0.001$）。根据上述结果可知，社团参与内容认知对实际参与行为影响的中介模型不成立，社团有效性在其中不具有显著的中介作用。

表 7-9　内容认知、社团有效性对社团实际参与行为影响的回归分析

		M_{13}实际参与行为		M_{14}社团有效性		M_{15}实际参与行为	
		b	t	b	t	b	t
性别	男	0.00	0.03	-0.08	-4.35***	-0.01	-0.41
	年龄	-0.01	-4.67***	0.00	3.40**	-0.01	-4.35***
学历	初中及以下	-0.17	-3.36**	-0.06	-1.75	-0.17	-3.55**
	高中（含高职、中专）	-0.10	-2.26*	-0.06	-2.05*	-0.11	-2.47*
政治面貌	共青团员	0.23	4.96***	0.13	4.38***	0.25	5.42***
	中共党员	0.45	8.39***	0.06	1.67	0.46	8.60***
户籍	城镇	0.12	3.46**	0.01	0.28	0.12	3.51**

续表

		M₁₃实际参与行为		M₁₄社团有效性		M₁₅实际参与行为	
		b	t	b	t	b	t
职业类型	务农人员	-0.06	-1.22	-0.02	-0.56	-0.07	-1.29
	私营企业主（含个体户）	-0.02	-0.33	-0.06	-1.62	-0.03	-0.49
	专业技术人员	0.10	1.56	0.02	0.60	0.10	1.62
	公务员	0.12	1.12	0.05	0.73	0.13	1.20
	务工人员	-0.14	-2.98**	-0.04	-1.18	-0.15	-3.11**
月均收入	低收入	-0.09	-1.81	0.02	0.69	-0.08	-1.75
	中等收入	-0.11	-2.65**	0.01	0.53	-0.10	-2.61*
社团参与内容认知		-0.29	-12.79***	0.01	0.01	-0.29	-12.85***
社团有效性						-0.16	-6.55***
R		0.33		0.13		0.34	
R^2		0.11		0.02		0.12	
F		34.63***		5.00***		35.47***	

注：* 表示 $p < 0.05$，** 表示 $p < 0.01$，*** 表示 $p < 0.001$。

2. 调节效应检验

从表7-9的结果可知，社团有效性在社团参与内容认知与实际参与行为的关系中显然不存在中介作用。为此，我们基于上述结果仅对社团参与内容认知与实际参与行为关系的直接效应进行调节效应的检验。首先，将类别变量和相关变量进行虚拟变量转化及中心化处理，分别将相关人口学变量指标（性别、年龄、学历、政治面貌、职业类型和月均收入等）、相关变量（预测变量和调节变量）及变量之间的交互项纳入模型检验，结果显示（见表7-10）：社团参与内容认知（$b = -0.18$，$SE = 0.02$，$t = -12.60$，$p < 0.001$）对实际的社团参与行为的主效应显著，而参与效能感（$b = 0.01$，$p > 0.05$）和参与意愿（$b = -0.01$，$p > 0.05$）对实际的社团参与行为的主效应不显著；同时，社团参与内容认知和参与效能感的交互项（$b = 0.03$，$SE = 0.02$，$t = 2.08$，$p < 0.05$）、社团参与内容认知和参与意愿的交互项（$b = 0.07$，$SE = 0.02$，$t = 4.57$，$p < 0.001$）对社团的实际参与行为均具有显著的预测作用。上述结果表明，参与效能感、参与意愿在社团参与内容认知与社团实际参与行为的关系中具有显著的调节作用，且 $\Delta R^2 = 0.01$，$F = 29.89$，$p < 0.001$。

表 7 – 10　　**参与效能感、参与意愿在内容认知与实际参与行为直接关系中的调节作用**

		M₁₆实际参与行为		M₁₇实际参与行为		M₁₈实际参与行为	
		b	t	b	t	b	t
性别	男	0.02	0.69	0.00	0.03	0.00	0.06
	年龄	−0.01	−4.95***	−0.01	−4.68***	−0.01	−4.70***
学历	初中及以下	−0.16	−2.94**	−0.18	−3.39**	−0.18	−3.42**
	高中（含高职、中专）	−0.09	−1.85	−0.10	−2.28*	−0.11	−2.38*
政治面貌	共青团员	0.23	4.57***	0.25	4.99***	0.25	5.12***
	中共党员	0.47	8.05***	0.48	8.41***	0.49	8.61***
户籍	城镇	0.11	3.02**	0.13	3.49***	0.13	3.60***
职业类型	务农人员	−0.07	−1.22	−0.07	−1.25	−0.06	−1.07
	私营企业主（含个体户）	−0.03	−0.57	−0.02	−0.34	−0.01	−0.16
	专业技术人员	0.10	1.40	0.11	1.55	0.11	1.61
	公务员	0.12	1.01	0.13	1.11	0.13	1.15
	务工人员	−0.16	−3.17**	−0.15	−3.01**	−0.15	−2.87**
月均收入	低收入	−0.07	−1.36	−0.09	−1.79	−0.08	−1.67
	中等收入	−0.09	−2.02*	−0.11	−2.63**	−0.11	−2.61**
社团参与内容认知				−0.19	−12.71***	−0.18	−12.60***
参与效能感				0.01	−0.09	0.01	0.01
参与意愿				−0.01	−0.69	−0.01	−0.87
交互项 1						0.03	2.08*
交互项 2						0.07	4.57***
R		0.27		0.33		0.34	
R²		0.08		0.11		0.12	
ΔR²		0.08***		0.03***		0.01***	
F		24.48***		30.58***		29.89***	

注：* 表示 $p < 0.05$，** 表示 $p < 0.01$，*** 表示 $p < 0.001$；交互项 1 = 社团参与内容认知 × 参与效能感，交互项 2 = 社团参与内容认知 × 参与意愿。

将公民的参与效能感得分划分为高分组和低分组（$M \pm 1SD$），对社团参与内容认知和参与意愿的交互效应进行简单斜率检验，结果显示（见

图7-5）：在参与效能感低分组，公民有关社团参与的内容认知对实际的参与行为影响显著（b_{simple} = -0.39，SE = 0.03，t = -12.47，p < 0.001）；同时，在参与效能感高分组，公民有关社团参与的内容认知对实际的参与行为影响依然显著（b_{simple} = -0.18，SE = 0.03，t = -5.80，p < 0.001）。对参与效能感高低分组情况下，社团参与内容认知影响实际参与行为的效应大小进行斜率差异检验，结果显示：Z = 4.95（>1.96）；由此可知，在不同参与效能感得分水平条件下，社团参与内容认知对实际参与行为的影响的效应差异显著。

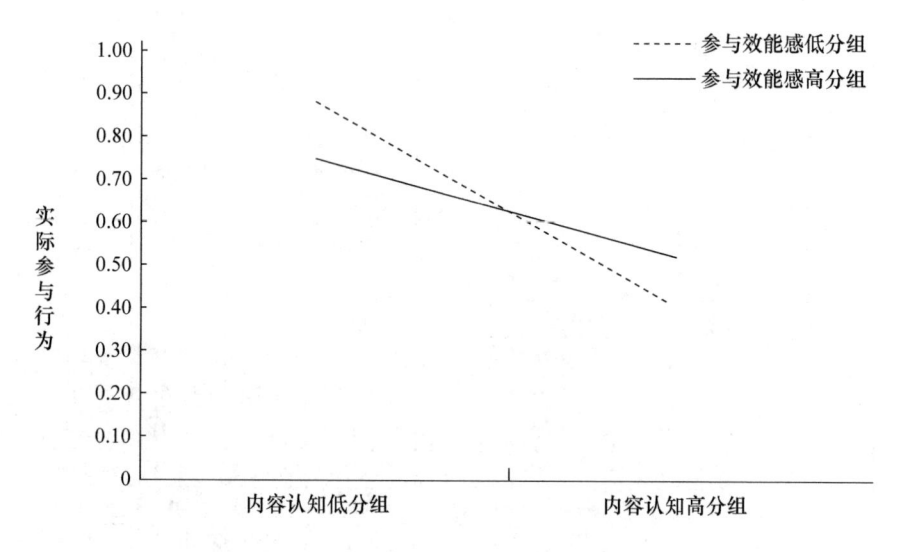

图7-5　社团参与内容认知和参与效能感的交互效应

将公民的参与意愿得分划分为高分组和低分组（$M ± 1SD$），对社团参与内容认知和参与意愿的交互效应进行简单斜率检验，结果显示（见图7-6）：在参与意愿低分组，公民有关社团参与的内容认知对实际的参与行为影响显著（b_{simple} = -0.42，SE = 0.03，t = -13.55，p < 0.001）；同样，在参与意愿高分组，公民有关社团参与的内容认知对实际的参与行为影响依然显著（b_{simple} = -0.15，SE = 0.03，t = -4.66，p < 0.001）。对参与意愿高低分组情况下，社团参与内容认知影响实际参与行为的效应大小进行斜率差异检验，结果显示：Z = 6.37（>1.96）；由此可知，在不同参与意愿得分水平条件下，社团参与内容认知对实际参与行为的影响的效应差异显著。

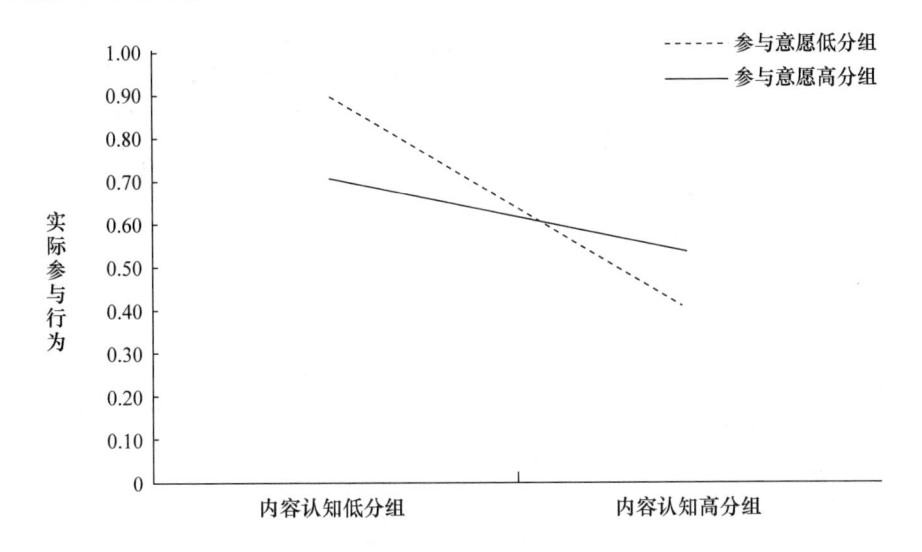

第七章 社团参与行为的影响机制：个体认知、态度与社团有效性　141

图7-6　社团参与内容认知和参与意愿的交互效应

（六）程序认知、社团有效性与实际参与行为：参与效能感和意愿的调节作用

将个体针对社团总体性认知中的程序认知作为预测变量、将个体参与社团活动的实际行为作为结果变量、将个体对于社团有效性的评价作为中介变量，对本报告提出的假设模型进行检验。在对类别变量和相关核心变量进行虚拟变量转化及中心化处理后，一方面对性别、年龄、学历、政治面貌、职业类型和月均收入等人口学变量指标进行控制，另一方面将相关变量纳入检验模型，结果显示（见表7-11）：社团参与程序认知对实际参与行为的预测作用不显著（$b = -0.02$，$SE = 0.04$，$t = -0.46$，$p > 0.05$）；社团参与程序认知对社团有效性的预测作用显著（$b = 0.52$，$SE = 0.02$，$t = 21.54$，$p < 0.001$）；将预测变量和中介变量同时纳入回归方程，社团有效性对社团的实际参与行为具有显著的预测作用（$b = -0.17$，$SE = 0.02$，$t = -6.62$，$p < 0.001$），而社团参与的程序认知对社团的实际参与行为不具有显著的预测作用（$b = 0.07$，$SE = 0.04$，$t = 1.64$，$p > 0.05$）。根据上述结果可知，社团有效性在社团参与程序认知对实际参与行为的影响关系中不具有显著的中介作用；同时，由于社团参与程序认知在 M_{19} 和 M_{21} 中对实际参与行为均不具有显著的预测作用，故不再对其关系进行调节效应的假设检验。

表7-11 程序认知、社团有效性对社团实际参与行为影响的回归分析

		M₁₉实际参与行为		M₂₀社团有效性		M₂₁实际参与行为	
		b	t	b	t	b	t
性别	男	0.02	0.69	-0.08	-4.58***	0.01	0.23
	年龄	-0.01	-4.93***	0.00	2.82**	-0.01	-4.66***
学历	初中及以下	-0.15	-2.94*	-0.05	-1.80	-0.16	-3.13**
	高中（含高职、中专）	-0.08	-1.85	-0.05	-2.09*	-0.09	-2.07*
政治面貌	共青团员	0.22	4.59***	0.09	3.05**	0.23	4.92***
	中共党员	0.44	8.06***	0.01	0.36	0.44	8.14***
户籍	城镇	0.11	3.03**	-0.01	-0.23	0.11	3.02*
职业类型	务农人员	-0.06	-1.20	-0.04	-1.23	-0.07	-1.33
	私营企业主（含个体户）	-0.03	-0.57	-0.06	-1.71	-0.04	-0.74
	专业技术人员	0.09	1.40	0.01	0.35	0.09	1.45
	公务员	0.11	1.02	0.02	0.26	0.11	1.05
	务工人员	-0.15	-3.16**	-0.04	-1.48	-0.16	-3.33***
月均收入	低收入	-0.06	-1.34	0.00	0.05	-0.06	-1.34
	中等收入	-0.08	-2.00*	-0.01	-0.40	-0.08	-2.05*
社团参与程序认知		-0.02	-0.46	0.52	21.54***	0.07	1.64
社团有效性						-0.17	-6.62***
R		0.27		0.34		0.29	
R^2		0.08		0.11		0.08	
F		22.86***		36.47***		24.39***	

注：* 表示 $p<0.05$，** 表示 $p<0.01$，*** 表示 $p<0.001$。

四 讨论与总结

从本章所呈现的总体结果来看，中国公民有关社团参与的认知通过社团有效性对其实际参与社团的行为发生影响；同时，公民个体的参与意愿对"参与认知→实际参与行为"直接影响路径和"参与认知→社团有效性→实际参与行为"间接影响路径表现出显著的调节作用。然而，将个体对社团参与认知进行维度拆解后进行分析，结果发现：（1）社团参与的"权利与途径认知"通过社团有效性对公民个体的实际参与行为发生影响作用，且参与意愿对上述关系的直接和间接路径发挥调节作用；（2）社团有效性在社团参与"重要性认知"与实际参与行为的关系中发挥调节作用；（3）参

第七章 社团参与行为的影响机制：个体认知、态度与社团有效性　143

与效能感、参与意愿在社团参与"内容认知"与实际参与行为的关系中发挥调节作用；(4) 社团参与"程序认知"对公民个体实际参与行为的预测作用不明显。对于上述发现（见图7-7），我们将做进一步的分析、解释。

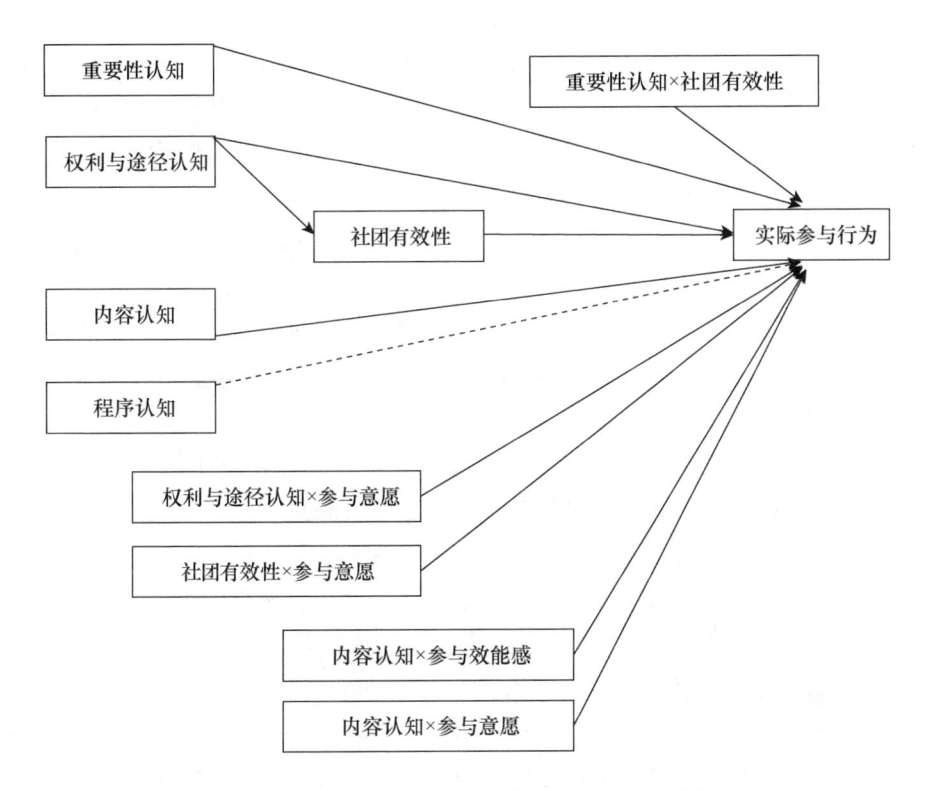

图7-7　中国公民社团实际参与行为的影响路径

第一，现实情境下参与认知与参与行为的关系。本章的研究发现，总体分析下社团参与认知对公民个体的实际参与行为表现出反向的预测效应，即那些具有较高社团参与认知的个体，其实际参与行为的表现反而更少。这一结果与既有的理论获知和研究发现并不一致，一方面存在预期判断与现实情况差距进而造成心理落差有关，另一方面也存在不同认知维度对实际参与行为的影响差异有关。具体到本章的研究发现，有关社团参与的"重要性认知"，对公民个体的实际参与行为具有显著的正向预测作用；而有关社团参与的"权利与途径认知"和"内容认知"，却对公民个体的实际参与行为表现出显著的负向预测作用；同时，在现有体制背景下，既定的参与程序因素与实际的参与行为之间并无显著关联。上述结果在一定程度上反映了一种可能，对社团参与的重视水平有助于提升个体的实际参与卷入程度，但是现实的情况却促使那些对"权利与途径""实质内容"具有较多认识的个体，产生了"实然"与"应然"差异判断的不适心理体验。

第二，社团有效性在实际参与行为影响机制中的作用与意义。作为一种具有绩效意义的评价组织特征的概念变量，组织有效性反映了包括组织、动员、宣传及其社会功能发挥等一系列运行的动态特征与意义过程。[1] 在社团参与的"权利与途径认知"方面，社团有效性成为联动其与个体参与行为的重要纽带；那些对权利与途径认知评价越高的个体，其相应的对社团有效性的评价也越倾向于积极，这种叠加重合效应可能会增大个体基于"预期与现实"差距的心理体验，进而放大其心理不适感受而导致的更为消极的社团参与行为。此外，社团有效性的另一个作用和意义还体现于其成为社团参与"重要性认知"正向预测个体实际参与行为过程不容忽视的条件变量。也就是说，这种基于社团参与的重要性认知是否会促发个体的实际参与行为，需要同时关注个体对社团是否有效的评定结果。只有当社团的评价处于绩优状态时，个体对社团参与的重要性认知特征才会对个体的实际参与行为形成正向的影响预测效应；反之，如果个体对社团有效性的评价水平不高，则重要性认知与实际参与行为之间的关系也将失去价值。

第三，参与意愿在"权利与途径认知"和实际参与行为关系之间的作用。如前所述，当个体的社团参与预期与现实出现差异、产生较大鸿沟的时候，其直接后果是，将会影响个体在现实情境下的社团参与意愿。特别是在参与意愿较低的情况下，认知因素对于行为的作用将会显著降低（甚至不存在实质性关联）。具体到本章的研究发现，在参与意愿水平较低的情况下，权利与途径认知对公民个体实际的社团参与行为不存在显著影响（尽管这种影响在参与意愿较高时表现为负向）。另外，在参与意愿较低的情况下，"权利与途径认知"通过社团有效性对个体实际参与行为影响的中介效应也更为明显。这一结果进一步说明，公民个体的参与意愿是其政治参与冷

---

[1] Johansen, M. and Leroux, K., "Managerial Networking in Nonprofit Organizations: The Impact of Networking on Organizational and Advocacy Effectiveness", *Public Administration Review*, Vol. 73, No. 2, 2012, pp. 355 - 363; Leroux, K. M. and Goerdel, H. T., "Political Advocacy by Nonprofit Organizations: A Strategic Management Explanation", *Public Performance and Management Review*, Vol. 32, No. 4, 2009, pp. 514 - 536.

漠的测量器。

第四，参与效能感、参与意愿在内容认知和实际参与行为关系之间的作用。"知道不等于行动"，这句话用于形容内容认知与实际参与行为的关系是非常恰当的。在社团参与内容认知对实际参与行为负向影响的直接关系中，反映个体参与能力和动能的心理变量——参与效能感和参与意愿——成为重要的条件变量。其直接表现体现在，在个体参与效能感和参与意愿较高的情况下，社团参与内容认知对参与行为的负向作用相对更小，这也提示我们：一是政治效能感与其他物质和认知资源一样，是个体政治参与行为发生重要的依赖资源类型之一，也是体现个人参与能力的重要指标，对参与实践具有推进作用。二是参与意愿体现了行为意向对行为执行较强的预测效力，同时也有助于个体将相关认知转化为对应的实际行为。[①] 三是于实践而言，通过提升个体的政治参与效能感和参与意愿水平，有助于缓解因预期与现实差距所带来的对实际参与行为的负面效应。

---

① Johann, D., "Specific Political Knowledge and Citizens' Participation: Evidence from Germany", *Acta Politica*, Vol. 47, No. 1, 2012, pp. 42–66.

第八章　青年群体政策参与的认知、态度与行为

一　引言

作为现代社会民主发展的核心构成，政治参与意指公民通过各种方式参加政治生活，并直接或间接地影响政治体系的构成、运行方式和规则以及公共政策的政治行为。[1] 从实践来看，中国公民的政治参与基本上可以分为五大类别，即选举参与、政策参与、社团参与、自治参与和接触式参与。[2] 而就参与的广泛性、影响效果以及与中国政治发展的关系紧密程度来看，政策参与无疑是我国政治参与最为重要的形式之一。恰如白钢所指出的那样，"改革开放以来，中国所有的重大改革措施几乎都是通过公共政策来推动的"。[3] 作为国家的未来、民族的希望，青年群体是政治参与实践活动重要的中坚力量之一，研究该群体政策参与的具体现状及影响机制，不仅对于进一步把握和推动我国公民有序政治参与具有重要的理论和现实意义，而且对青年政治社会化和国家政治现代化具有积极的影响。为此，本章研究拟采用实证范式，以青年群体为主要关注对象、以政策参与为主要考察形式，对其参与认知、态度与行为的相互作用机制进行初步分析。

认知行为理论认为，个体的认知与行为之间互相作用，认知的结构与过程对其行为的发生具有影响作用。从青年群体政治参与认知与行为的关系来看，作为青年参与行为发生重要的预测变量，认知能力的提升对其政治参与

---

[1] Verba, S., Schlozman, K. L. and Brady, H. E., *Voice and Equality: Civic Voluntarism in American Politics*, Cambridge: Harvard University Press, 1995, p. 38.

[2] 房宁：《政治参与蓝皮书：中国政治参与报告（2011）》，社会科学文献出版社2011年版，第1—62页。

[3] 白钢：《中国公共政策分析2001年卷》，中国社会科学出版社2001年版，第1页。

具有显著的促进作用。① 近期国内学者对政治参与认知与参与行为的关系研究也指出，目前我国青年群体政治参与水平较低与其自身的政治素养和参与认知水平不高具有密切的关系。在现实的政治参与过程中，青年大学生的参与认知与行为存在相互脱节的现象。② 例如，青年大学生对政治理论、制度以及现实政治问题等认识不足、认知水平低下，是阻碍其现实政治参与的主体客观原因；③ 而青年群体缺乏政治参与的基本知识与实践技能，也是影响其有序政治参与的重要因素。④

然而，从政治参与的知行统一性来看，是否政治参与认知水平高就一定会出现令人满意的参与行为，实际情况并非如此。有研究指出，虽然青年群体对社会政治事件有比较全面的认识，但在行动落实方面却不尽如人意，有的甚至在实际参与过程中出现了行为偏离认知的情况。⑤ 究其原因，我们认为作为政治参与主体的个体，其对参与本身的心理态度也是影响其参与行为的重要变量。⑥ 来自政治参与遗传学的研究认为，个体内在的异质性往往对其政治参与与否具有重要的预测作用。例如，公众对参与过程中公民责任履行的满意度评价，能够对其选举参与中的投票行为产生促进作用。⑦ 对于政治效能感而言，无论是内部的还是外部的，都与个体或集体的政治参与表现出显著的相关，⑧ 表现出对政治参与显著的正向预测作用，⑨ 并与政治信任

---

① Smith, E. S., "The Effects of Investments in the Social Capital of Youth on Political and Civic Behavior in Young Adulthood: A Longitudinal Analysis", *Political Psychology*, Vol. 20, No. 3, 1999, pp. 553–580.

② 王雁、王鸿、谢晨、王新云：《大学生网络政治参与：认知与行为的现状分析与探讨——以浙江 10 所高校为例的实证研究》，《浙江社会科学》2013 年第 5 期。

③ 胡扬名、李燕凌、谢倩：《我国当代大学生政治参与：概念、功能与生态环境》，《辽宁行政学院学报》2013 年第 6 期。

④ 朱凤荣：《当代大学生有序政治参与的影响因素分析》，《中国青年研究》2013 年第 7 期。

⑤ 魏彤儒、赵冬鸣：《当代大学生政治参与矛盾性的实证分析——以京津冀地区大学生为例》，《学校党建与思想教育》2012 年第 14 期。

⑥ Cohen, A., Vigoda, E. and Samorly, A., "Analysis of the Mediating Effect of Personal-Psychological Variables on the Relationship Between Socioeconomic Status and Political Participation: A Structural Equations Framework", *Political Psychology*, Vol. 22, No. 4, 2001, pp. 727–757.

⑦ Fowler, J. H., Baker, L. A. and Dawes, C. T., "Genetic Variation in Political Participation", *The American Political Science Review*, Vol. 102, No. 2, 2008, pp. 233–248.

⑧ Catt, H., "Now Or Never. Electoral Participation Literature Review", the 6th Child and family Policy Conference, University of Otago, 2005.

⑨ 龚宪军、吴玉锋：《社会资本与大学生网络政治参与研究》，《天津行政学院学报》2013 年第 5 期。

发生交互作用共同作用于政治参与行为。① 在传统类型的政治参与领域（例如，政治讨论参与、选举参与等），政治参与效能得分高的个体往往表现出更为积极的参与倾向，而得分低的个体则更多表现出政治参与的冷漠与疏离。② 青年大学生政治参与的效能水平偏低，常常伴随有无序政治参与的现象发生。③ 而在社会运动参与实践中，政治参与效能对实际参与行为同样具有显著的正向预测作用。④ 同时，在具备相应的政治参与基本素质的情况下，除社会经济方面的原因之外，阻碍青年人政治参与的变量还包括其动机因素。⑤ 因此，包括政治参与满意度、效能和意愿等在内的心理态度变量，有可能在参与认知与行为的预测关系中具有调节作用。

个体既有的态度、观念和认知，对其随后的行为或决策具有一定的影响作用。⑥ "在政策过程中积极的行动主体因政策部门的不同而不同，因为通常情况下每项政策只牵涉到在当前问题中有直接利益的群体"。⑦ 不论是在微观层面对单一群体特定问题的解决，还是在宏观层面对公众普遍性需求的满足，公共政策与个体利益的相关性形成了其对政策整体的"依赖性"。而公民对政策依赖性的强弱则由该政策与公民个体的利益相关性程度所决定，政策与公民个体的直接利益关系越密切，则公民对政策的依赖性越强，主要表现为微观层面的直接依赖；反之，则表现为宏观层面的间接依赖。⑧ 据此

---

① Craig, S. C., Niemi, R. G. and Silver, G. E., "Political Efficacy and Trust: A Report On the NES Pilot Study Items", *Political Behavior*, Vol. 12, No. 3, 1990, pp. 289–314.

② Zimmerman, M. A., "The Relationship Between Political Efficacy and Citizen Participation: Construct Validation Studies", *Journal of Personality Assessment*, Vol. 53, No. 3, 1989, pp. 554–566.

③ 马发亮、黄保红：《当代大学生网络政治参与状况的调查及对策》，《贵州师范大学学报》（社会科学版）2013年第4期。

④ Finkel, S. E., "Reciprocal Effects of Participation and Political Efficacy: A Panel Analysis", *American Journal of Political Science*, Vol. 29, No. 4, 1985, pp. 891–913.

⑤ Edwards, K., "From Deficit to Disenfranchisement: Reframing Youth Electoral Participation", *Journal of Youth Studies*, Vol. 10, No. 5, 2007, pp. 539–555.

⑥ Smith, S. M., Fabrigar, L. R. and Norris, M. E., "Reflecting on Six Decades of Selective Exposure Research: Progress, Challenges, and Opportunities", *Social and Personality Psychology Compass*, Vol. 2, No. 1, 2008, pp. 464–493; Hart, W., Albarracin, D., Eagly, A. H., Brechan, I., Lindberg, M. J. and Merrill, L., "Feeling Validated Versus Being Correct: A Meta-Analysis of Selective Exposure to Information", *Psychological Bulletin*, Vol. 135, No. 4, 2009, pp. 555–588.

⑦ ［加］迈克尔·豪利特、［澳］M.拉米什：《公共政策研究——政策循环与政策子系统》，生活·读书·新知三联书店2006年版，第346页。

⑧ 史卫民：《"政策主导型"的渐进式改革——改革开放以来中国政治发展的因素分析》，中国社会科学出版社2011年版，第308—309页、第652—658页。

可以将公民对政策的依赖性偏好划分为直接依赖型政策偏好和间接依赖型政策偏好两大类，而不同政策偏好势必会对其政策参与行为产生不同的影响。已有研究指出，"与自己生活的关切程度"目前已成为大学生政治参与的主要影响因素；[①] 青年大学生在政治参与过程中表现出"高度关注，低度参与"的特征，他们虽然对有关国家社会经济政治等方面的内容高度关注，但是在实际的参与实践过程中仍旧偏好与那些与自己关系密切的主题。[②] 那么，青年群体对不同政策的依赖偏好是否会在其政策参与认知、态度与行为的关系中有所差异，成为本章研究关注的另一个焦点。

二 数据来源与研究设计

（一）被试情况

我们将全国分为都会区、东北地区、西部地区、中部地区和东部地区5个区域，根据国家统计局2010年发布的各省、自治区、直辖市2009年的GDP数据，在上述5个区域中，选取经济发展处于中等水平的省份，抽样结果为：都会区：北京市和天津市；东北地区：黑龙江省；东部地区：山东省和河北省；中部地区：湖北省和安徽省；西部地区：广西壮族自治区、云南省和贵州省。在市、区、县水平的抽样上仍旧按照选取GDP数据的中等水平为标准，而在社区、村一级按照随机方式抽取，在确定了被调查社区、村的边界后，按照等距抽样标准随机选取样本户和备用样本户。为使调查数据具有较好的代表性和较低的趋同性，每户只选取一名年龄在18—44岁的被试进行问卷调查。

本次调查共获得有效被试3347名，被试的平均年龄为32.20岁，标准差为7.70。其中，男性1610人（48.10%），女性1737人（51.90%）；汉族3054人（91.25%），少数民族240人（7.17%），信息缺失53人（1.58%）；城镇户口2176人（65.01%），农村户口1166人（34.84%），信息缺失5人（0.15%）；从被调查者的所属区域来看，都会区634人

---

① 许华、许冲：《90后大学生政治信仰和政治参与现状分析——基于安徽省高校的调查》，《中国青年政治学院学报》2010年第4期。

② 邹静琴、王静、苏粤：《大学生网络政治参与现状调查与规范机制构建——以广东省八所高校为例的实证研究》，《政治学研究》2010年第4期。

(18.94%，其中北京310人，天津324人），东北地区317人（9.47%），东部地区690人（20.62%，山东348人，河北342人），西部地区1057人（31.58%，其中广西壮族自治区328人，云南368人，贵州361人），中部地区649人（19.39%，其中湖北309人，安徽340人）；在被试的学历水平方面，初中及以下1061人（31.70%），高中（含高职、中专）1079人（32.24%），本科及以上（含大专）1204人（35.97%），信息缺失3人（0.09%）；在政治面貌方面，中共党员405人（12.10%），共青团员644人（19.24%），群众及其他2296人（68.60%），信息缺失2人（0.06%）。

（二）变量测量

1. 政策参与认知

政策参与认知测量由17个题目组成，主要从政策重要性（2个题目）、权利与途径（3个题目）、政策内容（6个题目）和政策过程（6个题目）四个方面，对被试的政策参与客观认知水平进行测量。问卷形式以单选和多选的选择题目为主，满分8分。

2. 政策参与态度

政策参与态度问卷由参与满意度、参与意愿和参与效能三个维度构成，共计10题目（反向计分题目4个）。其中，参与满意度4个题目，参与意愿和参与效能各3个题目，问卷采用Likert 5点计分从"1—完全不同意"到"5—完全同意"进行评价。在本章研究中，参与满意度、参与意愿和参与效能三个维度的 α 系数分别为0.72、0.76和0.77；复核检验其结构效度，结果显示：*RMSEA* 为0.087，结构效度的相关拟合指数 *GFI*、*NFI*、*NNFI*、*IFI*、*CFI* 分别为0.95、0.89、0.85、0.89、0.89。

3. 政策参与行为

实际政策参与的测量由4个题目组成，主要测量其在实际生活中是否就政策议题进行参与，题目备选答案以"是"与"否"的形式呈现，以考察被调查者是否参与过相关的活动。参加过相关的活动得0.5分，没有则不得分，满分为2分。

4. 政策依赖偏好

根据史卫民的观点，将中国公共政策划分为两类，即直接依赖型政策（经济建设政策、社会建设政策）和间接依赖型政策（政治建设政策、文化建设政策、生态建设政策)。其中,直接依赖型政策既与国家和社会关系密切,又对公民个人意义重大,公民对此类政策的依赖性往往呈现出"直接依赖"的特征,因为此类政策不仅可以为公民个人发展提供良好的社会环境,也可以使个人直接受益或为个人发展提供必要的支持;而间接依赖型政策对国家和社会具有重要意义,但与公民个人的关联性不是很强,公民对此类政策的依赖性往往呈现出"间接依赖"的特征,因为此类政策对公民个人的发展并不提供直接的支持。[①] 为此,我们在问卷调查过程中,对青年群体的政策偏好进行了测量,其中属于直接政策依赖偏好的被试有 2238 人 (66.87%),属于间接政策依赖偏好的被试有 1109 人 (33.13%)。

(三) 研究程序

在统一指导语和调查流程的基础上,项目组派出 269 名调查员于 2011 年在全国 10 个省份进行入户问卷调查,同时还派出 38 名督导对调查进行全程监控。对收集到的问卷纸本进行"双录双检"操作,并采用 SPSS 19.0 和 LISREL 8.70 进行相关的数据管理与统计分析。

三 结果与分析

(一) 相关变量的描述统计

表 8—1 显示了相关变量的均值、标准差以及所有变量的相关系数。从结果来看,青年群体的政策参与认知,与其实际的政策参与行为和政策参与满意度均具有显著的正相关,与其政策参与意愿之间具有显著的负相关;而被试实际的政策参与行为,与其政策参与的意愿、效能之间具有显著的正相关。在人口学变量方面,除去民族、户籍两个变量与政策参与的相关变量相关不显著外,其他变量与政策参与的相关变量均有显著的相关。为此,在随后的分析中,我们将把性别、年龄、教育背景、政治面貌和所处区域作为控制变量纳入检验模型。

[①] 史卫民:《"政策主导型"的渐进式改革——改革开放以来中国政治发展的因素分析》,中国社会科学出版社 2011 年版,第 652—658 页。

表 8-1 相关变量的描述统计结果及相关矩阵

	性别	民族	年龄	教育背景	政治面貌	区域	户籍	参与认知	参与行为	满意度	意愿	效能
性别	1.00											
民族	-0.01	1.00										
年龄	0.0012	-0.05**	1.00									
教育背景	-0.04*	0.01	-0.20**	1.00								
政治面貌	0.05**	-0.02	0.13**	-0.39**	1.00							
区域	0.00	0.03	-0.02	-0.17**	0.06**	1.00						
户籍	-0.02	0.04*	-0.10**	-0.42**	0.13**	0.15**	1.00					
参与认知	-0.02	-0.01	0.09**	-0.15**	0.14**	0.01	0.01	1.00				
参与行为	-0.08**	0.02	-0.07**	0.09**	-0.12**	0.00	-0.01	0.05**	1.00			
满意度	0.07**	-0.00	0.06**	-0.11**	0.03	-0.03	0.03	0.05**	0.01	1.00		
意愿	-0.04*	-0.00	0.01	0.06**	-0.05**	-0.02	-0.02	-0.11**	0.05**	-0.11**	1.00	
效能	-0.08**	-0.01	0.03	0.05**	-0.05**	-0.05**	-0.02	-0.01	0.08**	-0.04*	0.29**	1.00
M	NA	NA	32.20	NA	NA	NA	NA	3.94	0.26	2.77	3.39	3.17
SD	NA	NA	7.70	NA	NA	NA	NA	1.11	0.46	0.50	0.57	0.62

注：I. * 表示 $p<0.05$，** 表示 $p<0.01$，同时采取 Pairwise 的方法对缺失值进行处理。
II. NA 表示"不适用"。

(二) 不同政策依赖偏好的青年的政策参与差异

对不同政策依赖偏好的青年在政策参与变量上的表现差异进行检验，结果发现：直接依赖型政策偏好和间接依赖型政策偏好的青年，在政策参与认知、实际政策参与行为和政策参与效能三个方面得分差异显著（见表8-2）。具体来说，间接依赖型政策偏好的青年，在政策参与认知、实际政策参与行为和政策参与效能三个方面的得分显著高于直接依赖型政策偏好的青年。介于上述差异，我们将在随后的分析中，对两类政策依赖偏好的青年群体分别进行模型检验，以考察其政策参与认知、态度与行为的相互关系。

表8-2　　　　　　不同政策依赖偏好青年的政策参与比较

	政策依赖 偏好类型	N	M	SD	t
政策参与认知	直接依赖	2200	3.89	1.11	-3.85***
	间接依赖	1072	4.05	1.11	
实际政策 参与行为	直接依赖	2230	0.24	0.44	-3.70***
	间接依赖	1098	0.30	0.50	
政策参与 满意度	直接依赖	2228	2.78	0.50	0.09
	间接依赖	1105	2.77	0.52	
政策参与意愿	直接依赖	2232	3.39	0.56	-0.67
	间接依赖	1102	3.40	0.59	
政策参与效能	直接依赖	2235	3.14	0.61	-2.88**
	间接依赖	1108	3.21	0.62	

注：** 表示 $p<0.01$，*** 表示 $p<0.001$。

(三) 青年群体政策参与认知与行为的关系：态度的调节作用

采用层级回归分析，检验政策参与态度在青年群体政策参与认知与行为的关系中是否存在显著的调节作用。对自变量（政策参与认知）和调节变量（政策参与满意度、意愿、效能）进行中心化处理，在控制了相关的人口学变量后发现：自变量和调节变量的交互项对实际政策参与具有显著的影响作用（结果见表8-3）。其中，政策参与满意度（$\beta_{交互项}=0.04$，$p<0.05$）对参与认知与行为的关系具有显著的正向调节作用，而政策参与意愿（$\beta_{交互项}=-0.05$，$p<0.01$）和政策参与效能（$\beta_{交互项}=-0.04$，$p<0.05$）对参与认知与行为的关系具有显著的负向调节作用。

表8-3　　　　政策参与态度作为调节变量的层级回归分析

自变量		因变量：实际政策参与								
		M₁	M₂	M₃	M₄	M₅	M₆	M₇	M₈	M₉
Step1										
性别	男	0.07***	0.07***	0.07***	0.07***	0.06***	0.06***	0.06***	0.06**	0.06**
教育背景	初中及以下	-0.05*	-0.05**	-0.05**	-0.05**	-0.06**	-0.06**	-0.06**	-0.07**	-0.07**
	高中	-0.06**	-0.08***	-0.08***	-0.06**	-0.07***	-0.07***	-0.07***	-0.08***	-0.08***
政治面貌	中共党员	-0.07***	-0.08***	-0.08***	-0.07***	-0.08***	-0.07***	0.09***	0.10***	0.09***
	共青团员	0.09***	0.10***	0.10***	0.09***	0.10***	0.10***	0.04*	0.04*	0.04*
区域	都会区	0.04*	0.04*	0.04*	0.04*	0.04*	0.04*	-0.06**	-0.06**	-0.06**
	东北地区	-0.06**	-0.06**	-0.06**	-0.06**	-0.06**	-0.06**	0.09***	0.09***	0.08***
	东部地区	0.09***	0.09***	0.09***	0.09***	0.09***	0.08***	-0.03	-0.02	-0.02
	西部地区	-0.03	-0.02	-0.02	-0.03	-0.02	-0.02	-0.01	0.01	0.01
Step2										
政策参与认知			0.07***	0.07***		0.08***	0.08***		0.07***	0.07***
政策参与满意度			0.03	0.03						
政策参与意愿					0.05**	0.05*				
政策参与效能								0.08***	0.08***	
Step3										
参与认知×参与满意度				0.04*						
参与认知×参与意愿							-0.05**			
参与认知×参与效能										-0.04*
R^2		0.04	0.05	0.05	0.04	0.05	0.05	0.04	0.05	0.05
Adjust R^2		0.04	0.04	0.04	0.04	0.04	0.05	0.04	0.05	0.05
ΔR^2		0.04***	0.01***	0.00*	0.04***	0.01***	0.00**	0.04***	0.01***	0.00*
F		13.20***	12.52***	11.93***	13.13***	13.02***	12.77***	13.04***	14.12***	13.49***
df		103235	123223	133222	103227	123225	133224	103236	123234	133233

注：* 表示 $p<0.05$，** 表示 $p<0.01$，*** 表示 $p<0.001$。

为了考察不同政策依赖偏好被试的参与态度，是否在政策参与认知与行为的关系中存在调节作用。下面，我们将对直接政策依赖型偏好的群体和间接政策依赖型偏好的群体分别进行调节效应的检验。

1. 政策参与满意度调节作用的政策偏好差异

如表8-4所示，针对直接依赖型政策偏好的群体进行层级回归分析，结果显示：政策参与认知对实际政策参与行为的主效应显著（$\beta = 0.05$，$p < 0.05$），政策参与满意度对实际政策参与行为的主效应不显著（$\beta = 0.03$，$n.s$），政策参与认知与满意度的交互项对实际政策参与行为的影响不显著（$\beta = 0.03$，$n.s$），说明政策参与满意度对政策参与认知与行为的关系不具有调节作用；针对间接依赖型政策偏好的群体进行层级回归分析，结果显示：政策参与认知对实际政策参与行为的主效应显著（$\beta = 0.09$，$p < 0.01$），政策参与满意度对实际政策参与行为的主效应不显著（$\beta = 0.01$，$n.s$），政策参与认知与满意度的交互项对实际政策参与行为的影响显著（$\beta = 0.05$，$p < 0.05$），说明政策参与满意度在政策参与认知与行为的关系中具有显著的正向调节作用。

表8-4　政策参与满意度调节效应的层级回归分析结果

自变量		因变量：实际政策参与					
		直接依赖型政策偏好（$N = 2238$）			间接依赖型政策偏好（$N = 1109$）		
		M_1	M_2	M_3	M_4	M_5	M_6
Step1							
性别	男	0.07***	0.08***	0.08***	0.05	0.05	0.04
年龄		-0.05*	-0.05*	-0.05*	-0.05	-0.06*	-0.07*
教育背景	初中及以下	-0.07*	-0.08**	-0.08**	-0.05	-0.06	-0.06
	高中（含高职、中专）	-0.05*	-0.06*	-0.06*	-0.10*	-0.11**	-0.10**
政治面貌	中共党员	0.12***	0.12***	0.12***	0.06	0.07*	0.07*
	共青团员	0.03	0.03	0.03	0.06	0.06	0.06
区域	都会区	-0.07**	-0.08**	-0.08**	-0.04	-0.03	-0.03
	东北地区	0.06*	0.06*	0.06*	0.15***	0.14***	0.14***
	东部地区	-0.04	-0.03	-0.04	0.01	0.01	0.01
	西部地区	-0.05	-0.04	-0.04	0.06	0.07	0.07

续表

自变量	因变量：实际政策参与						
	直接依赖型政策偏好（$N=2238$）			间接依赖型政策偏好（$N=1109$）		
	M_1	M_2	M_3	M_4	M_5	M_6
Step2						
政策参与认知		0.05*	0.05*		0.09**	0.09**
政策参与满意度		0.03	0.03		0.01	0.00
Step3						
参与认知×参与满意度			0.03			0.05*
R^2	0.04	0.04	0.05	0.05	0.06	0.06
Adjust R^2	0.04	0.04	0.04	0.04	0.05	0.05
ΔR^2	0.04***	0.00*	0.00	0.05***	0.01*	0.00
F	9.09***	8.26***	7.76***	5.42***	5.24***	5.09***
df	102169	122167	132166	101045	121043	131042

注：* 表示 $p<0.05$，** 表示 $p<0.01$，*** 表示 $p<0.001$。

对于间接依赖型政策偏好的群体，按照平均数加减一个标准差将调节变量划分为高分组（$M+1SD$）和低分组（$M-1SD$）两个类别，并据此绘制出政策参与满意度在参与认知与行为关系中的调节效应图（见图8-1）。简单斜率检验的结果显示：不论是在政策参与满意度高分组中（$b_{simple}=0.28$，$\beta=0.11$，$t=2.59$，$p<0.01$），还是在政策参与满意度低分组中（$b_{simple}=0.22$，$\beta=0.08$，$t=2.83$，$p<0.01$），青年个体的政策参与认知对其实际的政策参与行为都具有显著的正向预测作用。比较而言，青年政策参与认知对其实际的政策参与行为的影响作用在参与满意度高分组中表现更为强烈。

2. 政策参与意愿调节作用的政策偏好差异

如表8-5所示，针对直接依赖型政策偏好的群体进行层级回归分析，结果显示：政策参与认知对实际政策参与行为的主效应显著（$\beta=0.06$，$p<0.01$），政策参与意愿对实际政策参与行为的主效应显著（$\beta=0.06$，$p<0.01$），政策参与认知与意愿的交互项对实际政策参与行为的影响显著（$\beta=-0.05$，$p<0.05$），说明政策参与意愿对政策参与认知与行为的关系具有负向调节作用；针对间接依赖型政策偏好的群体进行层级回归分析，结果显示：政策参与认知对实际政策参与行为的主效应显著（$\beta=0.10$，$p<0.05$），政策参与意愿对实际政策参与行为的主效应不显著（$\beta=0.04$，

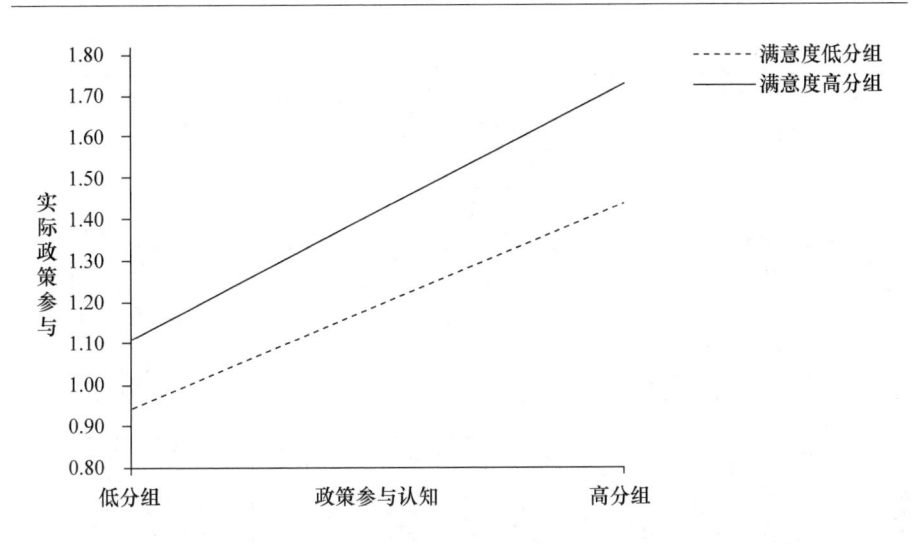

图 8-1　间接依赖型政策偏好群体的参与满意度对参与认知与行为关系的调节作用

$n.s$),政策参与认知与意愿的交互项对实际政策参与行为的影响不显著($\beta=-0.05$,$n.s$),说明政策参与意愿在政策参与认知与行为的关系中不具有调节作用。

表 8-5　　　　　政策参与意愿调节效应的层级回归分析结果

自变量		因变量：实际政策参与					
		直接依赖型政策偏好（$N=2238$)			间接依赖型政策偏好（$N=1109$)		
		M_1	M_2	M_3	M_4	M_5	M_6
Step1							
性别	男	0.07***	0.07**	0.07**	0.05	0.04	0.05
年龄		-0.05*	-0.05*	-0.05*	-0.06	-0.07*	-0.07*
教育背景	初中及以下	-0.07*	-0.07**	-0.07*	-0.05	-0.06	-0.06
	高中（含高职、中专）	-0.06*	-0.06*	-0.06*	-0.10**	-0.10**	-0.10**
政治面貌	中共党员	0.12***	0.12***	0.12***	0.06	0.07*	0.07*
	共青团员	0.03	0.03	0.03	0.06	0.06	0.06
区域	都会区	-0.08**	-0.07**	-0.08**	-0.04	-0.03	-0.03
	东北地区	0.05*	0.05	0.05*	0.14***	0.14***	0.14***
	东部地区	-0.04	-0.03	-0.04	0.00	0.02	0.01
	西部地区	-0.05	-0.03	-0.04	0.06	0.08	0.07

续表

自变量	因变量：实际政策参与					
	直接依赖型政策偏好（$N=2238$）			间接依赖型政策偏好（$N=1109$）		
	M_1	M_2	M_3	M_4	M_5	M_6
Step2						
政策参与认知		0.06**	0.06**		0.10**	0.10**
政策参与意愿		0.06**	0.05*		0.04	0.04
Step3						
参与认知×参与意愿			-0.05*			-0.05
R^2	0.04	0.05	0.05	0.05	0.06	0.06
Adjust R^2	0.04	0.04	0.04	0.04	0.05	0.05
ΔR^2	0.04***	0.01**	0.01*	0.05***	0.01**	0.00
F	9.13***	8.71***	8.52***	5.26***	5.28***	5.14***
df	10 2173	12 2171	13 2170	10 1043	12 1041	13 1040

注：* 表示 $p<0.05$，** 表示 $p<0.01$，*** 表示 $p<0.001$。

对于直接依赖型政策偏好的群体，按照平均数加减一个标准差将调节变量划分为高分组（$M+1SD$）和低分组（$M-1SD$）两个类别，并据此绘制出政策参与意愿在参与认知与行为关系中的调节效应图（见图8-2）。简单斜率检验的结果显示：在政策参与意愿高分组中（$b_{simple}=-0.20$，$\beta=0.10$，$t=-1.91$，$p<0.05$），青年政策参与认知对其实际的政策参与行为具有显著的反向预测作用；但是在政策参与意愿低分组中（$b_{simple}=0.01$，$\beta=0.03$，$t=0.17$，$p=0.86$），政策参与认知对其实际政策参与行为的预测作用并不显著。

3. 政策参与效能调节作用的政策偏好差异

如表8-6所示，针对直接依赖型政策偏好的群体进行层级回归分析，结果显示：政策参与认知对实际政策参与行为的主效应显著（$\beta=0.05$，$p<0.05$），政策参与效能对实际政策参与行为的主效应显著（$\beta=0.08$，$p<0.001$），政策参与认知与效能的交互项对实际政策参与行为的影响显著（$\beta=-0.05$，$p<0.05$），说明政策参与效能对政策参与认知与行为的关系具有负向调节作用；针对间接依赖型政策偏好的群体进行层级回归分析，结果显示：政策参与认知对实际政策参与行为的主效应显著（$\beta=0.10$，$p<0.01$），政策参与效能对实际政策参与行为的主效应显著（$\beta=0.08$，$p<0.01$），政策参与认知与效能的交互项对实际政策参与行为的影响不显著（$\beta=-0.03$，$n.s$），说明政策参与效能在政策参与认知与行为

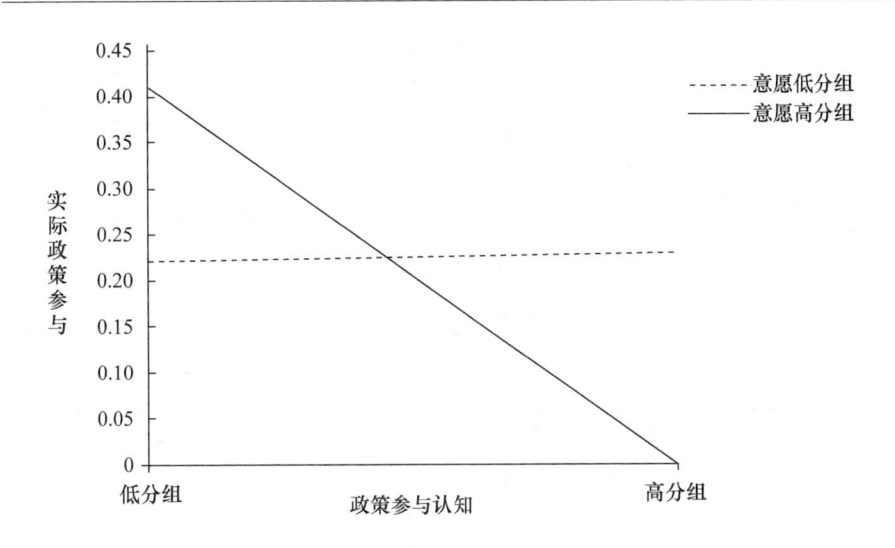

图 8-2 直接依赖型政策偏好群体的参与意愿对参与认知与行为关系的调节作用

的关系中不具有调节作用。

表 8-6　　政策参与效能调节效应的层级回归分析结果

自变量		因变量：实际政策参与					
		直接依赖型政策偏好（$N=2238$）			间接依赖型政策偏好（$N=1109$)		
		M_1	M_2	M_3	M_4	M_5	M_6
Step1							
性别	男	0.07**	0.07**	0.07**	0.05	0.04	0.04
年龄		-0.05*	-0.05*	-0.05*	-0.06	-0.07*	-0.07*
教育背景	初中及以下	-0.07*	-0.07**	-0.07**	-0.05	-0.05	-0.05
	高中（含高职、中专）	-0.05*	-0.06*	-0.06*	-0.10**	-0.10**	-0.10**
政治面貌	中共党员	0.11***	0.11***	0.11***	0.06	0.07*	0.06*
	共青团员	0.03	0.03	0.03	0.06	0.06	0.06
区域	都会区	-0.08**	-0.08**	-0.08**	-0.04	-0.03	-0.03
	东北地区	0.05*	0.06*	0.05*	0.14***	0.14***	0.14***
	东部地区	-0.04	-0.04	-0.04	0.00	0.01	0.01
	西部地区	-0.05	-0.03	-0.03	0.05	0.08	0.07
Step2							
政策参与认知			0.05*	0.05*		0.10**	0.10**
政策参与效能			0.08***	0.07**		0.08**	0.08**

续表

自变量	因变量：实际政策参与						
	直接依赖型政策偏好（$N=2238$）			间接依赖型政策偏好（$N=1109$）		
	M_1	M_2	M_3	M_4	M_5	M_6
Step3						
参与认知×参与效能			-0.05*			-0.03
R^2	0.04	0.05	0.05	0.05	0.06	0.06
Adjust R^2	0.04	0.04	0.05	0.04	0.05	0.05
ΔR^2	0.04***	0.01***	0.01*	0.04***	0.01***	0.00
F	9.00***	9.15***	8.89***	5.26***	5.78***	5.41***
df	102176	122174	132173	101049	121047	131046

注：*表示$p<0.05$，**表示$p<0.01$，***表示$p<0.001$。

对于直接依赖型政策偏好的群体，按照平均数加减一个标准差将调节变量划分为高分组（$M+1SD$）和低分组（$M-1SD$）两个类别，并据此绘制出政策参与效能在参与认知与行为关系中的调节效应图（见图8-3）。简单斜率检验的结果显示：在政策参与效能高分组中（$b_{simple}=-0.20$，$\beta=0.10$，$t=-1.93$，$p<0.05$），青年政策参与认知对其实际的政策参与行为具有显著的反向预测作用；但是在政策参与效能低分组中（$b_{simple}=-0.01$，$\beta=0.03$，$t=0.18$，$p=0.86$），政策参与认知对其实际参与行为的预测作用并不显著。

四 讨论与总结

本章的研究发现，政策参与认知以及政策参与态度中的参与意愿、效能均与青年公民的政策参与行为之间具有显著的正相关；在回归分析中控制相关的人口学变量，上述变量仍旧对个体实际的政策参与行为具有显著的正向预测作用。特别是参与认知与实际参与行为的正相关关系，与先前已有的多数研究结果保持了一致，[1] 符合认知行为理论关于个体认知结构

---

[1] Smith, E. S., "The Effects of Investments in the Social Capital of Youth on Political and Civic Behavior in Young Adulthood: A Longitudinal Analysis", *Political Psychology*, Vol. 20, No. 3, 1999, pp. 553-580；王雁、王鸿、谢晨、王新云：《大学生网络政治参与：认知与行为的现状分析与探讨——以浙江10所高校为例的实证研究》，《浙江社会科学》2013年第5期；胡扬名、李燕凌、谢倩：《我国当代大学生政治参与：概念、功能与生态环境》，《辽宁行政学院学报》2013年第6期；朱凤荣：《创新大学生有序政治参与的思想理论教育》，《教育理论与实践》2012年第36期。

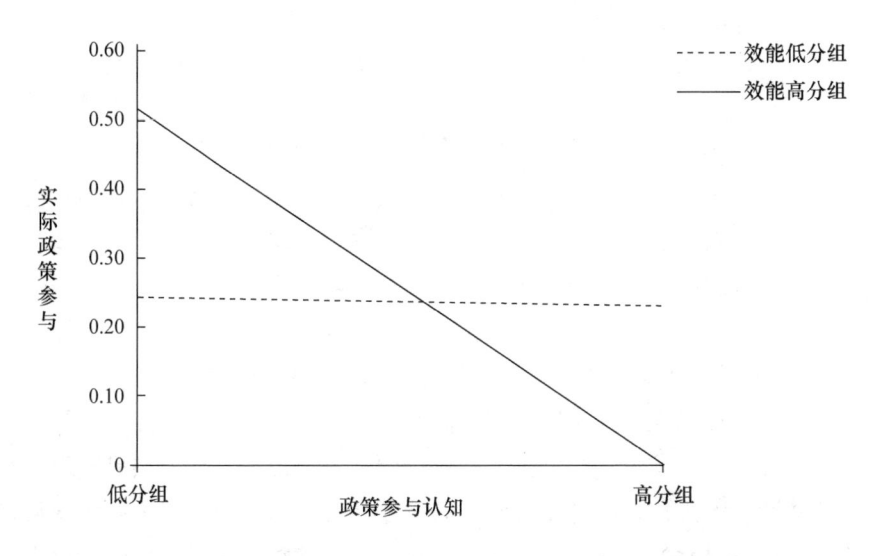

图 8-3 直接依赖型政策偏好群体的参与效能对参与认知与行为关系的调节作用

对行为具有指引作用的观点。但是本章的研究也发现，政策参与态度中的参与满意度因素，对实际政策参与行为的影响路径并不显著，而这一结果可能与两个方面的原因有关。第一，本章对青年个体政策参与的测量重点在行为是否发生，而并未涉及对参与行为的实际效果评估，而"政策参与满意度"更多是与"了解和接受公共政策的参与行为"发生关联的，其"参与的不满意"更多源自对政策参与过程的评价，而非参与行为是否发生。[①] 第二，政策参与满意度的表现具有很强的个体性，个体在完成评价时往往对应的校标是其已经历的政策参与过程或状况，而本章所涉及的政策参与属于宏观层面的范畴，并未就具体政策（例如，住房政策、医疗政策、教育政策等）进行测量。这种非样例化的抽象概念满意度评价，使个体的判断基准物具有不一致性，这也是国内政治参与研究共同存在的问题。

为保证研究发现的可靠性，我们在研究变量测量和统计分析过程中采取了如下两个方面的措施：第一，我们对变量测量虽然都采用了由被调查者作答问卷的方式，但是在问卷内容的测量上选取了客观事实测量（参与认知、实际参与行为）和主观感受测量（参与态度）两种设计，在一定程度上避

[①] 史卫民、郑建君、李国强、涂锋：《中国公民政策参与研究——基于 2011 年全国问卷调查数据》，中国社会科学出版社 2013 年版，第 362—363 页。

免了可能由变量测量所引发的共同方法偏差问题。第二,在调节效应的检验过程中,我们采用层级回归分析在对控制变量进行预先控制的同时,还对研究核心变量进行中心化处理,避免了回归分析共线性问题对研究结果的干扰影响。在对青年群体政策参与认知、态度与行为的影响机制检验中,本章研究利用总体样本数据进行统计分析发现:政策参与满意度在参与认知对行为的预测中具有显著的正向调节作用,而政策参与意愿、效能在参与认知对行为的预测中具有显著的负向调节作用。基于利益相关性假设,可以依据个体对政策的偏好特征将其分为直接依赖型政策偏好和间接依赖型政策偏好两大类。[1] 不同政策依赖偏好青年群体在参与认知、态度和行为实施上具有显著的差异,这一点已在本章研究中得到证实。为此,我们将总体样本数据予以分割,就两类政策依赖偏好群体分别进行调节效应模型检验,结果发现:对于直接依赖型政策偏好的青年群体,政策参与的意愿和效能对参与认知与行为的关系具有显著的负向调节作用;而政策参与满意度对参与认知与行为的关系具有显著的正向调节作用,且仅在间接依赖型政策偏好的青年群体中存在。

虽然政策参与态度在参与认知与行为的关系中表现出显著的调节作用,但是其效应表现却在不同政策依赖偏好群体中有所不同。间接依赖型政策与个体的利益相关性相对较弱,对于此类政策偏好的青年个体,其政策参与认知与满意度评价的交互作用共同对其参与行为的实施形成正向影响作用;那些对直接依赖型政策偏好的群体,则由于政策与个体的强利益相关性而在是否实施参与行为时,表现得更加理性。毕竟对于青年群体来说,政策参与方式是其参与社会生活和保障个体权益的重要途径,而这种由利益相关性所引发的差异也同时有别于已有研究中"从个体内在的异质性解释参与行为"的遗传学观点。[2] 如果从参与的动机视角来看,青年群体的政策参与意愿和效能恰恰反映了一种与参与认知相呼应的动能,而这种动能的获得与作用发挥还要受到效价与期望值的共同影响。[3] 这里政策与个体的利益相关性代表效价,而个体对政策参与的期望和现实的差距则成为影响其动能转化的重要

---

[1] 史卫民:《"政策主导型"的渐进式改革——改革开放以来中国政治发展的因素分析》,中国社会科学出版社2011年版,第652—658页。

[2] Fowler, J. H., Baker, L. A. and Dawes, C. T., "Genetic Variation in Political Participation", *The American Political Science Review*, Vol. 102, No. 2, 2008, pp. 233–248.

[3] Vroom, V. H., *Work and Motivation*, CA: Jossey-Bass, 1964, p. 9–33.

因素。具体而言，在政策与个体之间具有较高利益相关性的时候，较高水平的参与动能可能会加大"由高水平参与认知所形成的期望与现实的差距"引发的落差感，进而抑制其实际的参与行为发生，这也在一定程度上解释了为什么会在实际参与过程中出现行为偏离认知的情况。[①]

综上所述，根据本章研究的结果提出如下三点建议：第一，有序政治参与的推进，不仅要重视参与过程本身的科学性和公平性，同时还要重视参与主体自身基本素养的培育，通过对个体认知结构和实践技能的优化、提升来促进其参与行为的发生。第二，要增强对政策参与进行效果评估的意识，从主客观多个维度科学设计评估体系，并要特别重视参与主体的心理感知状况在其中的作用。第三，针对不同政策类型与个体的利益相关性的差异表现，对社会、经济等领域的政策参与要强化参与的普遍性、公平性和透明性；而对政治、文化和生态等领域的政策参与则应突出参与的多途径化和政策制定征询的科学化。

[①] 魏彤儒、赵冬鸣：《当代大学生政治参与矛盾性的实证分析——以京津冀地区大学生为例》，《学校党建与思想教育》2012年第14期。

第九章　政治认同与国家稳定：青年群体政治参与的作用

一　引言

国家稳定是由政治、政策、经济、文化、社会、国际等多个维度所构建的对理想化国家状态的概括。[①] 国家的稳定，不仅关系着人民群众的切身利益，而且也是社会和谐发展、经济持续增长和改革深化推进的重要前提。从国家稳定的影响因素来看，公民对所属政治共同体的认同是国家长治久安的重要社会心理基础，正所谓"得民心者得天下"(《孟子·离娄上》)，这句话在一定程度上反映了认同与稳定的相互关系。作为社会政治生活领域的中坚力量，青年群体的政治心理与行为对当前及未来的国家发展和政治现代化均具有重要的预测作用。为此，有必要对青年群体政治认同与国家稳定的影响作用机制进行研究，为增强国家稳定提供可供参考的实证研究支持。

作为个体心理状态与行为实践的统一，政治认同不仅反映了认同主体的心理归属，同时也反映着认同主体与客体相互转化的行为实践。[②] 从功能指向来看，政治认同是确认政治合法性与维系国家稳定的重要基础；[③] 而从政治稳定的概念来分析，其本身就是政治发展有序性和政治规范认同性的一种体现。[④] 对于个体而言，如果其对所处组织或群体的认同程度越高，则其越

[①] 彭劲松：《邓小平论国家稳定的全面含义》，《理论学习与探索》1999年第3期。
[②] 方旭光：《政治认同——政治实践的范畴》，《兰州学刊》2006年第9期。
[③] 喻包庆：《论当代中国的政治认同危机及其解决路径》，《广西师范大学学报》(哲学社会科学版) 2012年第3期。
[④] 郑慧：《"政治稳定"概念辨析》，《社会主义研究》2002年第4期。

第九章　政治认同与国家稳定：青年群体政治参与的作用　165

有可能遵守该组织或群体的规则，使整个组织或群体的结构保持稳定。[①] 具体来说，政治认同具有整合社会心理与价值观念的功能，[②] 公民个体对政治系统（政策、体制、意识形态等）所具有的态度与情感，会通过政治认同这样一种形式来予以表现，并对政治体系的稳定及良性发展产生作用。[③] 相反，当公民的政治认同表现水平较低时，也预示着其所属政治体系的秩序将会出现不稳定；[④] 政治认同基础的松动，会进一步扩大公民个体基于利益、制度、价值观念等的分歧，这使其在面对社会矛盾和冲突时更易形成态度极化，影响社会和谐与国家稳定。此外，政治认同的表现水平还受到认同主体所处环境的影响，包括其所在群体的社会地位等因素。[⑤] 青年群体虽然处在自身发展的起步阶段，但也是自身社会地位变化最快的阶段，他们对社会认知的变化必然会导致其政治认同表现的差异，从而对国家稳定产生影响。国内研究者曾指出，青年群体内部对于政治认同的差异扩大乃至两极化，极有可能会对社会与国家的稳定形成威胁。[⑥] 同时，基于政治认同与国家稳定之间所具有的互为因果、互依互存的变量关系，我们提出本章的研究假设 H_1：青年群体的政治认同对国家稳定具有显著的正向影响作用。

　　政治认同与国家稳定的相互关系，往往会受到或通过第三方变量的影响而发生作用。政治认同的主客体在进行互动实践的过程中，通常伴随有信息的交换；该政治现象被称作政治沟通，即政府与公众之间经过信息交流，相互了解对方的立场，使政治系统的运作更为有效。[⑦] 个体的认知态度通常是通过政治沟通对其政治行为产生影响。[⑧] 政治认同能够降低抗争的烈度，而这种低烈度的抗争会促使抗争与被抗争双方通过彼此的政治沟通，对政策、

[①] Raney, T. and Berdahl, L., "Birds of a Feather? Citizenship Norms, Group Identity, and Political Participation in Western Canada", *Canadian Journal of Political Science*, Vol. 42, No. 1, 2009, pp. 187–209.

[②] 詹小美、王仕民：《文化认同视域下的政治认同》，《中国社会科学》2013 年第 9 期。

[③] 沈远新：《论转型期的政治认同危机与危机性认同及对策》，《理论与现代化》2000 年第 3 期。

[④] Kook, R., "The Fact of Pluralism and Israeli National Identity", *Philosophy & Social Criticism*, Vol. 24, No. 6, 1998, pp. 1–24.

[⑤] Weber, C., Johnson, M. and Arceneaux, K., "Genetics, Personality, and Group Identity", *Social Science Quarterly*, Vol. 92, No. 5, 2011, pp. 1314–1337.

[⑥] 楚成亚：《当代中国大学生政治亚文化分析》，《青年研究》2003 年第 2 期。

[⑦] 祝基滢：《政治沟通》，《新闻学研究》（中国台湾）1987 年第 38 期。

[⑧] Sotirovic, M. and Mcleod, J. M., "Values, Communication Behavior, and Political Participation", *Political Communication*, Vol. 18, No. 3, 2001, pp. 273–300.

制度及政治实践过程中出现的不足或问题进行纠正，从而保证国家与社会的稳定。① 相反，如果社会各阶层的政治沟通没有得到制度化的组织安排，个体、群体或阶层则会寻求非制度化的途径进行意见或利益诉求表达，这势必会影响社会和谐与政治稳定。② 从政治认同与政治沟通的关系来看，一方面，较高的政治认同有利于提升公众的政治信任，激发其与政府进行政治诉求表达和信息交流的意愿；另一方面，政治沟通能够促进民众对现实政治制度的支持与拥护，增强其自身的政治认同水平，充分发挥政治文化的整合功能。③ 作为社会稳定的常态表现形式，"和而不同"所显现出的差别往往是现实社会的本来面目，其关键在于如何有效疏解人民内部矛盾，从而维护社会的安全稳定；在此过程中，政治沟通的作用尤为重要。有关政治沟通在政治认同与国家稳定关系中的中介作用，也得到了国内大样本数据研究的证实。据此，我们提出本章的研究假设 H_2：政治沟通在青年群体政治认同与国家稳定的关系中具有中介作用。

在过去的 20 年间，有关青年政治参与问题的研究成为西方学者的关注热点。④ 在政治认同成为理解青年现实状况与行为方式的重要视角的同时，透过青年群体的政治参与选择（合理介入抑或抗争对立），可以预测国家的稳定状况。⑤ 青年大学生在政治和社会领域的参与，是其政治认同转化机制的重要实践形式；⑥ 同时，大学生政治参与的意识与能力，也是其政治认同作用发挥的重要影响和制约因素。⑦ 而青年学生政治参与的机制化以及参与渠道的拓宽，可以帮助其提升对社会政治生活实践的理性认知，进而增强其

---

① 彭正德：《论政治认同的内涵、结构与功能》，《湖南师范大学社会科学学报》2014 年第 5 期。
② 黄俊尧：《政治稳定视野下的社会各阶层政治参与分析》，《云南行政学院学报》2005 年第 6 期。
③ 刘成文、张英魁：《近十年来大陆"政治沟通"研究述论》，《高校社科动态》2008 年第 2 期。
④ Collin, P., "The Internet, Youth Participation Policies, and the Development of Young People's Political Identities in Australia", *Journal of Youth Studies*, Vol. 11, No. 5, 2008, pp. 527–542.
⑤ Bang, H., "Among Everyday Makers and Expert Citizens", In J. Newman (eds.), *Remaking governance: peoples, politics and the public sphere*, Bristol: Policy Press, 2005, pp. 159–178.
⑥ 朱勤文、杜海坤：《试论大学生政治认同的形成机制及教育对策》，《中国高教研究》2014 年第 8 期。
⑦ 元修成、张澍军：《解析大学生政治认同的形成机理》，《东北师范大学学报》（哲学社会科学版）2014 年第 6 期。

政治认同程度。① 也就是说，政治认同的形成与发展有赖于个体的政治参与行为，同时又对其政治参与予以指导。从政治参与和政治沟通的关系来看，政治参与程度越高，政治沟通效果越好。② 国外有研究指出，政治沟通与政治参与行为之间具有显著的相关性。③ 例如，媒体信息传播类型的政治沟通，将有助于个体的政治知识获取，进而提升其政治参与行为；但是，对于个体间意愿表达类型的政治沟通，其与政治参与行为之间的关系则需做进一步分析。基于政治参与、政治沟通和国家稳定的关系分析，本章研究则认为，个体间意愿表达类型的政治沟通，会受到政治参与行为的影响作用。具体而言，个体无序的政治参与有可能会削弱系统的稳定性，例如，非制度化政治参与的扩增以及制度化政治参与的虚置，会增加社会不稳定的存在可能。④ 但有序参与并不一定导致体系稳定，还要同时兼顾参与主体对参与结果的满意程度以及对参与行为有效性的评价水平。⑤ 因此，在考量参与和稳定的关系时，必须将参与的有序和有效同时纳入考虑范围，且使有序和有效保持在一个适度的区间之内。政治沟通作为一种特殊的政治参与形式，其效用有赖于政治参与实践的有序化和适度有效性。由此推断，高水平的政治参与，一方面与政治认同形成实践转化的良好互动，另一方面又保证了政治沟通的实效性，从而增强了国家的稳定运行。为此，我们提出本章的研究假设H_3：政治参与对政治沟通的中介效应具有调节作用。

综上所述，本章研究就青年群体政治认同与国家稳定的关系提出一个有调节的中介效应模型（见图9-1），其目的在于：一是了解青年群体的政治认同如何影响国家稳定（政治沟通的中介作用）；二是上述影响过程在何种条件下表现得更强或更弱（本章研究重点关注政治参与对影响过程前半路径的调节作用）。

---

① 罗章、张俊伟：《分析与对策：当代大中学生政治认同研究——以重庆市学生联合会的专项调查为例》，《西南大学学报》（社会科学版）2009年第6期。
② 许一飞：《政府回应网络民意的政治沟通模型、特征、问题及路径选择》，《行政论坛》2015年第4期。
③ Scheufele, D. A., Nisbet, M. C. and Brossard, D., "Pathways to Political Participation? Religion, Communication Contexts, and Mass Media", International Journal of Public Opinion Research, Vol. 15, No. 3, 2003, pp. 300 – 324.
④ 张胜利、孙良：《农民工政治参与的现状及对社会稳定的挑战》，《中国青年研究》2008年第7期。
⑤ 谭德宇：《维系政治稳定的政治参与机制分析》，《求索》2006年第1期。

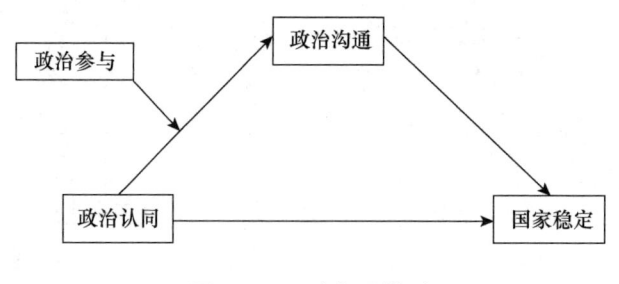

图 9-1 研究假设模型

二 样本情况与研究方法

（一）样本情况

本章研究的被试来自中国社会科学院"中国公民政治文化调查"项目组的调查数据。项目组选择在当地居住一年及以上、年龄在18—45周岁的青年城乡居民进行入户调查，共获得有效数据3233份（见表9-1）。在抽样的10个省（自治区、直辖市）中，都会区585人（18.09%），东部地区688人（21.28%），东北地区342人（10.58%），西部地区981人（30.34%），中部地区637人（19.70%）。其中，男性1511人（46.74%），女性1722人（53.26%），被试的平均年龄32.46岁（标准差为8.07）。

（二）变量测量

1. 政治认同

《中国人政治认同问卷》采用李克特5点计分方式，其中"1—5"选项分别表示"非常不同意"到"非常同意"。问卷包括体制认同、政党认同、文化认同、政策认同、身份认同、发展认同六个维度（各维度的信度系数 α 分别为0.71、0.65、0.64、0.69、0.74、0.72）；每个认同维度包含3道题目，正向计分题目13道，反向计分题目5道，共计18道题目，问卷的整体信度系数 α 为0.78。

2. 国家稳定

《国家稳定调查问卷》共计19道题目（其中反向计分题目12道），包括有政治（3道）、经济（3道）、社会（3道）、文化（4道）、生态（3道）和国际稳定（3道）六个维度。被试通过5点计分量表对描述当前我国国家稳定现状的题目进行选择,"1—5"选项分别表示"非常不同意"到"非常同意"。在本章研究中,问卷的整体 α 信度系数为 0.73,政治、经济、社会、文化、生态、国际稳定六个维度的 α 信度系数分别为 0.71、0.65、0.64、0.68、0.69、0.78。

表 9-1　　调查样本的基本情况（$N = 3233$）

分类		人数（人）	百分比（%）	分类		人数（人）	百分比（%）
都会区	上海	285	8.82	民族	少数民族	301	9.31
	重庆	300	9.28		汉族	2931	90.66
东北地区	吉林	342	10.58		信息缺失	1	0.03
东部地区	广东	352	10.89	户籍类型	城镇户籍	1335	41.29
	福建	336	10.39		农村户籍	1890	58.46
西部地区	新疆	317	9.81		信息缺失	8	0.25
	四川	318	9.84	教育背景	初中及以下	1456	45.04
	青海	346	10.70		高中（含中专）	856	26.48
中部地区	河南	304	9.40		本科（含大专）及以上	919	28.43
	山西	333	10.30		信息缺失	2	0.06

3. 政治参与

《政治参与行为问卷》由政治参与认知和实际参与行为两个维度构成,每个维度由5道题目构成,共计10道题目（反向计分题目6道）,同样采用5点计分方式,"1—5"选项分别表示"非常不同意"到"非常同意"。[①] 其中,政治参与认知和实际参与行为两个维度的 α 信度系数分别为 0.85 和 0.88,问卷的整体信度系数 α 为 0.87。

4. 政治沟通

采用《政治沟通调查问卷》对政治沟通变量进行测量。"政治沟通重要性认知"和"政治沟通现状评价"两个维度各包含3道题目（"重要性认知"和"现状评价"维度的 α 信度系数分别为 0.67 和 0.75）,问卷整体的 α 信度系数为 0.68。在计分方法方面,采用李克特5点计分方式记分,

---

① 史卫民、周庆智、郑建君、田华：《政治认同与危机压力》,中国社会科学出版社 2014 年版,第 165—168 页。

"1—5"选项分别表示"非常不同意"到"非常同意",且所有题目均为正向计分。

(三) 调查程序与数据处理

项目组于 2012 年 8 月开始,历时两个月;同时对收集到的问卷纸本进行"双录双检"操作,并采用 SPSS 21.0 和 Mplus 7.0 进行相关的数据管理与统计分析。具体的数据统计包括三个方面:一是在检验共同方法偏差影响的基础上,运用 SEM 技术对可能存在的几种关系结构进行比较;二是对研究变量进行描述统计分析,并检验研究假设所提出的有调节的中介模型;三是对调节效应的程度及发展形态进行简单斜率检验分析。

三 政治沟通中介作用、政治参与调节作用的检验与分析

(一) 变量结构的验证性因素分析

本章研究对数据的获取,主要是通过问卷调查形式进行的,为避免共同方法偏差对结果的影响,我们在调查过程中采用匿名作答的形式进行控制的同时,还在统计分析过程中采用 Harman 单因子方法对共同方法偏差可能存在的影响及程度进行检验。具体操作为,同时对 53 个题目进行未旋转设置的主成分因子分析,结果显示:抽取到特征根值大于 1 的因子 12 个,第一个因子的变异解释率为 13.67% (>40%),且远低于总变异解释率 (50.17%) 的一半;这表明研究结果受到共同方法偏差变异的影响并不严重,可以进行后续的统计分析。

对政治认同、政治参与、政治沟通和国家稳定 4 个变量进行验证性因素分析,并对可能存在的变量整合模型与基准模型进行比较,以考察上述变量关系的结构效度。其中,基准模型包含 4 个变量,分别为政治认同、政治参与、政治沟通和国家稳定;备选模型 A 包含 3 个变量,除去政治沟通和国家稳定 2 个变量外,将政治认同和政治参与进行合并;备选模型 B 包含有 3 个变量,除去政治认同和国家稳定 2 个变量外,将政治参与和政治沟通进行合并;备选模型 C 包含 3 个变量,除去政治参与和国家稳定 2 个变量外,将政治认同和政治沟通进行合并;备选模型 D 包含 2 个变量,除去国家稳定变量外,将其余 3 个变量进行合并。结果如表 9 - 2 所示,基准模型的 RM

SEA 为 0.062，模型的各项评价指数 CFI、TLI、AIC 和 BIC 分别为 0.87、0.84、92409.31 和 92736.69；其中，基准模型的 AIC 在所有模型中最小，且基准模型与备选模型的 ΔBIC 绝对值大于 10；同时，基准模型与备选模型的 χ^2 值差异显著。最终的模型比较结果表明：在一定程度上，基准模型的拟合度和简洁性均要优于可能存在的四个备选模型，其结构较好地代表研究变量之间的关系。

表 9 - 2　　　　　　　　研究变量结构模型之间的比较

模型结构	χ^2	df	CFI	TLI	AIC	BIC	RMSEA [90% CI]	$\Delta\chi^2$ (Δdf)
基准模型 ZZRT；ZZCY；ZZGT；GJWD	1303.52	98	0.87	0.84	92409.31	92736.69	0.062 [0.059, 0.065]	
模型 A ZZRT + ZZCY；ZZGT；GJWD	1401.31	101	0.86	0.83	92501.10	92810.29	0.064 [0.061, 0.067]	97.79*** (3)
模型 B ZZRT；ZZCY + ZZGT；GJWD	1347.74	101	0.86	0.84	92447.53	92756.72	0.062 [0.059, 0.065]	44.22** (3)
模型 C ZZRT + ZZGT；ZZCY；GJWD	1368.90	101	0.86	0.83	92468.69	92777.88	0.063 [0.060, 0.066]	65.38*** (3)
模型 D ZZRT + ZZCY + ZZGT；GJWD	1406.96	103	0.86	0.83	92502.75	92799.81	0.063 [0.060, 0.066]	103.44*** (5)

注：** 表示 $p < 0.01$，*** 表示 $p < 0.001$；ZZRT 表示政治认同；ZZCY 表示政治参与；ZZGT 表示政治沟通；GJWD 表示国家稳定；$\Delta\chi^2$ 和 Δdf 表示基准模型与备选模型的差异及其显著性。

（二）相关变量的描述统计

从表 9 - 3 所呈现的各变量的均值、标准差及变量相关系数可知，政治认同与政治沟通（$r = 0.43$，$p < 0.01$）、国家稳定（$r = 0.45$，$p < 0.01$）、政治参与（$r = 0.22$，$p < 0.01$）三个变量之间相关显著；政治沟通与国家稳定（$r = 0.34$，$p < 0.01$）、政治参与（$r = 0.26$，$p < 0.01$）两个变量之间相关显著；政治参与与国家稳定之间相关显著（$r = 0.20$，$p < 0.01$）。上述相关性分析结果为检验后续的假设提供了基础。此外，针对人口学变量与研究变量的相关分析发现，除户籍类型变量外，性别、年龄、学历分别与研究变量之间存在显著相关，有必要在研究假设检验过程中对其予以控制。

表9-3　　　　　　　描述统计结果与相关矩阵（$N=3323$）

	性别	年龄	学历	户籍	政治认同	政治沟通	国家稳定	政治参与
性别	1.00							
年龄	0.03	1.00						
学历	0.03	-0.23**	1.00					
户籍	0.00	0.059**	0.51**	1.00				
政治认同	0.02	0.07**	0.00	0.02	1.00			
政治沟通	0.01	0.03	-0.01	-0.01	0.43**	1.00		
国家稳定	-0.01	0.07**	-0.06**	0.00	0.45**	0.34**	1.00	
政治参与	0.04*	-0.02	0.10**	0.01	0.22**	0.26**	0.20**	1.00
M	0.47	32.46	1.83	0.41	3.65	3.75	3.20	3.08
SD	0.50	8.07	0.84	0.49	0.40	0.61	0.44	0.43

注：* 表示 $p<0.05$，** 表示 $p<0.01$；性别（1表示男性，0表示女性）；学历（1表示初中及以下，2表示高中及高职、中专，3表示大专、本科及以上）；户籍（1表示城镇户籍，0表示农村户籍）。

（三）针对"有调节的中介作用模型"的检验

针对本章研究所提出的研究假设模型进行检验，首先将类别变量转化为虚拟变量，同时将各变量的数据进行标准化处理，并依据标准化数据获得预测变量（政治认同）与调节变量（政治参与）的交互项。根据有调节的中介作用检验步骤，通过回归分析建立4个方程（见表9-4）。模型检验中的 VIF 值处在 0.97—2.11（<5.00），说明本章研究所关注的变量的多重共线性问题并不严重。在方程1中，政治认同（$\beta=0.42$，$t=25.96$，$p<0.001$）和政治参与（$\beta=0.11$，$t=6.87$，$p<0.001$）对国家稳定的影响效应显著，而二者的交互项不显著（$\beta=0.01$，$t=0.26$，$p=0.80$），说明在政治认同对国家稳定的直接效应中，政治参与不具有调节作用。在方程2中，政治认同（$\beta=0.39$，$t=23.97$，$p<0.001$）和政治参与（$\beta=0.18$，$t=10.90$，$p<0.001$）对政治沟通的影响效应显著。在方程3中，引入中介变量（$\beta=0.16$，$t=9.22$，$p<0.001$）后，政治认同与政治参与两个变量依然对国家稳定变量具有显著的预测作用，其中政治认同对国家稳定的路径系数有所减小（$\beta=0.36$，$t=20.65$，$p<0.001$），说明中介变量（政治沟通）在政治认同与国家稳定的关系中具有显著的部分中介作用。在方程4中，政治认同与政治参与的交互项对政治沟通的预测作用显著（$\beta=0.06$，$t=364$，$p<0.001$），说明在政治认同通过政治沟通对国家稳定形成影响的机制中，政

治参与对部分中介模型的前半路径具有显著的调节作用。

表9-4　　青年群体政治认同对国家稳定影响的回归分析

		方程1：国家稳定		方程2：政治沟通		方程3：国家稳定		方程4：政治沟通	
		β	t	β	t	β	t	β	t
性别	男	-0.04	-1.24	-0.02	-0.55	-0.03	-1.06	-0.02	-0.58
年龄		0.00	1.37	0.00	-0.17	0.01	1.45	0.00	-0.21
学历	初中及以下	0.16	4.00**	0.09	2.18*	0.14	3.72***	0.09	2.31*
	高中	0.06	1.40	0.10	2.27*	0.05	1.15	0.10	2.27*
预测变量：政治认同		0.42	25.96***	0.39	23.97***	0.36	20.65***	0.39	24.04***
调节变量：政治参与		0.11	6.87***	0.18	10.90***	0.09	5.29***	0.17	10.03***
中介变量：政治沟通						0.16	9.22***		
政治认同×政治参与		0.01	0.26					0.06	3.64***
R^2		0.22		0.21		0.24		0.22	
F		124.81***		142.33***		140.79***		124.37***	

注：* 表示 $p<0.05$，** 表示 $p<0.01$，*** 表示 $p<0.001$。

为了进一步地反映和分析政治参与调节作用的形态趋势，研究还进行了简单斜率检验；同时，在对政治参与变量数据进行高、低分分组（以 $M \pm 1SD$ 为标准）的基础上，绘制了调节作用示意图（见图9-2）。简单斜率检验的结果显示：在政治参与得分较低的情况下，政治认同对政治沟通的影响效应显著（$b_{simple}=0.55$，$\beta=0.28$，$t=13.35$，$p<0.001$），即政治认同水平提高1个标准差，则政治沟通的效果会增加0.28个标准差；在政治参与得分较高的情况下，政治认同对政治沟通的影响效应显著（$b_{simple}=0.60$，$\beta=0.45$，$t=11.22$，$p<0.001$），即政治认同水平提高1个标准差，则政治沟通的效果会增加0.45个标准差。也就是说，政治认同对政治沟通的影响会随着政治参与水平的提升而有所增强。政治认同通过政治沟通对国家稳定产生影响作用的中介效应为（0.39+0.06政治参与）×0.16，同时该中介效应的前半路径受到调节变量政治参与的调节，即政治参与得分提升或降低1

个单位,则中介效应则会表现出 0.06 个单位的相应变化。具体到本章研究,随着政治参与从低分组向高分组变化,在政治认同与国家稳定关系中,政治沟通的中介效应占总效应的效果量会从 17.02% 提升至 18.75%。

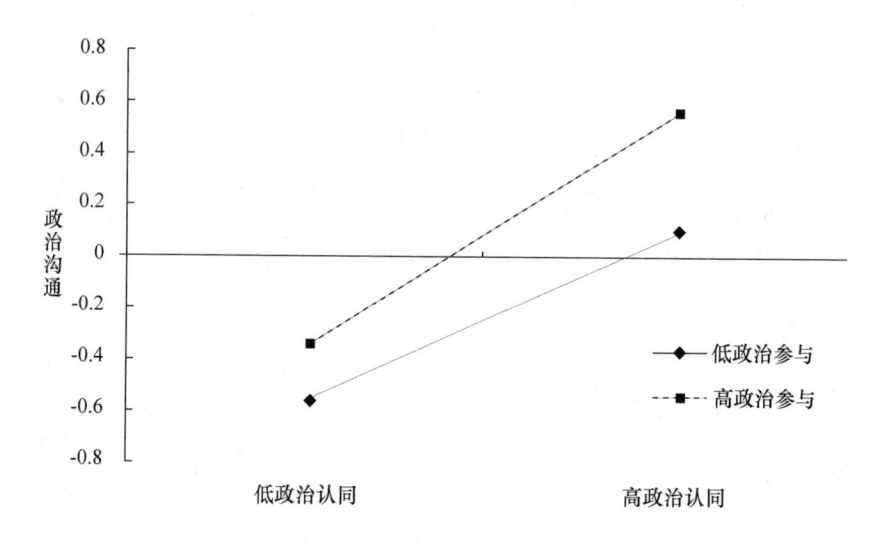

图 9-2 政治参与对中介作用前半路径的调节效应

四 讨论与总结

本章研究所检验的假设模型,响应了有关多变量介入政治认同与国家稳定关系研究的提示,不但再次验证了"政治认同→政治沟通→国家稳定"这一中介路径,同时在考虑政治参与实践效用的基础上,分析了青年群体政治参与对上述中介模型前半路径的调节作用。上述发现有助于回答两个关键问题,即政治认同通过何种机制(怎样起作用)和在何种条件下(何时起作用)影响国家稳定;同时,本章研究结果对拓展未来本领域研究和增强国家稳定,均具有一定的理论和现实意义。

(一)政治沟通与政治参与的作用表现及解析

数据分析结果支持本章研究对预测变量和结果变量关系的假设(H_1 成立)。政治认同作为国家稳定重要的社会心理基础,[1] 对于普通公民凝聚共

---

[1] 方旭光:《政治认同——政治实践的范畴》,《兰州学刊》2006 年第 9 期。

识、化解分歧、主动支持和自觉贯彻相关政策等具有积极的作用与意义。[1] 然而，如何理解政治认同对国家稳定所具有的正向影响作用，可遵循如下分析路径，即从个体对政治系统的认知与态度出发，通过相关的政治行为进而形成对政治体系稳定状态的预判。在检验政治认同与国家稳定直接联系的基础上，本章研究将政治沟通和政治参与两个变量纳入假设，提出并验证了"有调节的中介作用模型"（H_2和H_3成立），以此来探讨政治认同对国家稳定的影响机制。

行为变量的引入有助于解释个体所具有的认知与态度（如政治认同）通过何种因素影响国家稳定。本章研究发现，政治沟通在青年政治认同与国家稳定之间起到了显著的部分中介作用。在此，政治沟通所表现出的"联动器"作用，不仅反映了其与政治认同的关系，也反映了其与国家稳定的关系，回答了青年群体的政治认同"怎样"或"为什么"会对国家稳定起作用。该结果可以从三个方面加以分析：首先，政治认同能够促成政治沟通行为的发生，进而达到对社会政治实践体系动态矫正的目的，以保证政治系统的持续稳定。与此同时，政治沟通能够使青年在参与实践中进一步客观认识事件并充分表达意见，进而推进政治认同的形成，提升国家与社会的稳定。[2] 其次，公民个体与政府之间制度化的有效信息交流，能够避免非正式政治沟通可能引发的社会失序；而非正式的政治沟通也可能对政府的公信力造成损害，进而对国家体系的稳定产生影响。[3] 最后，随着青年政治社会化程度的不断提升，在其政治沟通的过程中，不再以单纯的意见表达为唯一目的，同时也包含利益诉求达成的考量。这也使其政治行为与态度的一致性有所增强，并更趋于理性，从而有效地连接认同与稳定之间的关系。

基于政治沟通效用受到政治参与实践的有序化和适度有效性影响这一判断，本章研究考察了政治沟通的中介效应是否因政治参与水平的变化而有所不同；即在何种水平或条件下，"政治认同→政治沟通→国家稳定"的部分中介效应会更强或更弱。结果表明，政治参与水平对该中介链条的调节作用

---

[1] 王运生：《中国转型时期政治文化对政治稳定的二重作用》，《政治学研究》1998年第2期。
[2] 梁爱强：《社会冲突理论视域下的青年学生政治认同建构》，《中国特色社会主义研究》2014年第5期。
[3] 郝玲玲：《政治沟通与公民参与：转型期中国政府公信力提升的基本途径》，《理论探讨》2012年第5期。

显著。当政治参与的水平较低时，政治认同水平的单位标准差变化，会引起政治沟通 0.28 个标准差的改变；而当政治参与的水平较高时，政治认同水平的单位标准差变化，会引起政治沟通 0.45 个标准差的改变，且中介效应占总效应的比值会比政治参与较低水平时增加 1.73%。对于上述结果解释如下：首先，政治沟通作为一种特殊的参与形式，其效果必然受到参与卷入适度性和参与效果有效性的影响；而随着青年群体社会阅历的不断增加和政治参与水平的不断提升，其政治沟通行为的效用也会有所增强。其次，从民主发展的角度来看，公民个体的政治参与对政治稳定的持续化发展具有重要的推动作用；[1] 这种参与意识和行为的培育，使得公民个体有条件采用更为温和的方式（例如平等沟通）进行个人诉求表达，从而对国家与社会的稳定形成正向影响。最后，基于动态有序的标准进行分析，政府与公民的良性互动是稳定的决定因素，而要想保证这种良性互动，则必须在有效政治参与的基础上形成政治体系与个人的有效信息沟通。[2] 对应信息沟通的即时性特征，不但强调政治参与的有效性，更要求政治参与发生的机制化和制度化，唯有如此，才能真正达成稳定的动态有序目标。

（二）实践启示

通过对"有调节的中介效应模型"的假设与验证，本章研究初步构建了描述青年群体政治认同与国家稳定关系的立体框架。根据实证研究结果，提出以下三点实践启示。第一，作为个体面向政治系统所具有的心理状态与行为实践的统一，政治认同兼具相对稳定性与可塑性双重特征；同时，政治认同还对国家稳定性具有积极的正向影响作用。因此，要重视了解和提升青年政治认同水平的工作，通过系统调查现状、科学分析成因、精巧设计活动、有序推进优化等过程，切实保证青年群体政治认同对国家稳定的促进效应。第二，政治领域的沟通不仅仅是单一化信息的有效交流，更蕴含社会公平、政治信任等深刻意义。当前，我国将推进国家治理体系和治理能力现代化作为全面深化改革的总目标，这意味着要从过去政府单一主导下的管理体系向多元主体共同参与的治理体系转变；同时，这也要求政治系统内的多元主体（政府、社会、市场、公民等）在相互平等、彼此信任的前提下，能

---

[1] 张光辉：《参与式民主：实现可持续政治稳定的现实之道》，《中州学刊》2013 年第 9 期。
[2] 谭德宇：《维系政治稳定的政治参与机制分析》，《求索》2006 年第 1 期。

够有效沟通、互动合作，进而实现国家治理的稳定与发展。第三，公民个体政治参与的关键在于其行为的实效性，要避免政治参与形式化所引发的政治信任下降、非正式沟通或对抗性参与增多等问题，进而实现国家的稳定。青年群体作为社会与国家的重要实践主体，应当积极引导他们在政治领域进行适度、有序的参与，这不仅有助于其通过信息沟通获取对客观实际的正确认知，同时也有助于其顺利实现自身政治认同的实践转化。

第十章 基于女性群体偏好特征的政策参与分析

一 引言

随着社会经济的快速发展和政治体制改革的不断深入，基于市场化、法制化、民主化的不断推进以及社会利益格局的重新划分与调整，我国社会进入了一个全面转型的时期。在此过程中，公民群体在社会政治生活领域的适度参与，对于政府优化行政管理水平、提升公共服务质量就变得尤为重要。[1] 作为现代民主社会构成的核心要素和政治科学重要的研究议题，政治参与是公民通过各种方式参加政治生活，并直接或间接地影响政治体系的构成、运行方式和规则以及公共政策的政治行为。[2] 从参与的类型和领域来看，中国公民的政治参与基本上可以分为选举参与、政策参与、社团参与、自治参与和接触式参与五大类别。[3] 其中，尤以政策参与的影响、规模以及与个体的关系密切程度为重，以至于有研究者认为，中国改革开放以来所有的重大改革措施几乎都是通过公共政策的形式予以推动的。[4] 因此，以政策参与为主要形式，进一步把握和推动我国公民有序政治参与具有重要的理论和现实意义。

---

[1] 史卫民、郑建君、李国强、涂锋：《中国公民政策参与研究——基于2011年全国问卷调查数据》，中国社会科学出版社2013年版，第1—9页。

[2] Verba, S., Schlozman, K. L. and Brady, H. E., *Voice and Equality: Civic Voluntarism in American Politics*, Cambridge: Harvard University Press, 1995, p.38.

[3] 房宁：《政治参与蓝皮书：中国政治参与报告（2011）》，社会科学文献出版社2011年版，第1—62页。

[4] 白钢：《中国公共政策分析2001年卷》，中国社会科学出版社2001年版，第1页。

第十章 基于女性群体偏好特征的政策参与分析

女性政治参与主要是指女性有意识地参与国家和社会事务,其根本目的在于体现女性在政治领域中的群体意志、反映其在政治系统中的权力和利益诉求,[①]同时女性政治参与状况也被认为是衡量社会发展水平的重要指标。[②]随着人类文明进步和现代社会经济的不断发展,女性群体在社会、经济、文化和政治等领域的作用日益凸显,了解和把握女性政治参与的基本状况、特征、影响因素及作用机制,对于提升该群体的政治参与水平与能力具有重要的意义。从20世纪60年代开始,国外女性政治参与研究掀起了新一轮热潮。在此影响下,国内学者也针对该问题进行了大量的理论分析与实证研究。从影响因素来看,教育程度、职业类型、收入状况乃至个人的人格特征、价值取向等因素都是影响女性政治参与的重要变量。[③]从女性群体政治参与的现状来看,国外研究者普遍认为女性在政治参与过程中的水平和能力仍表现较低,虽然性别的影响作用在政治参与表现差异上有所缓解,但女性相对于男性较低的政策参与水平的现状并未得到根本性改变。[④]国内研究也显示,中国女性群体的政治参与总体水平有限,其突出表现在政治参与的自主性和自觉性较低,不参与和消极参与程度较高,[⑤]多数参与行为属于被动性的执行范畴。[⑥]而针对特定人群和特定形式的参与也发现了相似的结果,例如,农村老年妇女的政治参与程度、法律及维权意识和政治知晓度都处在较低的层次;[⑦]相比较而言,在网络政治参与过程中,女性群体的表现和活跃程度仍旧不如男性。[⑧]但是,也有研究者认为,在政治参与的自觉性和自

[①] 于筱莹:《基于社会性别与分层视角下我国女性政治权力参与问题的思考》,《中共青岛市委党校·青岛行政学院学报》2010年第4期。

[②] Nor, W. A. A. W., Gapor, S. A., Bakar, M. Z. A. and Harun, Z., "Sustainable Democratic Governance: Some Issues in Women's Political Participation", *Journal of US-China Public Administration*, Vol. 8, No. 4, 2011, pp. 438 – 443.

[③] Ibid.

[④] Dalton, R. J., "Citizenship Norms and the Expansion of Political Participation", *Political Studies*, Vol. 56, No. 1, 2008, pp. 76 – 98.

[⑤] 张互桂:《当代中国妇女的政治参与研究》,《青海社会科学》2011年第4期。

[⑥] 张凤华:《妇女政治参与的行为分析——以湖北省为例》,《华中师范大学学报》(人文社会科学版)2005年第2期。

[⑦] 王晶、赵莹、刘彦喆:《关于老龄女性化与农村老年妇女生存状况的思考——基于吉林省百村老年妇女生存现状调查》,《东北师范大学学报》(哲学社会科学版)2010年第3期。

[⑧] 陆士桢、王蕾:《青年网络政治参与影响因素研究——基于定量研究的过程分析》,《中国青年政治学院学报》2013年第6期。

主性方面，男性与女性之间并无差异或相似程度很高；① 对于在政治参与过程中所表现出的性别差异，其形成主要来自不同性别群体所掌握的政治参与的资源存量差异，而与其参与的意愿或能力无关。②

那么，如何看待政治参与研究中针对两性差异所形成的不同结论，女性群体在政治参与中的表现究竟如何。我们认为，还应从不同性别个体在政治参与形式与偏好上所存在的本质差异这一角度进行分析。③ 女性社会化过程中所造就的性别规范，使其性格和行为表现更加温婉，这种性别社会化作用使其从一开始便不太可能强力介入政治参与活动，并表现出相应的政治参与态度。④ 在此情况下，不同性别被试在政治参与过程中的表现差异极有可能是由于研究者关注的政治参与形式所造成的。以往针对女性政治参与的研究很少细致分辨具体参与形式，因而很容易在研究结果上得出截然相反的结论。此外，在有关女性群体政治参与影响机制的研究中，多数并未在政治参与质量、效果影响机制中考虑参与主体与参与活动本身存在的关系。例如，社会偏好作为重要变量，对解释公众的投票行为及其他形式的政治参与就具有很好的预测效应。⑤ 因此，将女性群体在政治参与过程中表现出的偏好特征纳入分析框架，对进一步了解和把握女性政治参与基本状况具有重要的意义。

基于上述分析，本章在对中国女性政治参与问题研究的主题聚集和变量设定上有如下设计与考虑。第一，将政策参与作为本章研究分析女性政治参与的关注形式。政策参与是指公民基于对自己作为国家权力拥有者的认识与实践感受，根据对政府行政管理与公共事务相关知识与资讯的掌握情况，通过直接和平等的参与渠道，参与国家的政策系统和政策过程，表达自己的价值观、偏好和各种政策要求，从而影响政策过程的活动。⑥ 这种政治参与形

---

① 郭夏娟:《两性政治参与的同与异——从女性主义角度看浙江农村的村民自治》，《开放时代》2003 年第 4 期。

② Schlozman, K. L., Burns, N. and Verba, S., "Gender and the Pathways to Participation: The Role of Resources", *The Journal of Politics*, Vol. 56, No. 4, 1994, pp. 963 – 990.

③ Burns, N., "Gender in the Aggregate, Gender in the Individual, Gender and Political Action", *Politics & Gender*, Vol. 3, No. 1, 2007, pp. 104 – 124.

④ Coffé, H. and Bolzendahl, C., "Same Game, Different Rules? Gender Differences in Political Participation", *Sex Roles*, Vol. 62, No. 5, 2010, pp. 318 – 333.

⑤ Dawes, C. T., Loewen, P. J. and Fowler, J. H., "Social Preferences and Political Participation", *The Journal of Politics*, Vol. 73, No. 3, 2011, pp. 845 – 856.

⑥ 魏淑艳:《当前西方国家公民政策参与的趋势、特点及对我国的启示》，《东北大学学报》（社会科学版）2003 年第 4 期。

式既与公民日常的个体利益关联密切,[①] 同时也符合女性在政治参与中更倾向那些不需要投入过多资源或相对温和的活动的特点。[②] 第二,将女性群体对政策内容与过程的偏好特征作为分析其参与活动的影响变量。从公共选择的视角看待政策,其过程所反映的就是个体为实现自身利益最大化而进行的群体决策行为。政策过程的行为转化,要受到行为主体对信息注意力的选择牵引,而在有限认知前提下如何配置其注意力,则必须考虑其已有的认知偏好。[③] 而具有不同偏好结构和信念特征的个体,在面对相同问题时会得出不同的决策结果。[④] 基于工作家庭平衡上的原因,女性群体并不能与男性一样,通过更多的工作投入进而在社会中掌控和支配更多的资源,因而其在政治参与的程度和质量上也会受到影响。[⑤] 在这种情况下,女性对政策信息的关注偏好和过程偏好,可能也会反映在其具体的参与行为与态度当中。

综上所述,本章研究以中国成年女性群体为主要关注对象,旨在从个体对政策内容与过程的偏好特征出发,考察女性群体政策参与的行为与态度状况,以期为推进中国女性群体有序政治参与提供实证性研究依据。

二 数据来源、研究设计与方法过程

(一) 被试情况

本章研究将全国分为都会区、东北地区、西部地区、中部地区和东部地区5个区域,根据国家统计局2010年发布的各省、自治区、直辖市2009年的GDP数据,在上述5个区域中,选取经济发展处于中等水平的省份,抽样结果为,都会区:北京市和天津市;东北地区:黑龙江省;东部地区:山东省和河北省;中部地区:湖北省和安徽省;西部地区:广西壮族自治区、

[①] 史卫民:《"政策主导型"的渐进式改革——改革开放以来中国政治发展的因素分析》,中国社会科学出版社2011年版,第652—658页。

[②] Coffé, H. and Bolzendahl, C., "Same Game, Different Rules? Gender Differences in Political Participation", *Sex Roles*, Vol. 62, No. 5, 2010, pp. 318–333.

[③] Kahneman, D., "Maps of Bounded Rationality: Psychology for Behavioral Economics", *The American Economic Review*, Vol. 93, No. 5, 2003, pp. 1449–1475.

[④] 姜涛:《偏好结构、信念特征与个体决策模型——基于行为经济学范式的研究综述》,《中南财经政法大学学报》2013年第2期。

[⑤] Schlozman, K. L., Burns, N. and Verba, S., "'What Happened at Work Today?': A Multistage Model of Gender, Employment, and Political Participation", *The Journal of Politics*, Vol. 61, No. 1, 1999, pp. 29–53.

云南省和贵州省。在市、区、县水平的抽样上仍旧按照选取 GDP 数据的中等水平为标准，而在社区、村一级按照随机方式抽取，在确定了被调查社区、村的边界后，按照等距抽样标准随机选取样本户和备用样本户。为使调查数据具有较好的代表性和较低的趋同性，每户只选取一名年龄在 18 岁以上的女性被试进行问卷调查。

本次调查共获得有效女性被试数据 3152 份，被试的平均年龄为 43.15 岁，标准差为 14.38。其中，汉族 2892 人（91.75%），少数民族 207 人（6.57%），信息缺失 53 人（1.68%）；城镇户口 2173 人（68.94%），农村户口 972 人（30.84%），信息缺失 7 人（0.22%）；在被试的教育水平方面，初中及以下 1433 人（45.46%），高中（含高职高专）974 人（30.90%），本科（含大专）及以上 743 人（23.57%），信息缺失 2 人（0.06%）；在政治面貌方面，中共党员 316 人（10.03%），共青团员 394 人（12.5%），群众及其他 2440 人（77.41%），信息缺失 2 人（0.06%）；从被调查者的所属区域来看，都会区 646 人（20.49%，其中北京 299 人，天津 347 人），东北地区 308 人（9.77%），东部地区 641 人（20.34%，山东 330 人，河北 311 人），西部地区 935 人（29.66%，其中广西 309 人，云南 317 人，贵州 309 人），中部地区 622 人（19.73%，其中湖北 306 人，安徽 316 人）。

（二）变量测量

1. 政策参与行为

实际政策参与的测量由 4 个题目组成，主要测量其在实际生活中是否就政策议题进行参与，题目备选答案以"是"与"否"的形式呈现，以考察被调查者是否参与过相关的活动。参加过相关的活动得 0.5 分，没有则不得分，满分为 2 分。

2. 政策参与态度

政策参与态度问卷由参与满意度、参与意愿和参与效能三个维度构成，共计 10 个题目（反向计分题目 4 个）。其中，参与满意度 4 个题目，参与意愿和参与效能各 3 个题目，问卷采用 Likert 5 点计分从"1—完全不同意"到"5—完全同意"进行评价。在本章中，参与满意度、参与意愿和参与效能三个维度的 α 系数分别为 0.75、0.65 和 0.71；复核检验其结构效度，结果显示：*RMSEA* 为 0.087，结构效度的相关拟合指数 *GFI*、*NFI*、*NNFI*、

IFI、*CFI* 分别为 0.95、0.89、0.85、0.89、0.89。

3. 偏好特征筛分

根据政策参与的内容与过程，本章研究提取了中国女性针对政策参与所表现出的四类偏好特征，即政策依赖偏好、政策获取途径偏好、政策执行服从偏好和政策建议去向偏好。具体的偏好特征筛分结果如下：

第一，政策依赖偏好。史卫民将公共政策划分为两类，即直接依赖型政策（经济建设政策、社会建设政策）和间接依赖型政策（政治建设政策、文化建设政策、生态建设政策）。其中，直接依赖型政策既与国家和社会关系密切，又对公民个人意义重大，公民对此类政策的依赖性往往呈现出"直接依赖"的特征，因为此类政策不仅可以为公民个人发展提供良好的社会环境，也可以使个人直接受益或为个人发展提供必要的支持；而间接依赖型政策对国家和社会具有重要意义，但与公民个人的关联性不是很强，公民对此类政策的依赖性往往呈现出"间接依赖"的特征，因为此类政策对公民个人的发展并不提供直接的支持。[1] 为此，我们在问卷调查过程中，对中国女性群体的政策依赖偏好进行了测量，其中属于直接依赖偏好的被试有2127人（67.48%），属于间接依赖偏好的被试有1024人（32.49%），信息缺失1人（0.03%）。

第二，政策获取途径偏好。从我国的实际情况来看，政策发布途径的多样化为普通民众了解政策信息提供了可选择的渠道多样化可能；而政治参与主体对政策是否了解以及通过何种途径了解，恰恰是达成政策参与目标的关键所在。[2] 据此，我们对中国女性群体在政策参与过程中的政策信息获取途径偏好进行划分，其中通过"广播电视"的被试2074人（65.80%），通过"报纸杂志"的被试218人（6.92%），通过"互联网"的被试292人（9.26%），通过"与他人交流"方式的被试255人（8.09%），通过"单位或组织宣传"方式的被试258人（8.19%），信息缺失55人（1.74%）。

第三，政策执行服从偏好。政策参与的执行情况，需要普通公民具有较强的政策服从性，并在执行过程中予以配合。较高的服从性既可能减轻执行压力，同时也可能有弱化个体参与动机的风险。因此，从政策执行服从偏好

---

[1] 史卫民：《"政策主导型"的渐进式改革——改革开放以来中国政治发展的因素分析》，中国社会科学出版社2011年版，第308—309、652—658页。

[2] 史卫民、郑建君、李国强、涂锋：《中国公民政策参与研究——基于2011年全国问卷调查数据》，中国社会科学出版社2013年版，第1—9页。

的角度来分析个体的政策参与行为与心理，具有较强的预测价值。本章研究对中国女性群体的政策执行服从偏好进行区分，其中高服从偏好被试2258人（71.64%），低服从偏好被试886人（28.11%），信息缺失8人（0.25%）。

第四，政策建议去向偏好。政策参与过程中建议的反馈指向，是实际政策参与过程中问题解决的重要一环和关键步骤，体现了主观和客观两种性质的"距离"，并在一定程度上反映了公民个体对政策制定者的信任和依赖水平。在本章中，我们对中国女性群体在政策参与过程中的建议去向偏好进行划分，其中偏好"中央政府"的被试578人（18.34%），偏好"地方政府"的被试1050人（33.31%），偏好"群团组织"（工会、共青团、妇联等）的被试590人（18.72%），偏好"基层自治组织"（村委会、居委会）的被试930人（29.51%），信息缺失4人（0.13%）。

（三）研究程序

在统一指导语和调查流程的基础上，项目组于2011年派出269名调查员在全国10个省市进行入户问卷调查，同时还派出38名督导对调查进行全程监控。对收集到的问卷纸本进行"双录双检"操作，并采用SPSS 19.0和LISREL 8.70进行相关的数据管理与统计分析。

三 女性群体政策偏好特征下的政治参与差异表现

（一）相关变量的描述统计

首先对相关背景变量、偏好特征变量和因变量进行描述统计分析（见表10-1），结果显示：中国女性群体的实际政策参与行为表现水平偏低（$M=0.19$，$SD=0.41$）；在政策参与态度表现上，政策参与意愿水平最高（$M=3.35$，$SD=0.55$），其次是政策参与效能水平（$M=3.10$，$SD=0.60$），而政策参与满意度的水平最低（$M=2.82$，$SD=0.48$）。此外，相关统计分析的结果显示：在政策参与的行为与态度变量中，除政策参与意愿与四个偏好特征变量之间相关不显著外，其他变量之间均表现出显著的相关；而背景变量中的大多数因素与四个偏好特征变量、政策参与的行为与态度变量都表现出显著的相关关系，在随后的统计分析中将把背景变量作为协变量加以控制。

第十章 基于女性群体偏好特征的政策参与分析　185

表10-1　相关变量的描述统计结果及相关系数矩阵

	1	2	3	4	5	6	7	8	9	10	11	12	13	14
1	1.00													
2	-0.035	1.00												
3	0.015	-0.380**	1.00											
4	-0.025	0.148**	-0.389**	1.00										
5	0.043*	-0.105**	-0.313**	0.090**	1.00									
6	0.011	-0.015	-0.189**	0.082**	0.176**	1.00								
7	-0.039*	0.002	-0.045*	0.008	0.029	-0.004	1.00							
8	0.030	0.000	0.017	-0.010	0.062**	0.040*	-0.037*	1.00						
9	0.018	-0.092**	0.042*	0.003	0.042*	0.077**	-0.012	0.062**	1.00					
10	-0.003	-0.006	-0.015	-0.022	0.032	0.055**	-0.002	0.016	-0.002	1.00				
11	0.043*	-0.114**	0.118**	-0.115**	-0.017	-0.009	-0.059**	0.029	0.033	0.006	1.00			
12	0.000	0.053**	-0.099**	0.049**	0.065**	-0.007	0.005	-0.009	-0.130**	0.021	0.018	1.00		
13	0.012	-0.040*	0.068**	-0.065**	0.007	-0.037*	-0.027	-0.004	-0.020	-0.044**	0.049**	-0.076**	1.00	
14	-0.020	-0.030	0.056**	-0.044*	-0.027	-0.041*	-0.029	0.002	0.030	-0.031	0.098**	0.010	0.276**	1.00
M	NA	43.15	NA	NA	NA	NA	NA	NA	NA	NA	0.19	2.82	3.35	3.10
SD	NA	14.38	NA	NA	NA	NA	NA	NA	NA	NA	0.41	0.48	0.55	0.60

注：Ⅰ．* 表示在0.05水平（双侧）上显著相关，** 表示在0.01水平（双侧）上显著相关。
Ⅱ．1表示民族；2表示年龄；3表示教育背景；4表示政治面貌；5表示户籍；6表示所处区域；7表示政策获取途径偏好；8表示政策依赖偏好；9表示政策执行服从偏好；10表示政策建议去向偏好；11表示实际政策参与；12表示政策参与满意度；13表示政策参与意愿；14表示政策参与效能。
Ⅲ．NA 表示不适用。

(二) 不同政策依赖偏好对政策参与差异的影响

在不同政策依赖偏好特征下,针对中国女性群体的实际政策参与行为与态度进行统计分析,结果见表10-2。将民族、年龄、教育程度、政治面貌、户籍及所处区域等背景变量作为协变量,就政策依赖偏好对政策参与的差异影响进行方差分析,结果表明:中国女性公民中具有间接政策依赖偏好的个体,其实际政策参与行为显著多于那些具有直接政策依赖偏好的个体,$F(1, 3041) = 10.20$,$p < 0.01$;而不同政策依赖偏好特征的被试,在政策参与满意度、意愿和效能三个方面的表现差异不显著,$F_{满意度}(1, 3041) = 0.001$,$F_{意愿}(1, 3041) = 1.57$,$F_{效能}(1, 3041) = 2.39$,$n.s.$。

表10-2　　不同政策依赖偏好的中国女性被试的政策参与表现

政策依赖偏好	实际政策参与		政策参与满意度		政策参与意愿		政策参与效能	
	M	SD	M	SD	M	SD	M	SD
间接政策依赖	0.23	0.45	2.81	0.48	3.37	0.58	3.13	0.61
直接政策依赖	0.17	0.39	2.82	0.48	3.34	0.54	3.09	0.60

(三) 不同政策获取途径偏好对政策参与差异的影响

在不同政策获取途径偏好特征下,针对中国女性群体的实际政策参与行为与态度进行统计分析,结果见表10-3。将民族、年龄、教育程度、政治面貌、户籍及所处区域等背景变量作为协变量,就政策获取途径偏好对政策参与的差异影响进行方差分析,结果表明:不同政策获取途径偏好的中国女性被试,在实际政策参与行为上的表现差异显著,$F(4, 3036) = 5.39$,$p < 0.001$;而在政策参与满意度、意愿和效能上的表现差异不显著,$F_{满意度}(4, 3036) = 0.63$,$F_{意愿}(4, 3036) = 0.38$,$F_{效能}(4, 3036) = 1.83$,$n.s.$。多重比较的结果显示:偏好从互联网途径获取政策信息的中国女性公民,其实际的政策参与行为显著多于那些偏好从"广播电视""与他人交流""单位或组织的宣传"方式获取政策信息的个体;此外,偏好从报纸杂志获取政策信息的女性,其实际的政策参与行为也要显著多于那些偏好从广播电视获取政策信息的被试。

表 10-3　不同政策获取途径偏好的中国女性被试的政策参与表现

政策获取途径偏好	实际政策参与 M	实际政策参与 SD	政策参与满意度 M	政策参与满意度 SD	政策参与意愿 M	政策参与意愿 SD	政策参与效能 M	政策参与效能 SD
广播电视	0.17	0.40	2.82	0.48	3.35	0.56	3.10	0.60
报纸杂志	0.24	0.47	2.84	0.46	3.32	0.47	3.18	0.58
互联网	0.32	0.47	2.76	0.48	3.37	0.56	3.16	0.61
与他人交流	0.16	0.38	2.84	0.48	3.31	0.53	3.02	0.63
单位或组织宣传	0.18	0.41	2.82	0.52	3.37	0.60	3.12	0.59

（四）不同政策执行偏好对政策参与差异的影响

在不同政策执行偏好特征下，针对中国女性群体的实际政策参与行为与态度进行统计分析，结果见表10-4。将民族、年龄、教育程度、政治面貌、户籍及所处区域等背景变量作为协变量，就政策执行偏好对政策参与的差异影响进行方差分析，结果表明：在政策执行过程中，具有高服从偏好的中国女性公民，其政策参与满意度水平显著高于那些具有低服从偏好的个体，$F(1, 3034) = 47.87$，$p < 0.001$；而在政策执行过程中，不同服从偏好特征的被试在实际政策参与行为、政策参与意愿和效能三个方面的表现差异不显著，$F_{参与行为}(1, 3044) = 1.21$，$F_{意愿}(1, 3044) = 2.12$，$F_{效能}(1, 3044) = 2.42$，$n.s.$。

表 10-4　不同政策执行偏好的中国女性被试的政策参与表现

政策执行偏好	实际政策参与 M	实际政策参与 SD	政策参与满意度 M	政策参与满意度 SD	政策参与意愿 M	政策参与意愿 SD	政策参与效能 M	政策参与效能 SD
高服从偏好	0.19	0.42	2.85	0.45	3.36	0.55	3.09	0.62
低服从偏好	0.20	0.39	2.72	0.54	3.33	0.57	3.13	0.56

（五）不同政策建议去向偏好对政策参与差异的影响

在不同政策建议去向偏好特征下，针对中国女性群体的实际政策参与行为与态度进行统计分析，结果见表10-5。将民族、年龄、教育程度、政治面貌、户籍及所处区域等背景变量作为协变量,就政策建议去向偏好对政策参与的差异影响进行方差分析,结果表明:不同政策建议去向偏好的中国女性被试,在政策参与满意度上的表现差异显著,$F(3, 3037) = 8.01$,$p < 0.001$;同时,在政策参与意愿上的表现差异达到显著,$F(3, 3037) = 2.21$,$p < 0.1$;而在实际政策参与和政策参与效能两个方面的表现差异不显著,$F_{参与行为}(3, 3037) = 0.21$,$F_{效能}(3, 3037) = 1.66$,$n.s.$。多重比较的结果显示:偏好向地方政府提出政策建议的被试,其政策参与满意度水平显著高于其他三个偏好组别的个体;同时,偏好向中央政府提出政策建议的被试,其政策参与满意度水平显著低于偏好向基层自治组织提出政策建议的被试。而偏好向中央政府提出政策建议的被试,其政策参与意愿水平在临界水平显著高于偏好向基层自治组织提出政策建议的被试。

表10-5 不同政策建议去向偏好的中国女性被试的政策参与表现

政策建议去向偏好	实际政策参与 M	实际政策参与 SD	政策参与满意度 M	政策参与满意度 SD	政策参与意愿 M	政策参与意愿 SD	政策参与效能 M	政策参与效能 SD
中央政府	0.19	0.43	2.75	0.48	3.39	0.57	3.11	0.61
地方政府	0.18	0.41	2.86	0.46	3.36	0.53	3.14	0.60
群团组织	0.20	0.43	2.79	0.51	3.35	0.56	3.09	0.61
基层自治组织	0.19	0.40	2.82	0.48	3.31	0.56	3.07	0.59

四 讨论与总结

(一) 结果讨论

从本章的数据分析结果来看,传统意义上的背景变量对中国女性政策参与行为与态度依然具有一定程度的影响作用。这一结果与以往研究总结的女性政治参与影响因素具有一致性,[1] 这提示我们一方面在认识和把握女性政治参与状况时要对上述基础变量予以重视和考虑,另一方面在开展相关影响机制研究时有必要对背景变量进行合理控制。在此基础上,本章在分析偏好

---

[1] Nor, W. A. A. W., Gapor, S. A., Bakar, M. Z. A. and Harun, Z., "Sustainable Democratic Governance: Some Issues in Women's Political Participation", *Journal of US - China Public Administration*, Vol. 8, No. 4, 2011, pp. 438–443.

特征对中国女性政策参与的影响机制时，对上述背景变量进行了控制，并获得以下四点发现。

第一，政策质量提升需求成为推动中国女性实际政策参与行为发生的重要影响因素。直接依赖型政策虽然与个体的关联更为密切，但从政府的角度来看，对此类政策的制定、发布和执行的着力点仍旧在于其"可接受性"层面；相反，间接依赖型政策则更注重从全局来考虑和解决问题，其着力点在于"政策的质量"层面。[①] 随着社会地位、经济收入和文化水平的提升，中国女性对政策的关注不再局限于"可接受性"层面，而是慢慢扩展至"政策的质量"层面。同时，这种变化还转化为其政策参与的实际行为，具体表现为偏好间接依赖型政策的女性个体表现出更多的实际参与行为。

第二，从政策信息获取到政策参与行为的发生，新兴媒体的作用表现突出。作为了解和获取政治信息的重要途径，互联网在个体的政治参与过程中产生了积极的影响，并通过其内在效能感的提升，进而影响其"线上"和"线下"的行为发生。[②] 特别是随着互联网技术的不断发展和智能手机的普及，各种信息推送通过移动互联平台使得个体获取政策信息的便捷性大大提高，在客观上促进了其政治参与行为的实施可能。此外，由于广播电视信息发布的瞬息性和较高难度的重复性，使得通过该途径获取政策信息进而参与政策过程的行为远远低于报纸杂志。

第三，良好的政策接受性与执行配合度，对应着女性被试较高程度的政策参与满意度感受水平。公众对政策本身的接受程度，是决定政策执行成功与否的重要基础。[③] 目前国内政策过程的"模糊性"和"不确定性"，使得政府在制定政策时尚不能充分吸收公众的各种建议和信息，而我国的公共政策又比较重视输出性参与，要求公众遵守政府的政策。[④] 对这种输出性参与的公共政策，实际上属于上文所提到的与个体利益关联较为紧密的类型。因此，当此类政策较好地满足了个人化利益的时候，个体势必表现出较高的服

[①] 史卫民、郑建君、李国强、涂锋：《中国公民政策参与研究——基于2011年全国问卷调查数据》，中国社会科学出版社2013年版，第1—9页。

[②] 冯强：《互联网使用、政治效能、日常政治交流与参与意向——一项以大学生为例的定量研究》，《新闻与传播评论》2011年（年刊）。

[③] Vroom, H. V. and Yetton, P. W., *Leadership and Decision-Making*, University of Pittsburgh Press, 1973.

[④] 董光前：《公共政策参与的障碍性因素分析》，《西北师范大学学报》（社会科学版）2010年第3期。

从性,进而能够在政策参与过程中形成较高水平的满意度体验。

第四,中国女性政策建议去向偏好所反映出的"差序"特征,直接体现在其政策参与的满意度和意愿两个方面。不论何种模式的政策参与,都有必要建立相应的政策反馈机制。[①] 在此过程中,普通公众向谁进行建议反馈,实际上表现的是信任谁、依靠谁的问题。在政策建议去向的选择上,由于中央政策的距离性和群团组织的松散性等原因,中国女性被试更多地选择了地方政府和基层自治组织(村、居委会)。地方政府不但在政策制定的相关性上与公民关系更为紧密,同时其对公民个体的政策建议反馈率也相对较高,[②] 因而在政策建议去向上偏好地方政府的公民,其参与满意度最高;相对于中央政府,基层自治组织在一定程度上使公民的参与需求得以满足,从而提升了其参与满意度。但是,基层自治组织的性质(自治组织而非一级行政政府)决定了其权限范围,受"找上级政府"认知的影响,那些偏好于向中央政府进行政策建议的个体,会比偏好于向基层自治组织进行政策建议的个体表现出更高的参与意愿。

(二) 实践启示

根据本章的数据统计结果与分析讨论,我们针对实践提出如下三点建议:首先,从管理者或政策制定者的角度来看,通过公民个体的有效参与来获取更多信息是提高政策质量的重要途径。因此,了解公众对政策信息的偏好,就成为政策决策者提供针对性信息的重要手段。这里需要特别指出的是,针对国内当前政策过程的模糊性特点,要强化政策制定的规范化与科学化意识,从关注政策可接受性向关注政策质量提升转变,进而改善女性群体的政策参与状况。其次,政策信息的易获程度对政策参与行为具有积极的影响,人们利用先进的媒介技术可以轻松获取大量政策内容,保证了政策参与的有序开展。但是,政策参与还需考虑到参与本身权力的公平性问题。中国女性群体互联网使用能力、条件和频率并不相同,特别是农村地区的妇女可能通过互联网获取政策信息并不容易。因此,政策发布途径的多样化和有效性问题就必须予以重视,从而确保更多女性能够获得参与政策过程的平等机

[①] 郑琦:《公共政策参与的模式及原则分析》,《贵阳市委党校学报》2012年第5期。

[②] 史卫民、郑建君、李国强、涂锋:《中国公民政策参与研究——基于2011年全国问卷调查数据》,中国社会科学出版社2013年版,第1—9页。

会。最后，政策参与过程具有系统性的特征，这里蕴含两个关键性的因素或环节，即政治信任与主客体互动。提升公众对政府和组织的信任，是确保政治参与活动顺利进行、社会稳定持续长久的重要心理基础；同时，加强政策制定与接受方之间的互动，既可以保证政策质量，也可以完善和优化政策过程的系统结构。

第十一章　政治参与和公共服务满意度的关系：基于性别的差异比较

一　引言

党的十八届五中全会公报指出，在坚持协调发展的基础上，要积极推动基本公共服务均等化，增加公共服务供给，从解决人民最关心最直接最现实的利益问题入手，提高公共服务共建能力和共享水平。享有基本公共服务是每个公民的基本权利，如何评价公共服务的供给水平，关键还是要看服务受体的满意程度。作为衡量基本公共服务供给质量的重要指标，公共服务满意度特指公民个体对其公共服务预期与实际感受之间差距的认知，强调个体对实际公共服务供给满足其自身需求程度的一种判断，是其在体验公共服务过程中的一种心理反应。① 那么，如何才能提升公民对公共服务的总体评价水平。从社会权力分配与政策形成的影响来看，公民个体的利益表达及其对政府行政过程与决策的影响，恰恰是通过公民的有效政治参与来达成的。② 换言之，没有公众参与的公共服务供给过程，则无法保证满足多元主体所具有的差异化需求。公民政治参与作为现代民主的核心所在，强调公民个体通过各种方式参加政治生活，并直接或间接地影响政治体系的构成、运行方式和规则以及公共政策的政治行为。③ 作为政治参与的重要表现形式，公共服务

---

①　官永彬：《公众参与对民生类公共服务满意度影响的理论分析》，《重庆师范大学学报》（哲学社会科学版）2014年第6期。

②　周庆智：《在政府与社会之间：基层治理诸问题研究》，中国社会科学出版社2015年版，第121—146页。

③　Verba, S., Schlozman, K. L. and Brady, H., *Voice and Equality: Civic Voluntarism in American Politics*, Cambridge, MA: Harvard University Press, 1995, pp. 1–38.

参与为公民影响公共服务政策、提升供给质量提供了介入机会和制度化途径，这也将有助于公民对公共服务评价水平的提升。有研究者指出，根据公共服务供求平衡的过程机制，通过强化公民在公共服务过程中的参与，能够有效满足个体的服务需求、较好地识别其基本需求偏好，从而使个体公共服务基础化和差异化得以兼顾，进而提升公共服务满意度的水平。① 同时，从公共服务创新的角度来看，公民参与下的公共服务，可以保证其公共需求导向，并避免公共服务偏离既定的公共利益目标。② 具体而言，公众参与通过矫正政府财政支出结构偏差、优化公共服务供给决策、提升良性互动下的信任关系三种途径，进而提升个体对民生类公共服务的满意度水平。③ 综上所述，提出本章研究的假设 H_1：公民的政治参与对其公共服务满意度具有显著的正向预测作用。

就政治参与和公共服务满意度的关系而言，研究者普遍认为公众的参与水平对其公共服务满意度具有正向影响。但是，在分析公众参与和公共服务满意度关系时，还应充分考虑到参与行为的效果，即政治参与的有序性或有效性；因为不加限制的无序化参与和不计实效的形式化参与，并不能达成期望的结果，反而会削弱系统的稳定性。④ 为此，我们需要思考如何保证个体参与的功效，进而通过优化公共服务供求机制最终使其满意度得以提升。在参与视角下，公民从传统的"被公共服务"向通过参与公共服务供给决策过程获得更多"我需要的公共服务"转变，这使公民与政府的沟通变得异常重要。因为政治参与机制的有效发挥，恰恰有赖于公民个体基于自身利益、偏好、诉求等所进行的信息沟通予以推进。⑤ 政治沟通是政府与公众之间经过信息交流，相互了解对方的立场，使政治系统的运作更为有效的过程，它体现了政府与公民之间的关系状态。⑥ 同时，政治沟通还具有提升公

---

① 孟习贞：《公众参与促进基本公共服务的有效供给》，《生产力研究》2014 年第 11 期。
② 彭向刚、张杰：《论我国公共服务创新中公民参与的价值及路径》，《吉林大学社会科学学报》2010 年第 4 期。
③ 官永彬：《公众参与对民生类公共服务满意度影响的理论分析》，《重庆师范大学学报》（哲学社会科学版）2014 年第 6 期。
④ 郭秋永：《发展中国家的政治参与：S. Huntington 的参与理论》，《人文及社会科学集刊》（中国台湾）2000 年第 3 期。
⑤ Verba, S., Schlozman, K. L. and Brady, H., *Voice and Equality: Civic Voluntarism in American Politics*, Cambridge, MA: Harvard University Press, 1995, p. 1.
⑥ 祝基滢：《政治沟通》，《新闻学研究》（中国台湾）1987 年第 38 期。

民对政治相关信息获取水平的潜在作用,从而使个体的政治胜任能力和参与效能感获得提升。[1] 此外,以"意见表达"为主要形式的沟通,是公民认同的重要表现途径;普通民众也正是通过这种沟通方式来参与政治活动的,使得政治沟通具有了控制社会矛盾、维护社会稳定、促进社会发展的作用。[2] 而基于公民个体与政府之间的政治沟通,恰恰是提升彼此信任、促进有效参与的重要途径。[3] 高效的沟通,一方面可以使个体有关公共服务需求的意见得以表达;另一方面也会使个体与政府之间的信任关系得以提升,并形成二者的良性互动机制,真正保证其参与目标的达成。反之,低效甚至无效的沟通,不但有可能使公共服务的方向偏离受体的需求目标,更有可能损害个体与政府之间的信任关系,拉大个体对公共服务预期和实际公共服务效果感知的差距,从而降低其对公共服务满意度的评价水平。由此,提出本章研究的假设 H_2:政治沟通在个体政治参与和公共服务满意度之间的关系中具有显著的调节作用。

与此同时,由政治参与、政治沟通和公共服务满意度三个变量所构建的调节作用模型,是否存在性别差异也是一个值得关注的问题。其实,参与行为的性别差异一直都是政治学研究的焦点议题。相关研究主要集中在三个方面:第一,由政治知识持有水平差异所引发的政治参与性别差异。国外研究发现,男性较女性具有更多的政治参与卷入行为。[4] 政治知识的缺乏严重降低了女性参与政治活动的水平,而在具有较高政治知识水平的情况下,女性公民在选举参与等形式的政治活动中参与水平要显著高于男性公民。[5] 鲁晓等的研究也指出,由于女性所拥有的政治知识要显著少于男性,与此对应其

---

[1] Klofstad, C. A., "Exposure to Political Discussion in College is Associated with Higher Rates of Political Participation Over Time", *Political Communication*, Vol. 32, No. 2, 2015, pp. 1 – 18.

[2] 胡元梓:《中国民众何以偏好信访——以冲突解决理论为视角》,《华中师范大学学报》(人文社会科学版) 2011 年第 2 期。

[3] 漆国生:《公共服务中的公众参与能力探析》,《中国行政管理》2010 年第 3 期。

[4] Espinal, R. and Zhao, S. Y., "Gender Gaps in Civic and Political Participation in Latin America", *Latin American Politics and Society*, Vol. 57, No. 1, 2015, pp. 123 – 138; Klofstad, C. A., "Exposure to Political Discussion in College is Associated with Higher Rates of Political Participation Over Time", *Political Communication*, Vol. 32, No. 2, 2015, pp. 1 – 18.

[5] Ondercin, H. L. and Jones-White, D., "Gender Jeopardy: What is the Impact of Gender Differences in Political Knowledge on Political Participation?", *Social Science Quarterly*, Vol. 92, No. 3, 2011, pp. 675 – 694.

政治参与行为的得分也会显著低于男性。① 第二,由政治参与偏好所引发的政治参与性别差异。当政治参与的议题是围绕社会公平、人权等趋善价值时,男性和女性基本上是不存在差异的。但是,当涉及具体的政治参与活动时,女性更愿意或倾向于扮演"跟随者"的角色,而非在参与过程中起到发起、引领甚至领导作用,这也就限制了女性在政治参与中的质量。② 在参与偏好的具体类型上,男性更倾向于参与那些直接接触、集体型的政治活动,而女性则偏好于选举参与或更为"私人化"的政治活动。③ 第三,由心理资源持有水平的不同所引发的政治参与性别差异。从社会化的视角来看,女性的成就动机相对较低,同时在冲突情境下对权威的调节更为依赖,这些特征导致了女性较低水平的政治参与。④ 而农村妇女由于参与意识相对淡薄,在参与过程中也常常处于被动地位。⑤ 此外,普通公民的政治讨论与意见表达是舆论动力学的重要内容,其中性别是对公民政治沟通与意见表达进行预测的重要因素。⑥ 在与政治沟通关联密切的两种政治参与(意见表达与利益表达)过程中,男性的行为发生均显著多于女性。⑦ 据此,提出本章研究的假设 H_3:政治沟通在调节政治参与和公共服务满意度之间的关系时会存在显著的性别差异。

二 研究方法与设计

(一)样本情况

本章研究的数据来自中国社会科学院"政治发展与地方政府治理现代

---

① 鲁晓、张汉:《政治知识和政治参与的性别鸿沟:社会科学研究与社会治理层面的思考》,《妇女研究论丛》2014 年第 4 期。

② Campbell, R., "Leaders, Footsoldiers and Befrienders: The Gendered Nature of Social Capital and Political Participation in Britain", *British Politics*, Vol. 8, No. 1, 2013, pp. 28 – 50.

③ Coffe, H. and Bolzendahl, C., "Same Game, Different Rules? Gender Differences in Political Participation", *Sex Roles*, Vol. 62, No. 5 – 6, 2010, pp. 318 – 333.

④ Tong, J., "The Gender Gap in Political Culture and Participation in China", *Communist and Post-Communist Studies*, Vol. 36, No. 2, 1994, pp. 131 – 150.

⑤ 许丽娜、张晓琼:《社会性别视角下对农村妇女政治参与状况的考察——基于对山东省部分农村的实证调查》,《北京青年政治学院学报》2010 年第 3 期。

⑥ Nir, L. and Mcclurg, S. D., "How Institutions Affect Gender Gaps in Public Opinion Expression", *Public Opinion Quarterly*, Vol. 79, No. 2, 2015, pp. 544 – 567.

⑦ 张云武、杨宇麟:《城市居民的政治参与及其影响因素的实证研究》,《内蒙古大学学报》(哲学社会科学版)2009 年第 4 期。

化研究"项目组有关中国公民政治文化的调查。项目组选择在当地居住一年及以上、年龄在18周岁以上的城乡居民进行调查,共获得有效数据6159份(见表11-1)。在抽样的10个省(自治区、直辖市)中,直辖市1217人(19.76%),东北地区645人(10.47%),东部地区1227人(19.92%),西部地区1860人(30.20%),中部地区1210人(19.65%)。其中,男性3072人(49.88%),女性3087人(50.12%),被试的平均年龄44.76岁(标准差为15.49)。

表11-1　　　　　　　调查样本的基本情况($N=6159$)

	分类	人数(人)	百分比(%)		分类	人数(人)	百分比(%)
直辖市	上海	616	10.00	民族	少数民族	491	7.97
	重庆	601	9.76		汉族	5665	91.98
东北地区	吉林	645	10.47		信息缺失	3	0.05
东部地区	广东	640	10.39	户籍类型	城镇户籍	2649	43.01
	福建	587	9.53		农村户籍	3497	56.78
西部地区	新疆	599	9.73		信息缺失	13	0.21
	四川	618	10.03	教育背景	初中及以下	3403	55.25
	青海	643	10.44		高中(含中专)	1553	25.22
中部地区	河南	598	9.71		本科(含大专)及以上	1199	19.47
	山西	612	9.94		信息缺失	4	0.06

(二) 变量测量

1. 公共服务满意度

采用《公共服务评价问卷》对个体的公共服务满意度进行测量。[①] 该问卷采用李克特5点计分方式,从选项"1"表示"非常不同意"到选项"5"表示"非常同意"。问卷题目以自陈量表形式由被调查者完成,样题列举如下:"与五年前相比,政府的公共服务水平有明显提高"(正向计分);"政府提供的公共服务对我帮助不大"(反向计分)。问卷由10个测量题目构成,为单一维度;其中,正向计分和反向计分题目各5道,问卷的整体信度系数 α 为0.67。

---

① 史卫民、周庆智、郑建君、田华:《政治认同与危机压力》,中国社会科学出版社2014年版,第169—173页。

2. 政治参与

采用史卫民等编制的《政治参与问卷》。① 问卷包含 10 道题目（反向计分题目 6 道），采用 5 点计分方式，"1—5" 选项分别表示"非常不同意"到"非常同意"。问卷题目以自陈量表形式由被调查者完成，样题列举如下："政府为公民的政治参与提供了多种有效的途径"（正向计分）；"我有较强的政治参与愿望，但不知道怎样进行有效的参与"（反向计分）。其中，政治参与认知和实际参与行为两个维度（α 信度系数分别为 0.82 和 0.88）各包含 5 道题目，问卷的整体信度系数 α 为 0.89。

3. 政治沟通

采用《政治沟通调查问卷》对政治沟通变量进行测量。② 构成问卷的"重要性认知"和"现状评价"两个维度的 α 信度系数分别为 0.67 和 0.74，整体的 α 信度系数为 0.66。在计分方法方面，6 道正式题目（每个维度有 3 道题目）均为正向计分，选项 "1—5" 分别表示从"非常不同意"到"非常同意"。问卷题目以自陈量表形式由被调查者完成，样题列举如下："政府与百姓的有效沟通，可以起到化解矛盾的作用。"

（三）调查程序与数据处理

调查工作于 2012 年 8 月开始，历时两个月；同时对收集到的纸本问卷进行"双录双检"操作，并采用 SPSS 21.0 和 Mplus 7.0 进行相关的数据管理与统计分析。具体的数据统计包括三个方面：一是在排除共同方法偏差影响的前提下，对研究变量进行描述统计分析；二是对研究假设所提出的调节作用模型进行检验；三是对调节效应的性别差异及其具体形态进行简单斜率检验分析。在对调节效应的性别差异进行检验时，我们采用了结构方程模型的分组比较方法；该方法不仅能够在潜变量处理及测量误差等方面提升模型检验的稳定性，而且还能够同时针对不同样本群体的因果效应或路径系数进行跨组不变性分析。

---

① 史卫民、周庆智、郑建君、田华：《政治认同与危机压力》，中国社会科学出版社 2014 年版，第 165—168 页。

② 郑建君：《政治沟通在政治认同与国家稳定关系中的作用——基于 6159 名中国被试的中介效应分析》，《政治学研究》2015 年第 1 期。

三 政治参与影响效果的性别差异分析

(一) 相关变量的描述统计及性别差异检验

本章研究的数据,主要是通过被调查者填写自陈式问卷获得的。基于共同方法偏差效应可能对结果形成干扰,我们在被调查者匿名作答问卷的同时,还在数据处理过程中采用 Harman 单因子方法对共同方法偏差效应进行检验。在未进行旋转设置的前提下,采用主成分方法对 26 个题目进行因子分析,结果显示:抽取到特征根值大于 1 的因子 6 个,第一个因子的变异解释率为 18.45%（<40%）,且远低于总变异解释率（49.28%）的一半。这一结果表明,共同方法偏差效应对研究结果的影响并不严重,后续的统计分析具有可操作的基础。

表 11-2　　　　　描述统计结果与相关矩阵（$N = 6159$）

	性别	年龄	学历	户籍	政治参与	政治沟通	公共服务满意度
性别	1.00						
年龄	0.09**	1.00					
学历	0.01	-0.30**	1.00				
户籍	-0.03*	0.08**	0.45**	1.00			
政治参与	0.07**	0.02	0.08**	0.01	1.00		
政治沟通	0.04**	0.08**	-0.03*	0.00	0.28**	1.00	
公共服务满意度	-0.01	0.12**	-0.10**	-0.05**	0.31**	0.42**	1.00
M	0.50	44.76	1.64	0.43	6.18	7.60	6.47
SD	0.50	15.49	0.79	0.50	0.88	1.22	1.08

注:* 表示 $p < 0.05$,** 表示 $p < 0.01$,*** 表示 $p < 0.001$。性别（1 表示男性,0 表示女性）;学历（1 表示初中及以下,2 表示高中及高职、中专,3 表示大专、本科及以上）;户籍（1 表示城镇户籍,0 表示农村户籍）。

从表 11-2 所呈现的各变量的均值、标准差及变量相关矩阵可知,政治参与与政治沟通（$r = 0.28$,$p < 0.01$）、公共服务满意度（$r = 0.31$,$p < 0.01$）两个变量之间的相关显著;政治沟通与公共服务满意度（$r = 0.42$,$p < 0.01$）之间的相关显著。此外,针对人口学变量与研究变量的相关分析

第十一章 政治参与和公共服务满意度的关系：基于性别的差异比较　199

发现，性别、年龄、学历和户籍类型分别与研究变量之间存在显著相关，在研究假设检验过程中有必要对上述四个人口学变量予以控制。

在相关分析基础上，对政治参与、政治沟通和公共服务满意度在性别变量上的差异性进行检验，结果发现：在公共服务满意度上，虽然男性公民（6.45±1.09）的得分略低于女性（6.48±1.06）公民，但二者的差异并不存在显著性，$t=-1.07$，$p=0.29$。然而在政治参与和政治沟通两个变量上，不同性别之间均存在显著的差异。具体来看，男性公民（6.24±0.89）的政治参与得分显著高于女性公民（6.12±0.86），$t=5.13$，$p<0.001$；同样，男性公民（7.64±1.23）的政治沟通得分也显著高于女性公民（7.55±1.20），$t=2.95$，$p<0.01$。从上述差异性检验可知，尽管结果变量不存在性别的显著差异，但相关预测变量所表现出的显著性别差异，为进一步对其影响机制的性别检验提供了确认性。

（二）政治参与和公共服务满意度的关系：以政治沟通为调节变量

针对本章的研究假设及模型进行检验，首先将类别变量转化为虚拟变量，同时将各变量的数据进行标准化处理，并依据标准化数据获得预测变量（政治参与）与调节变量（政治沟通）的交互项。模型检验中发现，VIF 值处在 1.01—2.47（<5）、Tolerance 在 0.41—0.99（>0.1），说明本章研究所关注的变量的多重共线性问题并不严重。将性别、年龄、学历和户籍类型作为控制变量加以处理，从对模型 1 到模型 3 的分析可知（结果见表 11-3）：性别、年龄和学历等因素对个体公共服务满意度的评价得分具有显著的影响；同时，政治参与（$\beta=0.21$，$t=17.65$，$p<0.001$）和政治沟通（$\beta=0.35$，$t=29.74$，$p<0.001$）对公共服务满意度影响的主效应显著，且二者的交互项影响显著（$\beta=0.04$，$t=3.30$，$p<0.001$），说明在政治参与对公共服务满意度的正向预测关系中，政治沟通具有显著的调节作用。

表 11-3　政治参与、政治沟通对公共服务满意度影响的回归分析

| | | 结果变量：公共服务满意度 ||||||
| | | 模型 1 || 模型 2 || 模型 3 ||
		β	t	β	t	β	t
性别	男	-0.05	-1.96	-0.10	-4.29***	-0.10	-4.27***
年龄		0.01	7.62***	0.00	5.58***	0.00	5.51***

续表

| | | 结果变量：公共服务满意度 ||||||
| | | 模型 1 || 模型 2 || 模型 3 ||
		β	t	β	t	β	t
学历	初中及以下	0.12	3.08***	0.17	4.66***	0.17	4.69***
	高中（含中专）	0.07	1.77	0.05	1.44	0.05	1.43
户籍	城镇户口	-0.07	-2.37*	-0.05	-1.93	-0.05	-1.86
预测变量：政治参与				0.22	18.56***	0.21	17.65***
调节变量：政治沟通				0.35	29.82***	0.35	29.74***
交互项：政治参与×政治沟通						0.04	3.30***
R^2		0.02***		0.23***		0.23**	
Adjusted R^2		0.02***		0.23***		0.23**	
ΔR^2		0.018		0.213		0.001	
F		28.21***		302.94***		261.65***	

注：* 表示 $p<0.05$，** 表示 $p<0.01$，*** 表示 $p<0.001$。

（三）政治沟通调节作用的性别差异检验

采用结构方程模型中分组比较的方法，检验研究假设模型中可能存在的性别差异。首先，对影响公共服务满意度主效应的性别差异进行检验。以性别进行分组后，对模型中相应的路径参数进行比较后发现，政治参与、政治沟通（参数约束的 Wald 检验值分别为 0.02、0.82，$ps>0.05$）对公共服务满意度影响的主效应不存在显著的性别差异。其次，考察政治沟通在政治参与和公共服务满意度关系中的调节作用的性别差异。同样采用分组比较的方法，检验男、女组中调节作用路径系数是否存在显著差异，具体结果显示：政治沟通的调节作用存在显著的性别差异，其参数约束的 Wald 检验值为 3.70（$p<0.05$）。在上述检验基础上，分别针对男性样本和女性样本进行调节作用的统计分析，结果显示：在男性样本的模型中，政治沟通对政治参与影响公共服务满意度的作用路径具有显著的调节作用（$\beta=0.05$，$t=3.56$，$p<0.001$）；而在女性样本的模型中，政治沟通对政治参与影响公共服务满意度的作用路径的调节作用并不显著（$\beta=0.02$，$t=0.94$，$p=0.35$）。

运用简单斜率检验进一步分析男女被试群体中政治沟通调节作用的发挥趋势。以平均数加减一个标准差为依据，对政治沟通进行高低分组的划分，并据此绘制图 11-1。针对男性被试进行简单斜率检验的结果显示：在政治沟通低分组中，政治参与水平对其公共服务满意度的高低影响效应显著（$b_{simple} = 0.55$，$t = 5.70$，$p < 0.001$）；同样，在政治沟通高分组中，政治参与水平对其公共服务满意度的高低影响效应显著（$b_{simple} = 0.68$，$t = 5.13$，$p < 0.001$）。对于男性被试而言，政治沟通水平的提高可以显著提升政治参与对公共服务满意度的正向影响作用；而对于女性被试，其政治沟通水平的变化对政治参与正向影响公共服务满意度并无明显的调节效应。

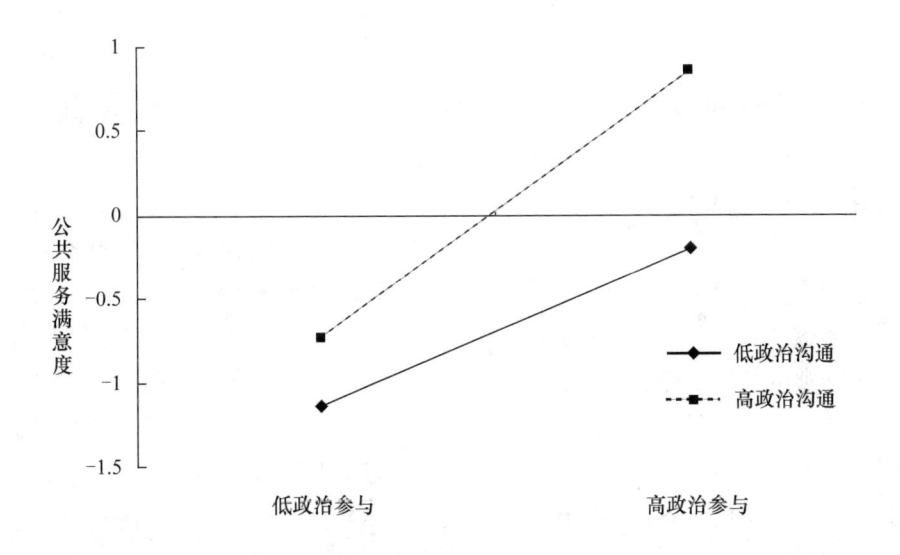

图 11-1　男性被试政治沟通对政治参与和公共服务满意度关系的调节效应

四　讨论与总结

本章的研究发现，公民个体的政治参与以及政治沟通状况分别与其对公共服务的满意程度具有显著的正相关；同时，在有效控制性别、年龄、学历和户籍类型等因素后，政治参与变量对居民公共服务满意度的回归预测依然表现出显著的正向影响，说明政治参与是居民公共服务满意度的有效预测变量。此实证分析结果与已有的理论研究结论保持一致,① 即通过针对公共服务的公共参与行为,可以使个体对于基本公共服务的诉求更有效地进行表达,一方面可以有效地影响公共服务供给的决策过程及结果,避免实际供给目标偏离;另一方面可以提升个体与政府、市场、社会组织之间的相互信任、融通,形成基本公共服务多元提供主体的互动与合作机制,也唯有如此,才能使公民个体对公共服务的过程及结果形成较为满意的认知评价。

然而,已有研究对公民参与和其公共服务满意度的机制分析,却忽视了参与效果因素的影响,也就是说,公民个体的政治参与行为,并不一定必然会显著提升公共服务满意度的水平,二者的影响关系需要考虑公民参与的实际效果。从参与公共服务的能力来看,基于政府与公民为主体的政治沟通,恰恰是促进公众参与公共服务过程的有效途径。② 同时,政治沟通所依赖的信息平台类型,也会对政治参与者的心理动机产生影响。③ 基于以上思考所进行的假设检验,有力地验证了政治沟通在公民有效政治参与对其公共服务满意度影响过程中所具有的调节效应,即政治沟通增强了公民个体政治参与对其公共服务满意度的正向影响作用。针对该结果,我们可以从三个方面进行分析:第一,在中国的现实情境下,公民个体对社会政治生活的参与实践,仍旧是通过沟通这一形式进行的。④ 因此,沟通效果的优劣,势必会影响个体政治参与对其公共服务满意度水平作用发挥的程度。第二,公民个体通过利益诉求的合理表达,保证了其为优化公共服务供给机制所开展的参与目标达成,缩小了公共服务预期与实际的差距,从而对整体公共服务满意水平的提升产生影响。第三,有效沟通机制的建立与实施,不仅保证了信息的公开透明,而且保证了个体在参与公共服务供给体系运行过程中的程序公平权利,对提升其满意度必然具有积极的意义。

---

① 官永彬:《公众参与对民生类公共服务满意度影响的理论分析》,《重庆师范大学学报》(哲学社会科学版) 2014 年第 6 期; Verba, S., Schlozman, K. L. and Brady, H., *Voice and Equality: Civic Voluntarism in American Politics*, Cambridge, MA: Harvard University Press, 1995, pp. 1 – 38; 孟习贞:《公众参与促进基本公共服务的有效供给》,《生产力研究》2014 年第 11 期。
② 漆国生:《公共服务中的公众参与能力探析》,《中国行政管理》2010 年第 3 期。
③ Alberici, A. I. and Milesi, P., "The Influence of the Internet on the Psychosocial Predictors of Collective Action", *Journal of Community & Applied Social Psychology*, Vol. 23, No. 5, 2013, pp. 373 – 388.
④ 胡元梓:《中国民众何以偏好信访——以冲突解决理论为视角》,《华中师范大学学报》(人文社会科学版) 2011 年第 2 期。

值得注意的是，本章研究还发现：政治沟通对公民个体政治参与和公共服务满意度之间关系的调节作用存在明显的性别差异。具体来看，政治沟通和政治参与单独对公民公共服务满意度产生影响时均不存在显著的性别差异，但是二者的交互效应对公共服务满意度产生影响时却存在显著的性别差异。这说明，对于男性公民而言，良好的政治沟通能够显著增强政治参与对其公共服务满意度的正向影响；而对于女性公民而言，良好的政治沟通并未能够显著增强政治参与对其公共服务满意度的正向影响。从不同性别个体的参与偏好来看，男性更倾向于参与那些外向型、公开化的政治活动，而女性则偏好于更为"私人化"的政治活动[1]，这使得男性的政治参与对有效沟通更为依赖；特别是在正式的政治活动中，女性公民的政治参与活跃度要显著低于男性公民。[2] 同时，男性在政治参与过程中的角色扮演更倾向于"领导者"定位，这也使其在政治参与活动中表现出更多的政治沟通行为（意见表达和利益表达）。[3] 由此可知，政治参与类型及参与过程角色偏好，导致了个体对政治沟通依赖程度的差异，进而使得政治沟通在政治参与对其公共服务满意度的正向影响的调节效应出现性别差异。此外，从平等角度来讲，由于男性在社会政治活动领域投入的精力远大于女性，同时也比女性具备更多和更高水平的政治资源优势（例如，行使和运用公民权利的技能等），这也造成了政治参与中明显的性别差异；[4] 在此基础上，由于资源占有的差异引发了男女公民群体政治信息获取和参与效能的不同，[5] 这势必使其沟通的效果有所不同，并最终导致了政治沟通调节作用的性别差异。

依据本章研究的结果，我们对推进当前普通公民政治参与和提升公共服务满意度水平，总结出以下三点实践启示。第一，基本公共服务供给机制的优化，要重视普通公民的参与作用。目前，我国城乡居民基本公共服务仍处

---

[1] Coffe, H. and Bolzendahl, C., "Same Game, Different Rules? Gender Differences in Political Participation", *Sex Roles*, Vol. 62, No. 5 - 6, 2010, pp. 318 - 333.

[2] Lee, E., "Gender and Political Participation in Hong Kong", *Asian Journal of Women's Studies*, Vol. 6, No. 3, 2000, pp. 93 - 114.

[3] 郑建君：《政治沟通在政治认同与国家稳定关系中的作用——基于6159名中国被试的中介效应分析》，《政治学研究》2015年第1期。

[4] Adman, P., "Investigating Political Equality: The Example of Gender and Political Participation in Sweden", *Acta Politica*, Vol. 46, No. 4, 2011, pp. 380 - 399.

[5] Coffe, H. and Bolzendahl, C., "Gender Gaps in Political Participation Across Sub-Saharan African Nations", *Social Indicators Research*, Vol. 102, No. 2, 2011, pp. 245 - 264.

于起步阶段,"增量、提质、协调、均衡"的发展任务依然艰巨,这需要构建多元主体参与的供给体系,改变过去"政府主导"的单一供给机制,逐步形成"百姓点菜、政府买单、多元参与"的格局,使普通公民真正享受到优质的公共服务产品。第二,通过加强沟通协商,切实提升参与实效和公共服务满意度水平。有效参与是基于有序参与的达成而获得的,这必须要求公共服务的多元主体之间形成和谐、顺畅的互动合作机制。为此,需要特别重视公民个体与包括政府在内的其他主体所进行沟通的效果,使多方主体之间的信息输送与理解反馈高效而精确。第三,采取形式多样的政治参与活动类型,保证不同性别群体的政治参与及政治沟通效果。生物、社会、文化和心理等因素,使得个体的政治参与和沟通具有相对稳定的性别偏好。为了保证不同性别群体平等参与公共服务的决策及供给活动,就需要为其提供可供选择并能发挥实际参与效果的活动类型,确保参与过程公平,而非仅有形式公平却无实效的参与活动。

基于全国 10 省份所开展的大样本调查分析,虽然就相关预测变量对公共服务满意度影响机制及其性别差异获得了有意义的研究发现,但就研究本身而言仍存在一些需要改进的地方。一是本章研究对核心变量的数据获取在时间上是同时性的,且均为被调查者主观作答,虽然共同方法偏差检验并未发现显著的干扰,但如能在今后的研究中通过不同时段对被试进行分批次数据采集,则会有效增强研究因果关系检验的确认性。二是对预测变量与公共服务满意度的关系分析,仍存在一些本章研究未考虑而可能存在较大影响的第三方变量,这需要在今后研究中予以重视,从而充分挖掘影响机制过程中的复杂模型(诸如有调节的中介作用机制、链式或并行多重中介效应等)。三是在研究设计的层次上,本章的研究尚未考虑到不同省份或地区社会经济发展水平差异对因变量的作用,未来可从个体与区域层面同时对因变量的预测效应展开研究。

第十二章　公共服务满意度的影响机制（一）：基于政治参与的链式多重中介效应检验

一　引言

作为深化行政体制改革的核心内容，转变政府职能工作的重点是厘清政府、市场与社会三者的关系，实现由管理型政府向服务型政府的转变，这对于推进基层社会治理现代化具有重要的现实意义。随着社会经济发展实践的不断变化，政府职能不仅要与社会经济发展的需要予以对应，同时还要与现代社会治理体系相适应，否则将无法起到推动社会经济进步的作用。[①] 而从优化基本公共服务的角度来看，加强公共服务产品供给体系建设、推进基本公共服务均等化，恰恰反映了政府职能转变的目标所在。为达成这一目标，必须创新公共服务提供机制、提高政府公共服务能力和水平，通过加强政府的公共服务职能来促进经济社会的协调发展。[②] 通过简政放权、依法行政、完善公共服务职能，使公共服务供给有效满足个体需求、公共服务质量与效率得以不断提升，这也是我国现阶段政府职能转变要求的具体体现。[③] 而作为公共服务的直接消费者和受益者，公民个体对公共服务的质量具有最为直观的感受。因此，在对公共服务进行评价时，应将公共服务满意度作为评价

[①] 梁波：《政府职能转变与基本公共服务体系的构建》，《探索》2013年第3期。

[②] 魏珂、林莉：《地方政府职能转变与公共服务能力提升》，《时代经贸》（下旬刊）2008年第1期。

[③] 杨志荣：《政府职能转变新趋势下我国公共服务市场化路径探析》，《现代管理科学》2015年第12期。

依据予以重视。① 通过转变政府职能,强化服务型政府构建,提升社会与市场主体在公共服务供给过程中的活力,② 减少由政府强力介入所引发的公共服务供给"缺位""错位"现象的发生,③ 使公共服务产品供给与公民个体的实际需求有效匹配,进而对其公共服务满意度的感受体验有所提升。综上所述,我们提出本章研究的假设 H_1:政府职能转变与公民公共服务满意度水平之间具有显著正相关。

在政府职能的转变过程中,信息不对称成为影响转变政府职能效果的重要因素,也成为影响公共服务供给过程与质量的重要因素。④ 在政府原有的单中心治理模式下,公民是公共服务被动的接受者,政府的治理行为更多是以管理的方式予以实施,是在接受方不知情的条件下单向推进的。但是,在简政放权、依法行政的背景下,政府职能转变与法治社会建设相匹配,⑤ 同时政府与公民、社会和市场的关系表现出更多的平等性、互依性,从而使政府信息与行政过程更具透明性。政府透明度的增强,反映了公民知情权水平的提升,其中蕴含两个方面的意思,即社会公平与监督空间。具体而言,随着政府透明度的不断增加,公共服务供受双方之间的平等关系得以逐步确认,信息获取公平实际上体现了公共服务供给过程的程序公平,这将极大增强公民个体对公共服务供给能力与结果的认受度。同时,政府透明度的增强,有力地实现了公民个体对政府权力及公共服务供给承接主体的监督,⑥ 使公共服务供给的过程绩效与结果绩效得以优化、提升;相反,如果公共服务的政策、运行缺乏透明与公平,则会使公民个体的公共服务体验表现为不满意。⑦ 而国外的相关研究也发现,政府透明度对政府部门的绩效及公共服

---

① 杨成、刘潇潇:《论政府购买公共服务中的公众参与》,《行政与法》2016 年第 10 期。
② 杨炼:《社会组织参与公共服务供给的现实情境》,《重庆社会科学》2016 年第 3 期。
③ 吴理财:《服务型政府构建与民众参与——以乡镇职能转变为例》,《学习月刊》2008 年第 7 期。
④ 徐勇:《公共服务购买中政府职能转变的困境与出路》,《中共天津市委党校学报》2015 年第 4 期。
⑤ 李月:《从成都曹家巷"模拟搬迁"运行过程看政府职能转变——基于公民参与社会治理的视角》,《重庆行政》(公共论坛)2014 年第 4 期。
⑥ 杨成、刘潇潇:《论政府购买公共服务中的公众参与》,《行政与法》2016 年第 10 期;官永彬:《公众参与对民生类公共服务满意度影响的理论分析》,《重庆师范大学学报》(哲学社会科学版)2014 年第 6 期。
⑦ 徐金燕、陆自荣、蒋利平:《居民志愿服务参与意愿与社区公共服务居民满意度:内在影响之实证解析》,《中共成都市委党校学报》2012 年第 6 期。

务满意度均表现出显著的预测作用。[1] 综上所述,我们提出本章研究的假设H_2:在政府职能转变与公民公共服务满意度的关系中,政府透明度具有显著的中介作用。

政府职能转变的落脚点和重点,在于对现代公共服务体系的建构与完善,而多元主体参与公共服务的决策与供给过程,恰恰是转变政府职能、完善公共服务供给质量的重要途径。[2] 政府在简政放权、依法行政的过程中,也需要通过公民参与的形式来优化公共服务决策质量、提升政府对公共服务的监控能力和效率。[3] 同时,通过转变政府职能来改变单纯依靠行政力量提供公共服务的状况,引导多主体参与公共服务,可以使服务供需平衡动态性对服务受众满意度的影响得以有效控制。[4] 而在公民参与对公共服务满意度的影响方面,二者也呈现出了显著的正向相关。一方面,在参与公共服务的过程中,供受双方的有效沟通,有利于提高公共服务效率与质量,[5] 个体的参与意愿越强,越有可能获得较高水平的公共服务满意度体验;[6] 另一方面,公民参与公共服务的决策制定与供给过程,更有利于对公共服务进行监督与评估,通过适时和动态的供给调整从而提升其公共服务满意度水平。[7] 具体来说,公民参与有利于矫正地方政府的财政支出结构偏向、优化公共服务决策、提高公共服务供给效率,进而提升居民的公共服务满意度;[8] 同时,由于公共服务与公民个体具有较为密切的利益关联,当公共服务出现利益冲突矛盾时,公民参与对于化解潜在危机、顺利推进公共服务供给都具有

---

[1] Porumbescu, G., "Does Transparency Improve Citizens' Perceptions of Government Performance? Evidence from Seoul, South Korea", *Administration & Society*, Vol. 49, No. 3, 2015, pp. 443-468.

[2] 杨志荣:《政府职能转变新趋势下我国公共服务市场化路径探析》,《现代管理科学》2015年第12期。

[3] 刘双良、刘丁蓉:《公共服务社会化:推进政府职能转变的新有效进路》,《湖北社会科学》2006年第5期。

[4] 景朝亮、毛寿龙:《从政府职能转变的视角反思社区基本公共服务》,《天津行政学院学报》2015年第1期。

[5] 张廷君:《城市公共服务政务平台公众参与行为及效果——基于福州市便民呼叫中心案例的研究》,《公共管理学报》2015年第2期。

[6] 徐金燕、陆自荣、蒋利平:《居民志愿服务参与意愿与社区公共服务居民满意度:内在影响之实证解析》,《中共成都市委党校学报》2012年第6期。

[7] 郑建君:《推动公民参与基层治理:公共服务提升与社会秩序维护——基于苏州市相城区的调研分析》,《甘肃社会科学》2017年第2期。

[8] 官永彬:《公众参与对民生类公共服务满意度影响的理论分析》,《重庆师范大学学报》(哲学社会科学版)2014年第6期。

积极的作用和效果。① 综上所述，我们提出本章研究的假设 H_3：在政府职能转变与公民公共服务满意度的关系中，公民参与具有显著的中介作用。

在政府职能的转变背景下，提高公共服务透明度、扩大公民参与，是提高地方政府公共服务质量和效能、完善公共服务机制的重要途径。② 公民参与体现了个体在政治、社会领域中与多主体的"对话"，而这种对话的效果则取决于包括信息可及性在内的政府透明度。③ 从个体角度来看，公民的广泛参与既是政府透明度的重要表现，也是政府行政实现公开、透明的重要路径。④ 普通公民的参与行为被视作治理和政策制定最重要的构成要素，而政府透明度则是公民参与的中心原则。⑤ 虽然不能确认政府透明度与公民参与之间存在明确的因果关系，但已有研究显示二者之间存在显著的相关。⑥ 政府透明度对激发、培育公民参与具有积极的促进作用；⑦ 同时，政府透明度的提升也能够显著地增强个体的外部政治效能感，⑧ 这使得个体对外部环境的认知更有利于其主动地实施参与行为。实践证明，当地方政府支持公民参与公共服务，并采取相应的措施（例如，主动公开有关公共服务信息），则当地的公民参与就会呈现出较好的互动状态。⑨ 特别是，随着政府与公民之间的互动以及公共服务决策透明度的不断增强，公民的满意度也会表现出显著的提升。⑩ 综上所述，我们提出本章研究的假设 H_4：在政府职能转变与公民公共服务满意度的关系中，政府透明度和公民参与呈现出明显的链式多重

---

① 汪锦军：《公共服务中的公民参与模式分析》，《政治学研究》2011 年第 4 期。
② 薄贵利：《完善公共服务：地方政府职能转变的核心和重点》，《新视野》2004 年第 5 期。
③ Guillamón, M., Bastida, F. and Benito, B., "The Determinants of Local Government's Financial Transparency", *Local Government Studies*, Vol. 37, No. 4, 2011, pp. 391 – 406.
④ 陈志明：《市场经济背景下的政府透明理论研究》，《生产力研究》2007 年第 18 期。
⑤ Mcgregor, S., "Government Transparency: The Citizen Perspective and Experience with Food and Health Products Policy", *International Journal of Consumer Studies*, Vol. 27, No. 2, 2003, pp. 168 – 175.
⑥ Welch, E. W., "The Relationship between Transparent and Participative Government: A Study of Local Governments in the United States", *International Review of Administrative Sciences: An International Journal of Comparative Public Administration*, Vol. 78, No. 1, 2012, pp. 93 – 115.
⑦ Halachmi, A. and Greiling, D., "Transparency, E-Government, and Accountability: Some Issues and Considerations", *Public Performance & Management Review*, Vol. 36, No. 4, 2013, pp. 562 – 584.
⑧ Cicatiello, L., Simone, E. D. and Gaeta, G. L., "Cross-Country Heterogeneity in Government Transparency and Citizens Political Efficacy: A Multilevel Empirical Analysis", *Administration & Society*, Vol. No. 2, 2016, pp. 1 – 29.
⑨ 孙晓莉：《公共服务中的公民参与》，《中国人民大学学报》2009 年第 4 期。
⑩ 汪来杰：《公共服务中的公民参与问题分析》，《河南师范大学学报》（哲学社会科学版）2008 年第 5 期。

中介效应。

二 数据获取、变量测量与调查设计

(一) 被试情况

本章研究所使用数据,来自2017年在江苏省苏州市下辖城区的9个行政村、社区进行的实地调研和问卷调查。其中,问卷发放采用入户调查的形式,每户仅限1名被试参与调查,共发放问卷450份,有效问卷439份(有效率为97.56%)。在439份有效数据中,被试的年龄在18—75岁(平均年龄37.65岁。标准差12.72)。具体来看,男性260人(59.23%),女性179人(40.77%);汉族424人(96.58%),少数民族15人(3.42%);在教育水平方面,初中及以下101人(23.01%),高中(含高职高专)114人(25.97%),大学(含大专)及以上224人(51.03%);在政治面貌方面,中共党员121人(27.56%),共青团员80人(18.22%),群众及其他231人(52.62%),信息缺失7人(1.59%);在月均收入水平上,1500元及以下33人(7.52%),1501—3000元161人(36.67%),3001—5000元159人(36.22%),5000元以上81人(18.45%),信息缺失5人(1.14%)。

(二) 变量测量

1. 政府职能转变

采用陈天祥和何红烨研究使用的问卷,对政治职能转变的情况进行评价测量。[①] 该问卷包含一个维度,共计6个题目,采用6点计分方式,数字"1—6"分别表示从"完全不同意"到"完全同意",最终得分由各题目得分加总获得。测量题目样例"现在政府部门办事效率提高了、服务态度好转了"。在本章中,其α系数为0.90。

2. 公共服务满意度

对于公民个体公共服务满意度水平的测量,参考史卫民等编制《公共

[①] 陈天祥、何红烨:《政府与社会组织关系折射下的政府职能转变——基于珠三角的一项问卷调查》,《四川师范大学学报》(社会科学版)2016年第4期。

服务满意度问卷》,① 选取载荷较高的 5 个题目组成。该问卷包含一个维度,采用 5 点计分方式,数字"1—5"分别表示从"非常不同意"到"非常同意",最终得分由各题目得分加总获得。测量题目样例"与五年前相比,政府的公共服务水平有明显提高"。在本章中,其 α 系数为 0.89。

3. 政府透明度

借鉴于文轩的研究,通过测量政府信息公开水平和政府信息公民可获得性来对政府的透明程度进行评估。② 该问卷由单一维度构成,共 2 个题目,采用 5 点计分,选项 1—5 分别表示从"非常不符合"到"非常符合",最终得分由各题目得分加总获得。测量题目样例"在您所在的地方,政府能够主动利用媒体向百姓公布政府开支情况"。在本章中,其 α 系数为 0.91。

4. 公民参与

对于公民参与的认知与实践情况测量,参考史卫民、周庆智等编制《公民参与问卷》,③ 选取载荷较高的 4 个题目组成。该问卷由单一维度构成,采用 7 点计分,选项 1—7 分别表示从"非常不同意"到"非常同意",最终得分由各题目得分加总获得。测量题目样例"当地政府的决策,离不开老百姓的参与"。在本章中,其 α 系数为 0.85。

(三) 数据分析策略

在本章中,我们运用 SPSS 22.0 和 Mplus 7.0 进行数据管理与分析。具体的数据统计包括三个方面:一是在描述统计分析的基础上,利用结构方程模型技术对反映变量结构关系的测量模型与 3 个替代模型的拟合结果进行比较;二是运用 CFA 对可能影响变量关系结果的同源偏差效应进行 Harman 单因子检验;三是运用 Bootstrap 方法对多重中介效应进行检验。

---

① 史卫民、周庆智、郑建君、田华:《政治认同与危机压力》,中国社会科学出版社 2014 年版,第 169—173 页。
② 于文轩:《政府透明度与政治信任:基于 2011 中国城市服务型政府调查的分析》,《中国行政管理》2013 年第 2 期。
③ 史卫民、周庆智、郑建君、田华:《政治认同与危机压力》,中国社会科学出版社 2014 年版,第 165—168 页。

三 统计检验结果与分析

（一）相关变量的描述统计与相关分析

表 12-1 呈现了本章研究所关注核心变量的均值、标准差及相关系数矩阵。其中，政府职能转变、政府透明度、公民参与和公共服务满意度四个变量之间两两相关显著。此外，我们还对各变量的平均变异数抽取值（Average Variance Extracted，AVE）进行了检验，结果显示：政府职能转变、政府透明度、公民参与和公共服务满意度四个变量的 AVE 值（0.58—0.84）均大于 0.50，且同时满足"AVE 值大于各成对变量相关系数平方"的评定标准。[①]

表 12-1　研究变量的描述统计结果及相关矩阵（$N=439$）

	政府职能转变	政府透明度	公民参与	公共服务满意度
政府职能转变	(0.67)			
政府透明度	0.67**	(0.84)		
公民参与	0.69**	0.68**	(0.58)	
公共服务满意度	0.75**	0.69**	0.71**	(0.62)
M	25.45	7.53	20.59	18.68
SD	5.25	2.10	5.36	4.37

注：** 表示在 0.01 水平（双侧）上显著相关；括号内数值为 AVE 值。

（二）测量模型的验证性因素分析

对政府职能转变、政府透明度、公民参与和公共服务满意度四个变量进行验证性因素分析，以检验上述变量关系的结构效度。其中，测量模型包含四个变量，分别为政府职能转变、政府透明度、公民参与和公共服务满意度；备选模型 A 包含三个变量，除去公民参与、公共服务满意度两个变量外，将政府职能转变和政府透明度两个变量进行合并；备选模型 B 包含三个变量，除去政府职能转变、公共服务满意度两个变量外，将政府透明度和公民参与两个变量进行合并；备选模型 C 包含两个变量，除公共服务满意

[①] Bagozzi, R. P., "Evaluating Structural Equation Models with Unobservable Variables and Measurement Error: A Comment.", *Journal of Marketing Research*, Vol. 18, No. 3, 1981, pp. 375-381.

度变量外,将政府职能转变、政府透明度和公民参与三个变量进行合并。验证性因素分析的结果如表 12 - 2 所示,将测量模型与备选模型 A、B、C 进行比较发现:测量模型的 χ^2/df 为 3.81,*RMSEA* 为 0.008,模型的各项评价指数 *CFI*、*TLI*、*AIC*、*BIC* 分别为 0.95、0.94、18829.22 和 19062.04;其中,$\Delta\chi_A^2 = 300.65$($\Delta df = 3$,$p < 0.001$),$\Delta\chi_B^2 = 197.91$($\Delta df = 3$,$p < 0.001$),$\Delta\chi_C^2 = 373.26$($\Delta df = 5$,$p < 0.001$)。测量模型在拟合度和简洁性方面表现更优,具有较好的区分效度,能够更好地反映变量之间的关系结构。

表 12 - 2　　　　　　　　研究变量结构模型之间的比较

模型结构	χ^2	df	CFI	TLI	AIC	BIC	RMSEA
测量模型:ZNZB;TMD;GMCY;MYD	431.05	113	0.95	0.94	18829.22	19062.04	0.008
模型 A:ZNZB + TMD;GMCY;MYD	731.70	116	0.90	0.88	19123.88	19344.44	0.110
模型 B:ZNZB;TMD + GMCY;MYD	628.96	116	0.91	0.90	19021.14	19241.70	0.100
模型 C:ZNZB + TMD + GMCY;MYD	804.31	118	0.89	0.87	19192.48	19404.88	0.115

注:ZNZB 表示政府职能转变;TMD 表示政府透明度;GMCY 表示公民参与;MYD 表示公共服务满意度。

(三) 同源偏差检验

本章研究的数据采集,主要是通过被调查者自行作答问卷的形式进行的,为避免同源偏差效应对变量关系结果的影响,我们采用两种方式对其进行控制和检验。[①] 一方面,采用匿名作答和变换计分标尺的方式进行过程控制;另一方面,采用 Harman 单因子方法对可能存在的同源偏差效应进行统计检验。运用 CFA 进行 Harman Single Factor 检验,结果显示:χ^2/df 为 8.28 ($\chi^2 = 984.907$, df = 119),*RMSEA* 为 0.129,模型的各项评价指数 *CFI*、*TLI*、*AIC*、*BIC* 分别为 0.86、0.84、19371.08 和 19579.39。与包含四个变量的测量模型相比,单变量模型的拟合较差,在一定程度上可以说明同源偏差效应对研究分析结果的影响并不明显,可以进行后续的统计检验。

[①] Podsakoff, P. M., Mackenzie, S. B., Lee, J. Y. and Podsakoff, N. P., "Common Method Biases in Behavioral Research: A Critical Review of the Literature and Recommended Remedies", *Journal of Applied Psychology*, Vol. 88, No. 5, 2003, pp. 879 - 903;周浩、龙立荣:《共同方法偏差的统计检验与控制方法》,《心理科学进展》2004 年第 6 期。

（四）链式多重中介作用的检验

首先，运用拔靴法（Bootstrap）对假设的链式多重中介模型（政府职能转变→政府透明度→公民参与→公共服务满意度）进行检验。[①] 由于有 25 名被试在个别题项的作答上存在缺失数据，因此实际进入检验分析的有效数据为 414 份。在此基础上，重复随机抽样获得 5000 个 Bootstrap 样本，在对 5000 个中介效应估计值进行大小排序后获得 95% 的中介效应置信区间。为防止多重共线性的影响，在进行模型检验之前我们对数据进行了标准化处理，统计分析的结果发现：预测变量与结果变量、预测变量与中介变量、中介变量与结果变量以及两个中介变量之间的各路径系数均达到显著水平（$p<0.001$），变量间的路径系数及中介效应分析结果如图 12 - 1 和表 12 - 3 所示。政府职能转变对公共服务满意度的直接效应值为 0.40（$SE=0.04$，$t=9.66$，$p<0.001$），95% 的置信区间为 [0.32, 0.49]；间接效应值（模型的总中介效应）为 0.34（$SE=0.04$），95% 的置信区间为 [0.27, 0.44]；总效应由直接效应与模型的总中介效应相加获得，即 0.74。其中，直接效应占总效应的 54.05%，间接效应（模型的总中介效应）占总效应的 45.95%。

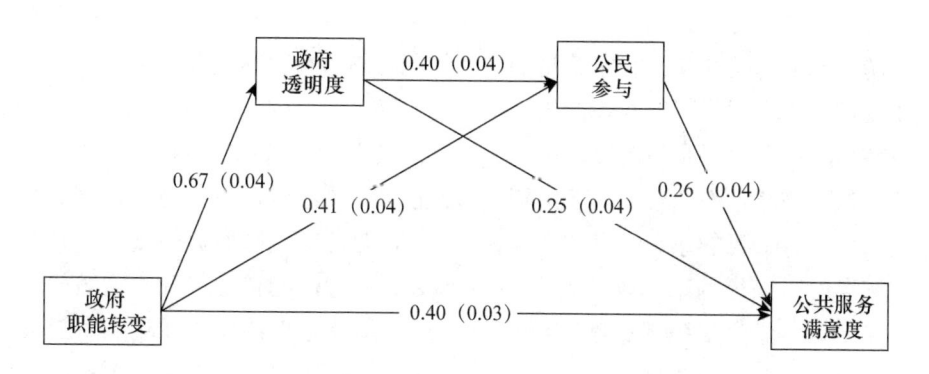

图 12 - 1　政府职能转变与公共服务满意度关系的多重链式中介模型路径

注：括号内数值为路径系数的标准误。

[①] Taylor, A. B., Mackinnon, D. P. and Tein, J. Y., "Tests of the Three-Path Mediated Effect", *Organizational Research Methods*, Vol. 11, No. 2, 2008, pp. 241 - 269.

表 12-3　　　　　　中介效应检验及效果量（$N=414$）

中介路径	效应值	Boot 标准误	Boot 95% CI 下限	Boot 95% CI 上限
政府职能转变→政府透明度→公共服务满意度	0.16	0.04	0.09	0.25
政府职能转变→政府透明度→公民参与→公共服务满意度	0.07	0.02	0.04	0.11
政府职能转变→公民参与→公共服务满意度	0.11	0.03	0.06	0.17
模型的总中介效应	0.34	0.04	0.27	0.44

四　讨论与总结

　　政府职能转变的重点和目标，在于构建服务型政府，通过由"管理"向"服务"的转型，进而形成多元主体共治、共享的现代社会治理体系。在以往有关公共服务的分析中，研究者普遍认为政府职能转变对于提升公共服务供给能力与质量具有积极的作用。在上述研究讨论的基础上，本章研究选取个体主观感受指标——公共服务满意度为结果变量、[①] 采用实证研究范式对政府职能转变与公共服务满意度的关系进行了研究。与此同时，有鉴于在政府职能转变和公共服务供给过程中政府透明度、公民参与与上述两个变量所表现出的关联特征，本章将四个变量同时纳入模型进行检验，以考察相关变量作用机制中可能存在的链式多重中介效应。从本章研究的结果来看，模型总的中介效果量达到了 45.95%，与直接效应的效果量 54.05% 非常接近，说明该链式中介模型对于解释政府职能转变对公民公共服务满意度的影响作用具有重要的意义。具体而言，"政府职能转变→政府透明度→公共服务满意度"路径的中介效果量为 21.62%，"政府职能转变→政府透明度→公民参与→公共服务满意度"路径的中介效果量为 9.47%，"政府职能转变→公民参与→公共服务满意度"路径的中介效果量为 14.86%。由此可以看出，相对于其他两条路径，政府职能转变对公共服务满意度的作用更多是通过政府透明度予以影响的。

　　对于本章研究所验证的链式多重中介效应模型，可以从以下三个方面进行分析、讨论。第一，政府透明不仅是转变政府职能重要的实现途径，同时

[①] 孟习贝：《公众参与促进基本公共服务的有效供给》，《生产力研究》2014 年第 11 期。

也是分析社会治理影响因素及其机制的重要切入点。政府透明一方面是政府职能转变过程中简政放权、依法行政的结果表现形式，另一方面还有社会公平的要素蕴含其中。具体而言，普通公民知情权的获得，一定程度上反映了其在介入公共事务过程中的公平感知水平；而社会公平变量在评价社会治理主观绩效时的作用，也已被相关的实证研究所证明。[①] 第二，增强公共服务能力与质量是政府职能转变的重要目标导向，而公民参与对于公共服务的质量评价而言，有两点作用：其一，公民参与有利于兼顾各方的差异化诉求、保证公共服务供给决策制定的科学化与客观化，进而达成公共服务供给规划预设的公共性目标；[②] 其二，公民参与有利于个体通过参与公共事务并发挥决策影响力，增强其作为公共服务产品"接受方"而获得的被尊重感和自我存在认知。第三，政府透明度作为公民参与的中心原则，对公民参与公共事务并达成共识具有促进作用。具体而言，政府行政与信息公开、公民参与增强等，不但提升了公共服务供给体系的决策质量，同时对其供给过程与服务质量形成了一定的监督效果，这对于最终确认政府职能转变对公共服务的影响机制具有重要意义。

基于上述分析，结合本章研究所建构模型的量化检验结果，得到三点实践启示：一是对社会治理绩效的评价，应整合客观与主观两个层面的指标。单纯通过客观指标考察社会治理，极易诱使地方政府陷入"重建设、轻质量"的误区；只有观照到服务对象的感受体验，才能使社会治理现代化的发展科学定位、精准推进。二是政府职能转变的意义，不仅限于对服务型政府的构建，更重要的意义在于通过增加政府透明度、引导公民参与，进而实现诸如知情权、平等参与社会公共事务等公民基本权利的享有。唯有如此，方能使公民在共享改革发展成果的同时，提升自我幸福感和政治认同水平。三是政府职能转变对社会治理的促进影响，在很大程度上有赖于政府行为的公开透明和公民的广泛参与这一路径，这其实对法治建设提出了更高的要求。一方面，政府职能转变既是法治建设的重要方面，同时其推进又必须放置于法律框架内进行；另一方面，在明确划分政府、社会与市场责权边界的基础上，政府行政及公民参与的有效性，往往是与法治建设的认知及实践水

---

① 郑建君：《聚焦社会公平：新型城镇化发展现状及其影响效应研究——基于东、西部地区农民群体的调查比较》，《哈尔滨工业大学学报》（社会科学版）2016年第4期。

② 官永彬：《公众参与对民生类公共服务满意度影响的理论分析》，《重庆师范大学学报》（哲学社会科学版）2014年第6期。

平相对应和匹配的。

统观本章研究的设计及结果,需对以下三点不足加以重视。首先,单一的数据获取形式与来源,使最终结果受同源偏差影响的可能性增大,降低了变量因果推断的确认性。未来研究可通过追踪研究设计或分时段数据获取操作,避免上述问题。其次,由于本章研究所获样本有限、来源地区单一,且涉及变量均为个体层次,缺乏对更高层次变量的考察。未来研究可在增加多地区样本的基础上,从不同层次对变量关系进行假设,以进一步增强研究结果的可拓展性与生态效度。最后,虽然本章研究对链式多重中介效应模型进行了检验,但也有研究指出政府透明度并不必然引发公民参与行为的发生,[1] 此时政府透明度是否会成为政府职能转变与公民参与关系的调节变量;而在政府透明度对公共服务满意度的负向影响中,[2] 是否存在第三方变量(例如公民参与)对其关系进行调节的可能。为此,有必要在后续研究中进一步对可能存在的变量关系模型进行检验。

---

[1] Welch, E. W., "The Relationship between Transparent and Participative Government: A Study of Local Governments in the United States", *International Review of Administrative Sciences: An International Journal of Comparative Public Administration*, Vol. 78, No. 1, 2012, pp. 93–115.

[2] Porumbescu, G., "Does Transparency Improve Citizens' Perceptions of Government Performance? Evidence from Seoul, South Korea", *Administration & Society*, Vol. 49, No. 3, 2015, pp. 443–468.

第十三章 公共服务满意度的影响机制（二）：基于政治参与的有调节的中介效应检验

一 引言

（一）问题的提出

作为深化行政体制改革的核心，政府职能转变不仅是国家治理能力与治理体系不断提高、完善的过程，也是调节政府、市场、社会与公民相互关系的过程，而治理能力则反映了政府应对公共事务时与多元主体的关系。[①] 目前，我国的政府职能转变呈现出新的三大趋势，即加大简政放权、坚持依法行政和强化公共服务职能。[②] 其中，公共服务作为构建服务型政府的重点内容，一方面强调政府由"管理"向"服务"转变的现代治理观念更新，另一方面也体现了政府职能由过去重点关注经济发展向兼顾经济发展和公共服务的内容转变。因此，优化公共服务供给不仅是政府职能转变总方向的重要内容体现，同时也是衡量政府职能转变的重要指标。从现有的研究来看，研究者普遍认为政府职能转变对优化公共服务资源配置、提升公共服务供给决策科学化水平、强化公共服务产品质量等具有明显的推动和促进作用。[③] 然

[①] 吕同舟：《政府职能转变的理论逻辑与过程逻辑——基于国家治理现代化的思考》，《国家行政学院学报》2017年第5期。

[②] 杨志荣：《政府职能转变新趋势下我国公共服务市场化路径探析》，《现代管理科学》2015年第12期。

[③] 杨志荣：《政府职能转变新趋势下我国公共服务市场化路径探析》，《现代管理科学》2015年第12期；景朝亮、毛寿龙：《从政府职能转变的视角反思社区基本公共服务》，《天津行政学院学报》2015年第1期；梁波：《政府职能转变与基本公共服务体系的构建》，《探索》2013年第3期；薄贵利：《完善公共服务：地方政府职能转变的核心和重点》，《新视野》2004年第5期；户晓坤：《公共领域建构中的公民参与机制研究——基于公共服务型政府职能转变的视角》，《海南大学学报》（人文社会科学版）2013年第6期。

而，在考察政府职能转变与公共服务的关系过程中，还应将公众和社会是否满意作为衡量的标准，[①] 形成更为系统、科学的服务型政府考评体系。因此，从政府职能转变切入考察公民的公共服务满意度，分析两个变量影响关系产生的机制与条件，对提升公民的获得感和认同度具有重要的现实意义。

通过梳理有关政府职能转变与公共服务关系的现有文献，我们发现：一方面，有关政府职能转变与公民公共服务满意度关系的实证研究成果相对缺乏；另一方面，目前研究多重点探讨二者的直接关系，但对其关系的中介效应（政府职能转变是如何影响公民公共服务满意度的）和调节效应（政府职能转变对公民公共服务满意度的影响程度在何种条件下有所变化）的探讨较少。政府职能转变，实质上是要解决好政府、市场与社会三者的责权关系，让多主体有意识、能力和条件参与到社会治理当中。多元主体的利益表达、参与实践，能够使公共服务产品的供给更为贴近公众和社会的需求，有效提升公共服务供给绩效与个体的满意度水平，真正达成政府职能转变的最终目的。[②] 因此，在连接政府职能转变与公共服务满意度关系的过程中，公民参与具备了"联动器"的作用，本章研究据此构建其影响关系的中介路径。与"政府职能转变→公民参与→公共服务满意度"的路径机制相对应，其影响作用还可能因政府透明度的高低和地区发展差异而有所变化。透明政府的发展不仅可以使公民享受到更好的公共服务产品和更高水平的公共服务满意度体验，[③] 同时也意味着公民个体享有平等获取信息的权利，并由此产生的公平感与信任感会激发个体积极参与公共事务。[④] 而地方性差异所反映

[①] 敖海华：《政府职能转变现状与未来》，《人民论坛》2015 年第 11 期。

[②] 景朝亮、毛寿龙：《从政府职能转变的视角反思社区基本公共服务》，《天津行政学院学报》2015 年第 1 期；汪锦军：《公共服务中的公民参与模式分析》，《政治学研究》2011 年第 4 期；李鹏：《增强政府职能转变中的社会参与》，《理论视野》2015 年第 7 期；刘双良、刘丁蓉：《公共服务社会化：推进政府职能转变的新有效进路》，《湖北社会科学》2006 年第 5 期；孟习贞：《公众参与促进基本公共服务的有效供给》，《生产力研究》2014 年第 11 期。

[③] Welch, E. W., Hinnant, C. C. and Moon, M. J., "Linking Citizen Satisfaction with E-Government and Trust in Government", *Journal of Public Administration Research and Theory*, Vol. 15, No. 3, 2005, pp. 371 – 391.

[④] Mcgregor, S., "Government Transparency: The Citizen Perspective and Experience with Food and Health Products Policy", *International Journal of Consumer Studies*, Vol. 27, No. 2, 2003, pp. 168 – 175；于文轩：《政府透明度与政治信任：基于 2011 中国城市服务型政府调查的分析》，《中国行政管理》2013 年第 2 期。

第十三章　公共服务满意度的影响机制（二）：基于政治参与的有调节的中介效应检验　219

的内容，不仅包括经济指标以及由此引发的公共服务资源和公共产品投入，它同时还在诸如依法行政、政务公开、治理模式等方面体现了地方政府治理理念的差异与行政偏好特征。① 因而，公民参与水平和公共服务满意度高低有可能还会受到地方性差异指标因素的影响。

本章旨在对东、西部省份（江苏和贵州）的普通公民进行问卷调研，探讨政府职能转变和公民参与对公民公共服务满意度的影响机制，以及政府透明度和地方性差异对上述影响机制的调节作用。首先，我们将在梳理相关文献的基础上，提出本章关注变量的研究假设与模型框架；其次，通过对调查数据的统计处理来分析政府职能转变、公民参与和公民公共服务满意度的中介效应以及政府透明度和地方性差异对该效应的调节作用；最后，对研究结果与实践意涵进行分析、讨论，并指出本章研究的不足与未来的研究方向。

（二）文献回顾及研究假设

1. 政府职能转变、公民参与对公共服务满意度的影响

基层治理现代化的核心在于，厘清政府、市场与社会三者的关系，在政府职能转变的基础上为公民个体提供更高质量的公共服务，进而达成建设服务型政府、构建现代公共服务产品供给体系及实现基本公共服务均等化等目标。从优化基本公共服务的角度来看，政府职能转变恰恰是为了解决现有运行机制与公共服务产品无法满足公民需求这一问题所做出的积极回应。② 在构建服务型政府的过程中，加强公民参与的制度建设与能力提升，是实现政府职能转变的重要途径。③ 服务型政府所强调的政府职能向服务转变，其实是政府行政推动与公民有效参与相互配合的结果表现。④ 一方面，个体的公共参与有利于提振自下而上推动力的影响效应，进而促进政府由传统的管控

---

① 郭智：《加快地方政府职能转变的目标及措施》，《人民论坛》2016 年第 11 期；周庆智：《基层治理创新模式的质疑与辨析——基于东西部基层治理实践的比较分析》，《华中师范大学学报》（人文社会科学版）2015 年第 2 期。

② 梁波：《政府职能转变与基本公共服务体系的构建》，《探索》2013 年第 3 期。

③ 户晓坤：《公共领域建构中的公民参与机制研究——基于公共服务型政府职能转变的视角》，《海南大学学报》（人文社会科学版）2013 年第 6 期。

④ 吴理财：《服务型政府构建与民众参与——以乡镇职能转变为例》，《学习月刊》2008 年第 7 期。

主导向服务优先转变，最终实现基层政府的职能转变；[①] 相反，在政府转变职能、简政放权的过程中，作为重要的参与主体，公民所表现出的参与缺失、无效与无序等问题，则会严重阻碍公共服务的绩效与创新。[②] 另一方面，在政府职能转变的大背景下，公共服务的质量与效率提升，首先要通过引入市场要素并发挥主要作用的前提下，鼓励多元主体的积极参与。[③] 在政府职能转变的具体推进过程中，公共服务决策质量的优化以及政府对公共服务监控能力和效率的提升，恰恰需要通过公民参与予以实现。[④] 特别是在财政分权体制的运行背景下，适时、适度引入公民参与机制可以减少公共政策形成成本、提升政府决策制定的客观性与科学性，进而提升政府治理过程中的公共服务供给效率。[⑤] 综上所述，提出本章研究的假设 H_1：在政府职能转变对公民公共服务满意度水平的正向预测关系中，公民参与表现出显著的中介作用。

2. 基于政府透明度的调节效应

政府透明度作为衡量个体所处参与环境的主要指标，是预测公共服务供给过程中公民参与有效与否的重要变量。[⑥] 公民参与既是政府公开、透明的重要实现途径，又是其主要的表现形式。[⑦] 作为个体在政治、社会领域中与多元主体"对话"的体现形式，公民参与的效果受到包括信息可及性在内的政府透明度因素的影响。[⑧] 在公民参与的激发与培育过程中，政府透明度

[①] 高旺：《村民参与机制与乡镇政府的职能转变》，《中共青岛市委党校·青岛行政学院学报》2016 年第 5 期。

[②] 李洪山、范思阳：《治理理论视角下公民参与政府购买公共服务研究》，《理论导刊》2017 年第 2 期。

[③] 杨志荣：《政府职能转变新趋势下我国公共服务市场化路径探析》，《现代管理科学》2015 年第 12 期。

[④] 刘双良、刘丁蓉：《公共服务社会化：推进政府职能转变的新有效进路》，《湖北社会科学》2006 年第 5 期。

[⑤] 官永彬：《民主与民生：分权体制下公众参与影响公共服务效率的经验研究》，《经济管理》2016 年第 1 期。

[⑥] 周义程：《公共服务供给中公民参与有效性的提升路径——基于目标—因素匹配模型构建维度的考量》，《公共管理与政策评论》2016 年第 1 期。

[⑦] 陈志明：《市场经济背景下的政府透明理论研究》，《生产力研究》2007 年第 18 期。

[⑧] Guillamón, M., Bastida, F. and Benito, B., "The Determinants of Local Government's Financial Transparency", *Local Government Studies*, Vol. 37, No. 4, 2011, pp. 391–406.

表现出积极的促进作用。① 例如，政府的信息披露可以有效地促进公民参与公共事务并达成共识。信息公开的程度决定了公民参与的范围，而政府行政信息的不透明以及公开不及时，成为阻碍公民顺畅参与政策全过程的干扰因素。② 如果政府和公民之间的信息不对称，公民参与的积极作用不但无法发挥，甚至会带来"劣质性"公民参与（不充分性和随意性）的风险。③ 同时，个体外部政治效能感随着政府透明度的提升而增强，④ 这对于公民主动参与社会政治事务具有积极的影响。此外，信息公开不仅是公民参与社会事务的重要途径与条件，同时也是政府购买公共服务程序制度的重要构成内容。⑤ 特别是在公民参与的过程中，政府及相关信息的公开，有益于公民对政府行为予以监督，进而提高公民对公共服务满意度的水平。新近研究发现，财政信息的透明提升对居民公共教育、医疗及住房保障等公共服务满意度的感知具有显著的促进作用。⑥ 综上所述，提出本章研究的假设 H_{2a}：在政府职能转变对公民参与的正向预测关系中，政府透明度具有显著的调节作用；H_{2b}：在政府职能转变对公民公共服务满意度水平的正向预测关系中，政府透明度具有显著的调节作用。

3. 基于地方性差异的调节效应

地方性差异是考察和分析基层社会治理不容忽视的背景变量，⑦ 有关这一认识并非局限于学理范围，更深刻地反映于实践领域。介于地区差异因素的作用，各地在政府职能转变的推进进度及效果上并不一致。⑧ 具体而言，由于各地经济的实际情况各异，在进行政府改革和职能优化的过程中势必在

---

① Halachmi, A. and Greiling, D., "Transparency, E-Government, and Accountability: Some Issues and Considerations", *Public Performance & Management Review*, Vol. 36, No. 4, 2013, pp. 562 – 584.

② 方玉梅、张雨芊:《公民参与公共政策全过程的主要障碍及对策——基于政策过程模型的分析》,《沈阳工业大学学报》（社会科学版）2017 年第 4 期。

③ 曾哲、周泽中:《善治的理性：公民参与行政的后果考量》,《求实》2017 年第 6 期。

④ Cicatiello, L., Simone, E. D. and Gaeta, G. L., "Cross-Country Heterogeneity in Government Transparency and Citizens Political Efficacy: A Multilevel Empirical Analysis", *Administration & Society*, No. 2, 2016, pp. 1 – 29.

⑤ 杨炼:《社会组织参与公共服务供给的现实情境》,《重庆社会科学》2016 年第 3 期。

⑥ 王永莉、梁城城、王吉祥:《财政透明度、财政分权与公共服务满意度——中国微观数据与宏观数据的交叉验证》,《现代财经》（天津财经大学学报）2016 年第 1 期。

⑦ 周庆智:《基层治理创新模式的质疑与辨析——基于东西部基层治理实践的比较分析》,《华中师范大学学报》（人文社会科学版）2015 年第 2 期。

⑧ 郭智:《加快地方政府职能转变的目标及措施》,《人民论坛》2016 年第 11 期。

推进速度、涉及层次以及内容形式上有所不同。对应于公民参与的表现，其显著存在的地区化差异，也明显受到地区的经济发展状况、都市化水平及居民教育程度等因素的影响。[1] 不仅如此，以社会组织为单位的公共参与，也同样表现出显著的省际（北京、浙江、黑龙江）差异。[2] 此外，公共服务水平的地区间差异，也势必使公民的公共服务满意度感知呈现出一定的不同。地区间由于发展差异或资源分配失衡所形成的公共服务资源不均，最易引发公民的不满，特别是在教育领域。[3] 有研究横向比较了东部、西部、中部及东北地区四大区域之间的公共服务水平差异后发现，区域内差异主要体现为省际差异，且区域和各省之间的差异趋势均呈现为"U"形的扩大形态。[4] 与此相似，也有研究纵向分析了1999年和2009年中国基本公共文化服务资源后发现，各省区市之间的非均衡性呈现出扩大趋势。[5] 综上所述，提出本章研究的假设 H_{3a}：在政府职能转变对公民参与的正向预测关系中，地区变量（不同省份）具有显著的调节作用；H_{3b}：在政府职能转变对公民公共服务满意度水平的正向预测关系中，地区变量（不同省份）具有显著的调节作用。

综上所述，本章将重点对以下三个问题进行检验，即公民参与是否对政府职能转变与公民公共服务满意度的关系具有中介作用、政府透明度与地区因素变量是否对政府职能转变与公民公共服务满意度的直接关系具有调节作用、政府透明度与地区因素变量是否对政府职能转变与公民公共服务满意度的间接关系（以公民参与为中介变量）具有调节作用。据此，我们整合上述关键问题，进而提出本章研究的假设模型框架，具体见图13-1。

---

[1] 潘忠党：《互联网使用和公民参与：地域和群体之间的差异以及其中的普遍性》，《新闻大学》2012年第6期。

[2] 褚松燕：《我国社会团体发展的省际差异比较——北京、浙江、黑龙江》，《国家行政学院学报》2004年第6期。

[3] 朱畅、丁仁船：《公共服务满意度调查研究——基于CGSS调查数据》，《淮海工学院学报》（人文社会科学版）2017年第10期；侯江红、刘文婧：《城乡居民对基本公共服务满意度的对比分析——基于2013年中国综合社会调查数据》，《华北电力大学学报》（社会科学版）2017年第5期。

[4] 曾国平、王正攀、曹跃群：《中国地区公共服务水平差异及变动趋势的实证检验——基于政府投入角度》，《经济体制改革》2011年第4期。

[5] 王晓洁：《中国基本公共文化服务地区间均等化水平实证分析——基于1999年、2009年数据比较的考察》，《财政研究》2012年第3期。

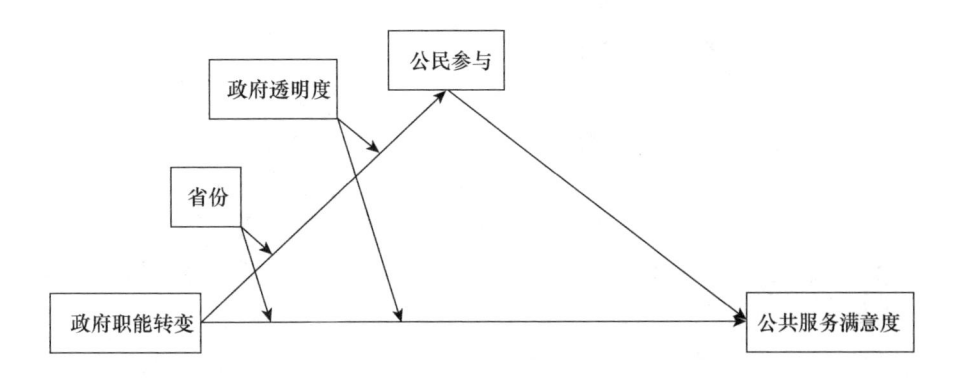

第十三章 公共服务满意度的影响机制（二）：基于政治参与的有调节的中介效应检验 223

图 13-1 研究假设的基本框架

二 数据获取、变量测量与调查设计

（一）数据来源

本章研究所使用数据，来自 2017 年在江苏省苏州市和贵州省贵阳市下辖城区的 18 个行政村、社区对当地居民进行访谈和问卷调查。具体而言，在问卷发放过程中采用入户调查的形式，以每户 1 名被试参与调查为限，共发放问卷 900 份，有效问卷 888 份（有效率为 98.67%）。在 888 份有效数据中，贵州省 449 人（50.56%），江苏省 439 人（49.44%）；其中，被试的年龄在 18—92 岁（平均年龄 38.20 岁，标准差 11.59）。具体来看，男性 540 人（60.81%），女性 343 人（38.63%），信息缺失 5 人（0.56%）；汉族 732 人（82.43%），少数民族 154 人（17.34%），信息缺失 2 人（0.23%）；在教育水平方面，初中及以下 396 人（44.59%），高中（含高职高专）234 人（26.35%），大学（含大专）及以上 257 人（28.94%），信息缺失 1 人（0.11%）；在政治面貌方面，中共党员 172 人（19.37%），共青团员 113 人（12.73%），群众及其他 596 人（67.12%），信息缺失 7 人（0.79%）；在月均收入水平上，1500 元及以下 176 人（19.82%），1501—3000 元 328 人（36.94%），3001—5000 元 295 人（33.22%），5000 元以上 83 人（9.35%），信息缺失 6 人（0.68%）。

（二）变量测量

1. 预测变量

（1）自变量测量。借鉴陈天祥和何红烨的研究，使用由单一维度、6 道题目构成的问卷对自变量——政府职能转变进行测量。① 问卷采用 6 点计分方式，并将各题目的得分加总作为该变量最终测量结果，样题示例如下"现在政府部门办事效率提高了、服务态度好转了"。在本章中，其 α 信度为 0.90、组合信度为 0.94。

（2）调节变量测量。通过政府信息的公开性和公民对政府信息的可获得性来测量政府透明度，相关题目改编自于文轩研究所使用的测量工具。② 采用 5 点计分的形式对单一维度下的 2 道题目的得分进行加总，以此作为政府透明度的总得分，样题示例如下"在您所在的地方，老百姓可以方便地获得所需要的政府信息"。在本章中，其 α 信度为 0.92、组合信度为 0.96。此外，将被试来源省份以类别变量的形式，作为另一个调节变量纳入模型检验。

（3）中介变量测量。在史卫民等研究的基础上，我们选取了原问卷载荷较高的 4 道题目对公民参与的认知与实践水平进行测量。③ 问卷采用 7 点计分，将所有题目的得分总和作为对个体公民参与的测量值，样题示例如下"地方政府为公民的政治参与提供了多种有效的途径"。在本章中，其 α 信度为 0.83、组合信度为 0.89。

2. 结果变量

参考史卫民等编制的测量工具，因素载荷较高的 5 道题目构成包含单一维度的测量工具，对个体的公共服务满意度水平进行调查。④ 问卷采用 5 点计分，以所辖题目得分的总和作为该变量的最终测量数据值，样题示例如下"我对政府提供的公共服务非常满意"。在本章中，其 α 信度为 0.89、组合信度为 0.92。

---

① 陈天祥、何红烨：《政府与社会组织关系折射下的政府职能转变——基于珠三角的一项问卷调查》，《四川师范大学学报》（社会科学版）2016 年第 4 期。

② 于文轩：《政府透明度与政治信任：基于 2011 中国城市服务型政府调查的分析》，《中国行政管理》2013 年第 2 期。

③ 史卫民、周庆智、郑建君、田华：《政治认同与危机压力》，中国社会科学出版社 2014 年版，第 169—173 页。

④ 同上书，第 165—168 页。

(三) 调查过程及数据分析

本章研究的问卷调查执行采用入户调查的形式完成，在统一指导语的基础上严格规范数据的收集流程，对纸本问卷进行"双录双检"操作，并采用 SPSS 22.0 和 Mplus 7.0 对数据进行管理和分析。在对核心变量进行描述统计和相关分析的基础上，对测量模型的结构效度进行检验；同时，在排除可能存在的共同方法偏差效应后，对研究构建的模型进行验证。

三 统计分析与模型检验

(一) 核心变量的描述统计及相关分析

对研究所关注的核心变量进行描述统计和相关分析，结果如表 13 - 1 所示。除被试来源省份与政府透明度之间不存在显著相关外，各变量之间均存在显著的相关关系；其中，省份变量（1 = 江苏）与政府职能转变、公民参与和公共服务满意度之间表现出显著的负相关，而政府职能转变、政府透明度、公民参与和公共服务满意度之间均表现出显著的两两正相关关系。此外，对各变量平均变异数抽取值（Average Variance Extracted，AVE）的检验结果显示：四个变量的 *AVE* 值（0.67—0.92）均大于 0.50，且同时满足"AVE 值大于各成对变量相关系数平方"的评定标准。[①]

表 13 - 1　　　　　　描述统计结果与相关分析矩阵

	政府职能转变	政府透明度	公民参与	公共服务满意度	省份
政府职能转变	(0.72)				
政府透明度	0.46**	(0.92)			
公民参与	0.68**	0.72**	(0.67)		
公共服务满意度	0.80**	0.58**	0.76**	(0.69)	
省份	-0.29**	-0.03	-0.14**	-0.31**	
M	27.09	7.58	21.38	20.11	0.49
SD	5.49	2.34	5.65	4.57	0.50

注：** 表示 $p < 0.01$；省份为类别变量，0 = 贵州，1 = 江苏；括号内数值为 *AVE* 值。

[①] Bagozzi, R. P., "Evaluating Structural Equation Models with Unobservable Variables and Measurement Error: A Comment.", *Journal of Marketing Research*, Vol. 18, No. 3, 1981, pp. 375 - 381.

(二) 测量模型结构及共同方法偏差检验

对所关注核心变量关系的结构效度进行验证性因素分析，测量模型包含四个变量，即政府职能转变、政府透明度、公民参与和公共服务满意度；备选模型 A 在测量模型的基础上将政府职能转变和政府透明度两个变量进行合并，包含三个变量；备选模型 B 在测量模型的基础上将政府职能转变、政府透明度和公民参与三个变量进行合并，包含两个变量。测量模型的检验结果发现（见表 13 - 2）：测量模型的 χ^2 = 1490.89，df = 113，RMSEA 为 0.117，模型的各项评价指数 CFI、TLI、AIC 和 BIC 分别为 0.89、0.87、40177.97 和 40450.94；其中，$\Delta\chi^2_A$ = 1396.90（$\Delta df = 3$，$p < 0.001$），$\Delta\chi^2_B$ = 1600.83（$\Delta df = 5$，$p < 0.001$）。由此说明，测量模型更好地体现了本章研究的核心变量之间的关系结构，表现出较好的区分效度。

表 13 - 2　　　　　　　　研究变量结构模型之间的比较

模型结构	χ^2	df	CFI	TLI	AIC	BIC	RMSEA	SRMR
测量模型： GFT；GT；CP；PSS	1490.89	113	0.89	0.87	40177.97	40450.94	0.117	0.065
模型 A： GFT + GT；CP；PSS	2887.79	116	0.78	0.75	41568.86	41827.47	0.164	0.097
模型 B： GFT + GT + CP；PSS	3091.72	118	0.77	0.73	41768.79	42017.82	0.168	0.093

注：GFT = 政府职能转变；GT = 政府透明度；CP = 公民参与；PSS = 公共服务满意度。

在执行问卷调查时，研究者主要通过被调查对象的自评作答进行数据采集，为避免共同方法偏差效应对模型检验结果的影响，我们在进行程序控制的同时，还对可能存在的共同方法偏差影响进行统计检验。[①] 运用 CFA 进行 Harman 单因子检验结果显示：χ^2/df 为 8.28（χ^2 = 3199.707，df = 119），RMSEA 为 0.171，SRMR 为 0.092，模型的各项评价指数 CFI、TLI、AIC 和 BIC 分别为 0.76、0.72、41874.78 和 42119.02。从上述结果可知，单因素

---

① Podsakoff, P. M., Mackenzie, S. B., Lee, J. Y. and Podsakoff, N. P., "Common Method Biases in Behavioral Research: A Critical Review of the Literature and Recommended Remedies", *Journal of Applied Psychology*, Vol. 88, No. 5, 2003, pp. 879 - 903；周浩、龙立荣：《共同方法偏差的统计检验与控制方法》，《心理科学进展》2004 年第 6 期。

模型的拟合结果并不理想,由共同方法偏差带给模型检验结果的影响并不明显,可以进行后续的统计分析。

(三) 针对有调节的中介模型的检验

首先,采用拔靴法对852份有效数据(有36名被试的数据存在缺失值)重复随机抽样获得5000个Bootstrap样本,以此为基础对公民参与的中介作用进行检验发现:模型的3条路径系数均达到显著水平($p<0.001$),即"政府职能转变→公共服务满意度"($\beta=0.44$,$t=21.25$)、"政府职能转变→公民参与"($\beta=0.70$,$t=27.22$)、"公民参与→公共服务满意度"($\beta=0.31$,$t=15.66$)。"政府职能转变→公民参与→公共服务满意度"模型的直接效应值为0.44($SE=0.02$,$t=21.25$,$p<0.001$),95%的置信区间为[0.40,0.48];间接效应值为0.22($SE=0.02$),95%的置信区间为[0.18,0.26];总效应值为0.66($SE=0.02$,$t=38.51$,$p<0.001$),95%的置信区间为[0.62,0.69]。其中,中介效应占总效应的33.33%。

随后,将政府透明度和省份两个调节变量纳入中介模型,运用拔靴法对有调节的中介效应进行检验,结果发现(见表13-3):第一,政府职能转变对公民参与($\beta=0.43$,$p<0.001$)、公共服务满意度($\beta=0.47$,$p<0.001$)均表现出显著的预测作用;第二,政府透明度对公民参与($\beta=0.53$,$p<0.001$)、公共服务满意度($\beta=0.16$,$p<0.001$)均表现出显著的预测作用,公民参与对公共服务满意度也表现出显著的预测作用($\beta=0.32$,$p<0.001$),而省份变量对个体的公民参与和公共服务满意度的预测作用并不显著;第三,政府职能转变与政府透明度的交互项对公民参与($\beta=0.05$,$p<0.01$)、公共服务满意度($\beta=-0.07$,$p<0.01$)表现出显著的预测作用,同时政府职能转变与省份的交互项对公民参与($\beta=-0.18$,$p<0.001$)、公共服务满意度($\beta=-0.10$,$p<0.01$)也表现出显著的预测作用。同时,对于政府透明度而言,有调节的中介效应显著,其效应值为0.02($SE=0.01$),95%的置信区间为[0.0015,0.0384];对于省份而言,有调节的中介效应显著,其效应值为-0.06($SE=0.02$),95%的置信区间为[-0.0931,-0.0277]。

表 13-3　　　　　　　　　　有调节的中介模型检验结果

预测变量	模型 1 (结果变量：公民参与)			模型 2 (结果变量：公共服务满意度)		
	β	95% CI	t	β	95% CI	t
政府职能转变	0.43	[0.38, 0.47]	18.36***			
政府透明度	0.53	[0.48, 0.57]	22.66***			
政府职能转变 × 政府透明度	0.05	[0.01, 0.10]	2.63**			
省份 (0 = 贵州, 1 = 江苏)	-0.01	[-0.09, 0.07]	0.27			
政府职能转变 × 省份	-0.18	[-0.26, -0.10]	-4.34***			
政府职能转变				0.47	[0.42, 0.52]	18.61***
公民参与				0.32	[0.26, 0.38]	10.10***
政府透明度				0.16	[0.10, 0.21]	5.79***
政府职能转变 × 政府透明度				-0.07	[-0.11, -0.03]	-3.78**
省份 (0 = 贵州, 1 = 江苏)				0.04	[-0.03, 0.11]	1.07
政府职能转变 × 省份				-0.10	[-0.18, -0.03]	-2.80**
R	0.82			0.85		
R^2	0.67			0.72		
F	335.55***			362.79***		

注：** 表示 $p < 0.01$，*** 表示 $p < 0.001$。

根据 $M \pm 1SD$ 的标准，对政府透明度的得分进行分组，并采用 Bootstrap 算法对政府透明度和省份变量的调节效应进行稳健性检验（见表 13-4 和图 13-2）。在图 13-2 中，前两个图反映的是政府职能转变与政府透明度、政府职能转变与地区因素对公民参与的交互影响，而后两个图则反映的是政府职能转变与政府透明度、政府职能转变与地区因素对公共服务满意度的交互影响。对上述两个变量进行简单斜率检验，结果显示：第一，对于政府透明度，不论是高分组（$b_{simple} = 0.54$，$t = 10.88$，$p < 0.001$）还是低分组（$b_{simple} = 0.33$，$t = 7.61$，$p < 0.001$），政府职能转变对公民参与得分均表现出显著的预测作用；同时，不论是高分组（$b_{simple} = 0.42$，$t = 10.63$，$p < 0.001$）还是低分组（$b_{simple} = 0.63$，$t = 19.27$，$p < 0.001$），政府职能转变对公共服务满意度水平也均表现出显著的预测作用。第二，对于东西部的不同

省份而言，不论是江苏省（$b_{simple}=0.70$，$t=19.56$，$p<0.001$）还是贵州省（$b_{simple}=0.74$，$t=18.96$，$p<0.001$），政府职能转变对公民参与得分均表现出显著的预测作用；同样，不论是江苏省（$b_{simple}=0.62$，$t=23.61$，$p<0.001$）还是贵州省（$b_{simple}=0.66$，$t=28.24$，$p<0.001$），政府职能转变对公共服务满意度水平也均表现出显著的预测作用。

表 13-4　调节变量在直接和间接作用中的效应值

	政府透明度	省份	Effect	SE	95% CI
政府职能转变→公共服务满意度	低	贵州	0.59	0.03	[0.52, 0.65]
		江苏	0.48	0.03	[0.42, 0.55]
	中	贵州	0.52	0.03	[0.46, 0.58]
		江苏	0.41	0.03	[0.35, 0.48]
	高	贵州	0.45	0.04	[0.37, 0.52]
		江苏	0.34	0.04	[0.27, 0.42]
政府职能转变→公民参与→公共服务满意度	低	贵州	0.15	0.02	[0.10, 0.19]
		江苏	0.09	0.02	[0.05, 0.14]
	中	贵州	0.16	0.02	[0.12, 0.21]
		江苏	0.11	0.02	[0.07, 0.16]
	高	贵州	0.18	0.03	[0.13, 0.24]
		江苏	0.12	0.02	[0.08, 0.18]

四　讨论与总结

（一）政府职能转变对公共服务满意度的影响机制及作用条件

完善公共服务职能是政府职能转变的具体要求与体现，其目的在于通过加大简政放权、坚持职权法定、营造健康的市场环境与秩序，进而提升公共服务供给绩效与产品质量、满足公民基本公共服务需求。[1] 在此过程中，政府职能转变与优化公共服务供给是通过何种机制形成影响关系的，是值得重点关注的问题。本章研究从基层治理的视角对政府公共性问题予以思考，聚焦于现代公共服务体系的多元主体参与这一关键环节，通过数据的实证分析

---

[1] 杨志荣:《政府职能转变新趋势下我国公共服务市场化路径探析》,《现代管理科学》2015年第12期。

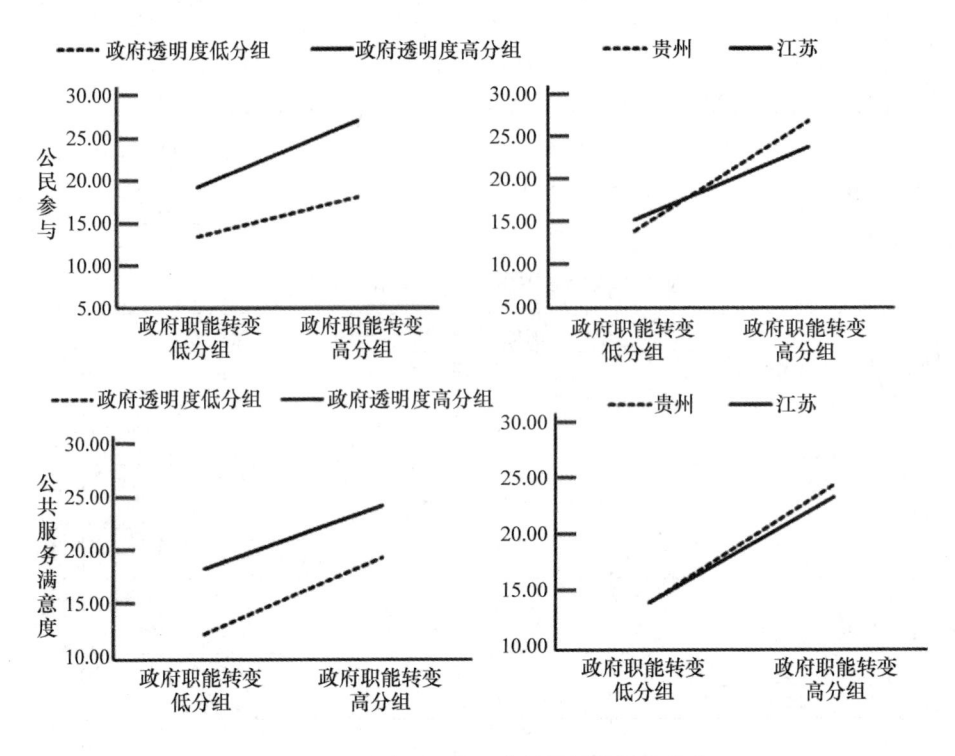

图 13-2 政府透明度、省份变量的调节效应

初步确认了公民参与的中介作用。对于"政府职能转变→公民参与→公共服务满意度"这一路径，公民参与因素的作用主要体现在：第一，政府职能转变主要是基于政府和公民的互动过程完成的，没有公民的有效参与，基层治理就无法摆脱"行政主导的单中心"治理模式，政府职能转变也就失去了其实际意义而沦为形式。第二，在政府职能转变对公共服务质量的作用过程中，公民参与不仅有利于多元诉求的表达，而且对于提升公共服务决策科学化与质量、降低公共产品供给成本都具有积极的作用。第三，公民个体对公共事务的合理介入，极大地增强了其作为行为主体的参与感，这种对自我存在认知的获得对于公共服务决策的共识达成及可能的冲突化解具有正向影响。

对于政府职能转变与公共服务满意度的直接关系以及通过公民参与变量的间接关系，本章研究从政府透明度和地区差异两个方面对上述两类关系的边界效应进行了检验。对于政府透明度变量而言，随着政府透明度的增加，政府职能转变对公民公共服务满意度的影响强度有所减弱，但影响效力依旧显著；但是，基于公民参与为中介变量的政府职能转变与公共服务满意度的间接关系，则随着政府透明度水平的提升而不断增强，这也在一定程度上证明了政府透明度水平对于公民参与公共事务并形成共识所具有的促进作用。对于地区差异变量而言，上述直接关系和间接关系均表现出一定的稳定性，即不论是经济社会发展相对发达的东部省份还是后进的西部省份，政府职能转变与公共服务满意度之间均表现出显著的正向预测关系，同时这种影响机制是通过公民参与这一因素发生作用的；而这种影响机制也表现出较为明显的地方性差异，即在西部省份的作用强度更为突出，就这一结果可以理解为：在目前的背景条件下，通过推进政府职能转变、加强公民在公共事务中的有效参与，对于西部省份公民的公共服务满意度提升更具效果。

（二）实践意涵

本章研究的结论不仅有助于更加全面、深入地理解公民公共服务满意度的影响机制，也为今后在实践中通过多元主体互动来优化公共服务绩效提供了思路。结合本章研究的实证分析结果，针对其实践提出以下三点建议：（1）公民参与在政府职能转变与公民公共服务满意度之间的中介作用提示我们，在通过简政放权、依法行政等一系列转变职能措施对公共服务绩效进行优化的过程中，首先要以构建现代治理体系为基础，形成多元主体参与的共治格局，进而增强广大人民群众的获得感与认同度。（2）政府透明度的提升，不仅作用于涉及公共事务信息的公开、共享，更暗含多元主体之间的平等参与地位，这种观念和治理形式有助于破除传统"行政主导的单中心"治理模式，进而形成基于法治框架下的政府、社会、市场等多个领域主体共同参与的现代社会治理体系。（3）地方性差异，既是我们观察分析当下中国基层治理现实重要的观察点，同时也是地方政府今后推进社会治理现代化重要的切入点。以本章研究为例，越是在社会经济发展相对落后的地区或省份，越应该重视地方政府职能转变的推进力度与效果，在强化多主体参与公共服务供给过程的同时，切实满足公民对基本公共服务的各类需求，通过优化公共服务产品供给质量真正达到提升公民满意度的目的。

（三）本章研究的不足与未来展望

尽管本章在探讨公共服务满意度的影响机制方面获得了一些有意义的实

证研究结果，但就其内容与方法而言，仍旧存在需加以改进的方面。首先，与其他研究将政府透明度作为中介变量不同，我们将其作为调节变量纳入模型后发现，政府透明度与政府职能转变的交互作用依旧显著。由此可以知道，在有关公民公共服务满意度的影响机制中，政府透明度具有非常重要的地位。因此，不能排除其作为调节和中介变量同时发挥双重效应，有关此假设应在未来研究中对其做进一步的检验。其次，本章对地区性差异的检验，缺乏将具体变量（例如，地方GDP、人口规模、省级人均收入、城镇化水平等）纳入检验模型的操作。在未来研究中，可以设计具体的地区层次变量，并通过嵌套结构数据采用多层线性模型（HLM）技术对地区性差异进行深入验证。最后，本章的所有数据收集均为被调查者自陈作答获得，虽然检验显示共同方法偏差效应并不明显，但在变量间因果关系的推断上要有所谨慎。未来研究可通过多种数据收集方式对上述问题予以控制，例如，在政府透明度变量的数据收集上，设计主客观指标结构，以获取更为全面、客观的数据资料。

第十四章 总结与思考

一 影响政治参与的多维路径

个体的政治参与心理与行为,是其成长为"政治人"过程中自身发展与变化的结果表现,也是公民"政治属性"基本特征的集中体现。政治参与的根本特质在于,公民个体通过对社会政治议题和活动的介入、参与,从而展现其在国家治理过程所发挥的作用和影响,是社会民主核心价值的具体体现形式之一。作为政治科学的经典核心研究议题,政治参与吸引了包括政治学、心理学、社会学、经济学、传播学等众多社会科学研究者的关注与青睐,大家一方面关注政治参与与社会民主发展、国家治理提升等的关系;另一方面也对有效政治参与的影响机制问题进行不断探索,希望从中获知对政治参与经典问题的解答,即"谁参与、何时参与、如何参与"。对于政治参与的影响因素及作用机制,政治科学的传统研究累积了大量富有理论生命力和现实解释力的成果。无论是理性选择理论、资源支持理论,还是政治现代化理论、社会资本理论等,都为我们从学科视角认识和理解政治参与提供了重要的滋养。然而,单一学科视角对政治参与问题的把握终究存有局限,随着政治参与研究主题的不断推进与深入,越来越多的研究者开始尝试通过多学科融合交叉的方式对政治参与开展研究分析。特别是进入21世纪之后,统合不同学科关注焦点对政治参与影响机制进行整体性研究,逐渐成为该领域的一种趋势。[①] 国内学者对政治参与的研究发展,与上述趋势有所呼应,政治参与问题的研究不仅受到来自非政治学专业研究者的关注,同时一些包

[①] Cohen, A., Vigoda, E. and Samorly, A., "Analysis of the Mediating Effect of Personal-Psychological Variables on the Relationship Between Socioeconomic Status and Political Participation: A Structural Equations Framework", *Political Psychology*, Vol. 22, No. 4, 2001, pp. 727–757.

括政治学专业在内的研究者还尝试将其他相邻学科的研究变量整合进入相关研究进行检验,以此解析中国公民政治参与的发生机制。本书所呈现的系列研究,正是基于政治心理学这一交叉学科视角来对中国公民政治参与心理与行为进行探索的系统化研究集合。从本书相关章节所进行的量化研究发现来看,中国公民政治参与心理与行为的影响机制呈现出多维路径的特点。

第一,多层次、多类型变量对政治参与行为的综合影响结构。在政治参与的影响机制链条上,其所反映的内容是由多层次变量共同影响、同时作用的结果。恰如本书基于选举参与为关注对象的研究发现,公民个体的选举参与行为不仅受到来自行为主体自身资源特征(年龄、收入、政治面貌、户籍类型等)、心理特征(政治效能感、参与意愿等)的影响,同时处于区域层级的变量(公共财政预算收入指标、GDP 指标、城镇单位就业人数等)也对公民的政治参与行为发挥作用。这种基于多层次变量对政治参与的影响结构,在前述章节的研究中得以有效验证;在分析政府职能转变、公民参与对公共服务满意度的影响关系时,我们将区域变量具体化为"地方性差异"这一因素,不仅明确了地方性差异在考察和分析基层社会治理过程中的作用,[①] 同时在政府影响与公民参与的关系中确认了地方性差异这一区域层级性质变量的调节效应。此外,变量的多元化类型是政治参与影响结构的另一重要特征。尽管本研究所涉及影响变量并未穷极所有因素,但依据现有发现,在多层级因素考察框架下仍旧呈现出多类型变量共同作用的形态。具体来看,至少有以下五种类型的变量存在其中。第一是反映宏观社会经济发展状况的变量,诸如公共财政预算收入指标、GDP 指标、城镇单位就业人数等;第二是反映当下社会政治发展现实的变量,诸如政府职能转变、政府透明度等;第三是反映个体特征资源类型和水平的各类人口学变量指标,诸如性别、学历、收入、政治面貌、客观社经地位等;第四是反映公民个体针对政治参与主题的基本认知状况,诸如政治知识等;第五是反映公民个体政治心理和社会心态的变量,诸如政治效能感、参与意愿、政治信任、社会公平感、社团有效性感知等。上述五类变量,在类型内部及类型之间又有所交叉,形成对政治参与的直接、间接以及交互影响效应。

第二,政治认知、主观感知与政治参与行为相互作用的传导机制。在

---

① 周庆智:《基层治理创新模式的质疑与辨析——基于东西部基层治理实践的比较分析》,《华中师范大学学报》(人文社会科学版)2015 年第 2 期。

"认知、心理与行为"的框架下,通过操作相关控制变量,我们对于政治参与的发生及影响路径有了更进一步的把握和理解。特别是本书系列研究中对政治认知的概念化操作,将以往"使用教育背景数据指代政治认知水平"变化为"使用针对具体参与议题的知识持有数据指代政治认知水平",进而进一步明确了上述类型变量之间的作用机制。从本书目前的研究发现来看,至少存在如下种相关关系。首先,政治知识作为一种特殊的政治行为驱动资源,兼具主客观资源的双重特征,对个体的政治参与行为具有显著的正向影响作用,再一次证明了政治认知对个体政治行为发生的对应性促进功能。其次,政治认知对于公民实际政治参与行为的影响,通常借由行为主体的相关感知评价等主观心理变量发挥作用。在本书研究中就发现,公民个体针对社团参与中的"权利与途径"维度的认知,会通过其有关社团有效性的主观感知评价来影响其可能的参与行为实施。此外,针对特定的政治参与类型,公民个体的具体参与心理状况和态度,还会成为个体认知与行为关系的作用条件因素;在有关政策参与的分析中,不同水平的参与满意度、参与意愿和参与效能,都可能使个体政治认知与行为之间的影响关系及作用程度发生微妙变化。恰如政治参与的动员模型中所表述的那样,个体资源特征与心理动机是预测个体参与行为重要的指标。一些研究者明确主张,应将反映参与主体认知、情感、态度等的主观政治心理要素与其行为一起纳入对政治参与的研究分析,进而考察个体政治参与心理与行为的关系及发生机制。最后,公民个体的政治认知具有群体偏好特征,这种偏好表现会直接反映于个体的政治参与心理与行为,形成公民个体政治参与表现的联动和连锁反应。因而,面向特定群体和特定政治参与类型或形式的分析,需充分考虑到群体之间的差异状况,并适时进行区别与分解。

第三,政治心理对参与行为预测路径的复杂性。这种预测路径的复杂性,主要体现在两个方面:一是政治心理对于政治参与的直接作用,二是政治心理对于政治参与的间接效应。对于研究者而言,我们希望能够获知变量之间最为明确的直接对应关系,例如信任与参与。本书研究对此聚焦于社会政治领域的信任心理与参与心理,发现基于政治制度、系统及人员的信任评价测量,能够有效预测个体的政策参与满意度、意愿与效能,特别是在以程序公平感知为条件变量的情况下,政治信任对政治参与心理的预测效力更为明显。然而,在更多时候,政治心理对政治行为的预测表现并非仅仅呈现出直接的关系路径,而是表现为由直接效应和间接效应共同叠加的结果。我们基于大样本调查数据进行的统计分析结果发现，公民个体政治效能感、参与意愿和选举参与行为之间呈现出明显的中介影响路径（效能感→意愿→行为）；也就是说，个体对于自身政治影响力的主观评价会对其针对特定政治活动的参与意愿形成影响，进而作用预期后续实际政治参与行为的实施。此外，我们还进一步对该预测路径的成立条件进行了探索分析，在有效应用和检验计划行为理论在中国公民政治参与研究议题中的适用性的同时，[1] 对该理论的未来发展提供了有益的数据支持。

二 政治参与发生条件的确认：基于政治心理的探索

恰如本书前言及第一章中所介绍的那样，本书所呈现的系列研究主要依循两种推进路线：一是基于政治心理学的学科视角和基本观点所进行的理论假设构建与数据检验，二是基于政治科学传统研究视角、以政治心理学关注的核心变量所进行的理论假设构建与数据检验。在上述两种推进路线中，我们始终秉持的基本研究思路是：围绕政治心理学这一主线，同时兼顾相邻学科的关注重点，通过实证研究范式中的量化分析技术来探索和确认中国公民政治参与的影响机制及其发生条件。正是在上述研究设计原则与思路的指导下，使我们的研究在内容、方法、结果、解析及系统性等方面，都有别于国内同类的相关研究。特别是在政治参与影响机制的发生条件确认方面，本书的相关研究着力从心理与行为视角向读者展示一幅中国"政治人"行动的现实图景。

（一）认知决定态度

有关政治参与的资源支持理论认为，诸如时间、金钱、知识储备与公民技能等个体特征资源，对个体政治参与的可能程度与卷入水平都具有显著的正向影响作用。然而，作为兼具主客观特征的资源类型，以政治知识为代表的政治认知因素，其对个体政治参与行为的影响除已知的直接效应外，还存在另外一种可能，即政治认知同时或与其他政治心理变量（例如政治态度）

---

[1] Ajzen, I., "The Theory of Planned Behavior", In P. A. M. van Lange, A. W. Kruglanski and E. T. Higgins (eds.), *Handbook of theories of social psychology*, New York: Lawrence Erlbaum Associates, 2012, pp. 438 – 459; Ajzen, I., "The Theory of Planned Behavior", *Organizational Behavior and Human Decision Processes*, Vol. 50, No. 2, 1991, pp. 179 – 211.

交互作用，进而对政治行为产生影响。本书提供的研究证据有力地支持了上述观点，简而言之，不同认知状态下政治态度与政治参与行为之间的关系形成不同的表现形态。具体到本书研究，一方面，我们将政治认知变量操作化为基于特定政治参与议题所对应的政治知识；另一方面，在既有政治态度与政治行为的影响机制中检验其直接关系和间接关系的成立条件。在已验证的中介路径"政治效能感→参与意愿→实际参与行为"中，政治认知差异化对于间接效应的作用相对更为明显，也就是说，政治认知与态度的交互作用对于其他政治态度的影响效力要高于此交互作用对政治参与行为的直接影响。这说明，作为个体认知资源的重要指标，政治知识持有水平越高，就越能将这种认知资源转化为响应的心理动因（例如参与意愿），就越有利于个体在心理与行为等方面深度介入相关政治议题和活动。

（二）社会心态牵引个体认知、心理与行为

社会心态虽然也属于心理因素或变量的范畴，但其与社会心理学或政治心理学中的个体心理仍旧不同。王俊秀曾指出，社会心态是社会心理的宏观视角展现，是一定时期的社会环境和文化包括亚文化影响下形成并不断发生着变化的，社会中多数成员或占一定比例的成员表现出的普遍的、一致的心理特点和行为模式，并构成一种氛围，成为影响每个个体成员行为的模板。[1]也就是说，社会心态是在一定时期内，基于客观现实所表现出的有关大多数社会成员的认知、情感、态度、价值观以及习惯、偏好等心理与行为特征的总体、宏观反映。社会心态更倾向于对外部的社会客观环境的心理总体或趋势的反映，由其引发的影响作用会同时表现于社会心态的其他维度和个体具体的社会政治心理维度，例如，政治信任、社会公平感等。在本书章节呈现的研究中，基于对政治制度、系统与行为主体的政治信任感知，其会因公民个体对社会公平感知的差异而表现出对政治参与心理不同的影响效力；与此对应，这种基于社会政治的信任感知，还会直接体现于政治态度（政治效能感、参与意愿）是否对政治行为产生影响作用上，当社会心态水平偏低时，政治态度与政治行为之间的预测关系则会相应消失。此外，社会心态作为对社会现实宏观领域的心理反应，其作用还会表现于社会政治生活的认知和态度之中，进而强化或消解政治认知与态度，并使相对应的影响关

---

[1] 王俊秀：《社会心态：转型社会的社会心理研究》，《社会学研究》2014年第1期。

系发生及程度形成变化。

(三) 个体偏好下影响机制的差异化表现

个体偏好,本是一种描述个体倾向化特征的概念表述,主要表现为认知、态度与行为等领域的倾向或取向。本书系列研究所涉及的个体偏好变量,也主要集中在不同公民个体或群体的认知、态度与行为领域。首先,对于认知层面的个体偏好,其所展现的影响更多表现于态度方面,抑或经由态度来对相应的政治行为发生作用,这一点与我们在本部分所述"认知决定态度"相对应和一致。例如,我们针对女性群体政策参与的分析发现,关于政策执行偏好的认知差异,其主要影响在于对政策参与满意度上的表现不同。其次,对于态度层面的个体偏好,则在影响范围和形式上更为广泛、复杂。一方面,来自态度的个体偏好,本身就会对其涉及政治参与的其他态度类型形成影响;另一方面,这种态度偏好影响还表现在其认知和行为方面。此外,由于特定态度偏好造成的相关认知、态度与行为的差异,使得原有的态度对认知与行为关系的条件确认表现出完全不同的形式,例如,在直接依赖型政策偏好群体中,个体的参与意愿与效能感在其认知与行为关系中成为重要的边界条件,而在间接依赖型政策偏好群体中,则认知与行为关系的边界条件转变成为个体的参与满意度。最后,对于行为层面的个体偏好,其影响则主要聚集于态度和行为方面。虽然来自认知、态度和行为方面的影响均可能对个体的行为偏好发生作用,但由此种行为偏好出发所产生的作用,可能更多还是在整合对应态度变量的基础上形成的。本书第六章的研究发现有力地证实了这一观点,个体的媒体使用行为偏好并未直接对其政治参与行为产生影响,但其与社会公平感知以及以政治知识为代表的政治认知形成二阶、三阶交互作用。

三 政治参与的作用与意义

政治参与对于政治学学科本身及现实的社会政治实践,都具有重要的意义。然而,从目前该领域的研究实际来看,在政治参与的作用与意义这一研究方向上,似乎仍有必要加大推进力度。一方面,随着政治参与研究的持续开展与不断深入,国内学术界对政治参与的重视程度逐步加强,使得政治参与研究的发展不再局限于政治学专业,而是成为包括心理学、社会学、管学、传播学等诸多社会科学研究者共同聚焦的研究领域。另一方面，众多研究的执行与发现，似乎对于政治参与在何种方式、何种程度上作用于社会政治实践，并未形成系统性的实证证据指引；现有实证研究的累积，更多指向对特定群体在特定政治参与形式上的现状描述，而对于政治参与的前因变量群、结果变量群与其的相互关系的挖掘，无论是研究数量还是研究质量均存有明显不足。也就是说，在我们获知中国公民政治参与的影响因素及相关机制之后，我们还需进一步加深对政治参与功能价值的把握和理解。基于当前现实情境，本书从政治心理学视角设计部分章节的研究，重点考察政治参与在稳定与发展两个方面的作用和意义。

这里首先需要特别说明的是，本书对于政治参与的量化分析和结果讨论，主要集中于传统的制度化（或常规化）政治参与形式。因此，本部分所涉及的"政治参与和国家稳定""政治参与和社会治理"，也属这一范围。

（一）政治参与和国家稳定

从变量之间的关系来看，政治参与不仅对国家稳定本身具有显著的预测作用，同时其与政治态度（政治认同）的交互效应也透过政治沟通这一中介机制对国家稳定表现出显著的预测作用。首先，中国公民在政治参与认知和实际参与行为两个维度上的表现，能够有效预测公民个体对国家稳定的判断、评价。在政治参与行为这一预测维度的基础上，有关政治参与的认知状况，其实在很大程度上同时反映了行为主体的态度表现；而这种指向政治系统的态度，再辅以其实际的政治参与行为表现，很好地展现了公民对于政治系统有序运行程度及政府合法性的判断与认知。其次，政治认同态度向行为的转化，有赖于政治参与这一实践路径。具体表现为：政治参与为政治认同的态度形成与强化，提供了现实化的理性认知体验；同时，政治参与也为政治认同的现实检验，提供了机制化的渠道与途径。最后，作为一种特殊形式的政治参与方式，政治沟通连接了政治认同与国家稳定之间的关系。政治认同体现了公民个体对现行政治系统运行及合法性的认受度，认受度越高，则政治沟通意愿和行为实施可能性越高；反之，则政治沟通意愿和行为实施可能性越低。由此引发的后续结果体现为两个方面，一方面，政治沟通的实施与否，在一定程度上决定和影响着社会冲突的多寡、程度，也由此映射着国家稳定的状况；另一方面，政治沟通的有效性程度，则会受到沟通双方是否"在场"、是否有效介入对应议题，这也恰是本书研究所发现的内容——基于政治参与的认知与实践水平越高，政治认同透过政治沟通对国家稳定的正向影响效应越大。

（二）政治参与和社会治理

在考察政治参与的发展功能时，本书研究选取了社会治理作为切入点，通过分析政治参与于公共服务满意度的影响予以确认其作用与意义。现代社会治理体系构建的最终目标在于实现社会治理的共治共享格局，从而在基本公共服务产品的供给上使公民个体获得保障与满足，这也是衡量国家治理体系与治理能力现代化的重要指标，更是评价社会经济质量发展的有效工具。对于政治参与在社会治理过程中推进作用的确认，可结合本书部分章节的研究发现从以下三个方面予以分析。第一，现代社会治理体系所强调的共治共享格局，本身便蕴含公民参与的内涵。一是公民适度有序参与，有利于治理决策的科学化以及多元主体对社会治理过程的实质化影响实施；二是公民适度有序参与，有利于保证多元利益主体的公共服务差异化需求；三是公民适度有序参与，有利于相应公共政策的推广执行。第二，作为特殊形式的政治参与方式，政治沟通提供了公民有序有效参与社会治理和公共服务供给过程的合理化"管道"。具体来看，一方面，公民参与的认知与行为，使得处于社会治理结构中不同主体之间的信息交换成为必需，这有力地推动了多主体之间沟通交流的动因因素发展；另一方面，有效的社会政治沟通反过来对政治参与的效果提升给予了保障，不仅消除或减少了非理性化参与带来的不利后果，同时还对社会矛盾控制、社会稳定维护以及社会发展促进具有积极效果和意义。第三，政治参与对于政治系统的发展与变化以及由此形成的面向治理发展的影响机制，具有重要的助推作用。在本书实证检验部分的最后两章中，针对政府职能转变与公共服务满意度的关系，我们先后采用两组数据对两类假设模型（链式多重中介模型和有调节的中介模型）进行分析，数据结果均验证了公民参与在上述关系中的桥梁及助推作用，有力地证实了公民参与在社会治理过程中的积极作用与意义。

四 未来研究的展望：中国公民的政治社会化

人类社会政治生活的复杂性特质，使得研究者很难通过有限的研究计划执行来获悉其活动的全部轨迹与奥秘。在本书的系列研究中，我们基于政治心理学的研究视角，采用实证研究范式中的量化分析技术对中国"政治人"的政治行为（中国公民的政治参与）进行了研究，初步完成了本书预定的三大研究任务，即中国公民政治参与心理与行为的影响机制、相关影响机制发生的条件确认以及政治参与的功能表现。但是，随着总体研究的不断推进和深入，研究者越发意识到对于中国"政治人"尚有诸多"未解之谜"。具体来说，重点包括以下几个方面。首先，在既定学科框架下，本书力图对中国公民政治参与的影响因素充分挖掘，厘清相关影响机制的运行状况。但是，我们已经探析的内容仍旧相当有限，即使在政治心理学的学科范围内，仍旧有诸多影响因素未能涉及，诸如政府支持、政治疏离感、公民获得感等变量以及其与其他变量之间的交互影响机制等。因此，在后续的研究中还需有所扩展和涉及。其次，在本书已获悉的研究发现基础上，我们有必要进一步确认，公民个体在其所处的政治系统结构中，其既有的政治认知、心理与行为是如何形成和发展的；特别是对于那些相同生活背景下的公民个体，为何在政治认知、心理与行为的特征和偏好上会表现出如此显著的差异，而这些差异又是怎样影响着其后续的政治参与。最后，对于公民个体政治认知、心理与行为的形成与发展，除去社会政治结构中的系统性因素外，能够使个体展现出独特自我的深层次影响结果的因素，还应回归于对公民个体政治人格与政治价值观的讨论上来。因此，我们对此还将面对更为艰巨而富有挑战性的研究工作，即中国公民的政治人格和政治价值观的结构、现状与影响作用。

综合上述疑问与思考，笔者的思路逐渐清晰起来，要想进一步把握和理解中国公民的政治参与心理与行为，进而透析中国"政治人"的行动逻辑与规律，还需回溯其相关影响因素本身的形成与发展机制；也就是说，为什么当前的中国"政治人"会表现出此种形态的政治认知、心理与行为，这其实已经引申出有关中国"政治人"另一个重要的研究议题，即发展中的政治人——中国公民的政治社会化问题研究。作为政治心理学的经典概念和研究议题，政治社会化（Political Socialization）是我们透过"政治人"成长、发展历程来观察、解释社会政治现象与问题的重要切入视角，是我们综合运用主客观变量解析政治系统运行机制与效果的重要操作工具。具体来讲，政治社会化是个体与社会政治环境的互动影响过程与结果表现形式，是个体通过主动或被动的方式使其政治认知与能力、政治情感与态度、政治人格与行为等得以持续发展、变化的过程，是政治文化得以传承、政治系统保持稳定的重要实现途径。从个体层面来看，政治社会化强调公民个人学习、获取和形成政治知识、政治价值观念、政治制度规范、政治行为能力、政治角色扮演、社会政治心理等的过程；而从社会层面来看，政治社会化强调政治文化的传递及其在不同代际的传承、发展过程。因此，如果能够从政治社会化的研究进行切入，不仅有利于我们发现和把握中国"政治人"成长、发展的路径与规律，同时还有利于我们以此为解析工具来理解中国"政治人"自我的内在逻辑与行动趋势，使我们的稳定与发展更多受益于公民个体的参与行为。对于这一主题，未来笔者可能会重点开展四个方面的研究尝试。

第一，中国公民政治人格与价值观的结构、测量与表现特征。人格与价值观是理解公民个体差异化特征表现的深层结构变量，其具有较强的稳定性和心理、行为指向性。有关政治社会化的中外研究，虽已注意到政治人格和政治价值观的重要性价值，但整体关注和研究开展仍略显不足。特别是国内关于上述两个核心概念的研究，存在两种表现与不足。[①] 一是对概念的总体操作化水平较低，对政治人格以及政治价值观的自身构念论述不清，研究者在具体研究过程中更多关注的是特定化类型变量，诸如马基雅维利人格、威权人格、民主价值观等。二是在相关实证研究中所采用的变量数据，其测量并非专门针对中国公民所设计，且信效度水平有待提高。基于此，在未来研究中可以考虑对上述两个核心变量进行更为严谨的、适用于中国公民的本土化概念界定与操作化，在构念其基本维度结构的同时，发展有效测量工具，从而对中国公民的政治人格与政治价值观进行描述刻画分析。

第二，中国公民政治社会化的评价体系。自1959年社会心理学家海曼首次出版了以"政治社会化"为题名的学术专著《政治社会化：政治行为的心理研究》以后，政治社会化作为一个专门化的研究领域被不同学科的研究者所关注。特别是1968年，丹尼斯发表了《政治社会化研究中

---

① 马得勇、王丽娜：《中国网民的意识形态立场及其形成：一个实证的分析》，《社会》2015年第5期；肖唐镖、王艳军：《地方干部的民主价值观：类型与结构特征——对1456个地方干部的问卷分析》，《政治学研究》2017年第2期；王鑫、肖唐镖：《民众"国际观"的理论类型与实证分析——2011年与2015年两波全国性抽样调查的分析》，《江西师范大学学报》（哲学社会科学版）2018年第4期；马得勇、陆屹洲：《信息接触、威权人格、意识形态与网络民族主义——中国网民政治态度形成机制分析》，《清华大学学报》（哲学社会科学版）2019年第3期。

的若干问题》一文，系统化梳理了政治社会化研究的十大核心问题，再次巩固了其在政治科学研究领域的核心议题地位。虽然后期的政治社会化研究发展经历了起伏，但其学科价值及工具解释的效用一直备受认可。针对该内容在国内的研究来看，一方面需对其定义内涵进行进一步的阐述；另一方面更为紧迫的是，需要针对中国公民政治社会化的状况构建、开发对应的评价体系与应用工具。当然，对此不仅要借鉴国外相关研究所提出的政治社会化评价体系（诸如认知、态度、情感、评价行为等维度），同时还要紧贴中国实际发展和现实语境，形成系统化、客观化、科学化的测量指标与工具题目。

第三，中国公民政治社会化的影响因素与机制。传统的政治社会化研究，将影响公民政治社会化进程的场域大致定位于家庭、学校、社会、大众媒介与工作单位，相关影响主体包括有父母、老师、同辈群体（同学、朋友）、权威人物与领导等。但是，对于当前中国公民政治社会化的研究，在分析其影响因素与机制时，必须考虑到两个特殊情况。一是中国社会的转型变迁与快速发展，其速度、规模、程度等都是全球其他国家与地区不曾经历的，同时也是我们自己不曾预计的；面临如此变化，公民个体的政治社会化进程是否会受到影响以及以何种方式受到何种影响，都应是需要特别关注的。二是信息技术快速发展的背景下，互联网、移动信息平台、大数据、人工智能等正在以难以想象的广度、深度和力度影响着我们的日常生活、工作与学习。在此时代发展的推进下，我们所经历的政治社会化的内容、方式、阶段、节奏、主导场域、关键他人等都会做出相应的调整与变化，同样也会受到相应的影响作用。为此，针对中国公民政治社会化影响因素与机制的研究、分析，将面临更为复杂的特质变化与情境背景，同时也应当是我们作为研究者予以重点关注的内容。

第四，中国公民政治社会化的动态化发展与功能。随着政治社会化研究的深入推进，目前对于政治社会化的认知早已突破传统的政治学习观或公民教育论的阶段，同时也不再将政治社会化视作个体成年期之前的特定发展阶段的现象或任务。由此带来的变化是，将政治社会化看作公民个体终身发展所必需的组成部分和经历过程。也就是说，政治社会化将会伴随个体的自我发展历程，并对其社会政治生活产生持续化的影响作用。此时，需要我们用一种动态的视角去观察和分析"政治人"的成长过程，去探寻在此过程中中国公民政治社会化所经历与表现出的"常"与

"易"。唯有如此,研究者才可能真正把握和理解中国"政治人"的自我结构与表现形态,才可能真正将中国"政治人"的成长与行动对应起来形成更为连贯、立体的认知;也只有这样,研究者才可能真正接近中国"政治人"的内心世界。

参考文献

《马克思恩格斯全集》第30卷，人民出版社1995年版。

［加］迈克尔·豪利特、［澳］M. 拉米什：《公共政策研究——政策循环与政策子系统》，生活·读书·新知三联书店2006年版。

［美］罗伯特·帕特南：《使民主运转起来——现代意大利的公民传统》，王列、赖海榕译，江西人民出版社2001年版。

白钢：《中国公共政策分析2001年卷》，中国社会科学出版社2001年版。

陈义平：《政治人：铸模与发展——中国社会转型期的公民政治分析》，安徽大学出版社2002年版。

房宁、王炳权、马利军等：《成长的中国：当代中国青年的国家民族意识研究》，人民出版社2002年版。

房宁：《政治参与蓝皮书：中国政治参与报告（2011）》，社会科学文献出版社2011年版。

房宁：《政治参与蓝皮书：中国政治参与报告（2012）》，社会科学文献出版社2012年版。

冯强：《互联网使用、政治效能、日常政治交流与参与意向——一项以大学生为例的定量研究》，《新闻与传播评论》2011年（年刊）。

蒋云根：《政治人的心理世界》，学林出版社2002年版。

史卫民、雷兢璇：《直接选举：制度与过程》，中国社会科学出版社1991年版。

史卫民、郑建君、李国强、涂锋：《中国公民政策参与研究——基于2011年全国问卷调查数据》，中国社会科学出版社2013年版。

史卫民、周庆智、郑建君、田华：《政治认同与危机压力》，中国社会科学出版社2014年版。

史卫民：《"政策主导型"的渐进式改革——改革开放以来中国政治发展的

因素分析》，中国社会科学出版社 2011 年版。

张明澍：《中国"政治人"：中国公民政治素质调查报告》，中国社会科学出版社 1994 年版。

张明澍：《中国人想要什么样民主：中国"政治人"2012》，社会科学文献出版社 2013 年版。

周庆智：《在政府与社会之间：基层治理诸问题研究》，中国社会科学出版社 2015 年版。

敖海华：《政府职能转变现状与未来》，《人民论坛》2015 年第 11 期。

白萌、杜海峰、惠亚婷：《新生代农民工政治表达意愿性别差异的研究》，《西安交通大学学报》（社会科学版）2012 年第 3 期。

薄贵利：《完善公共服务：地方政府职能转变的核心和重点》，《新视野》2004 年第 5 期。

蔡定剑：《公民素质与选举改革调查》，《战略与管理》2003 年第 2 期。

蔡宁、张玉婷、沈奇泰松：《政治关联如何影响社会组织有效性？——组织自主性的中介作用和制度支持的调节作用》，《浙江大学学报》（人文社会科学版）2018 年第 1 期。

常思纯：《投票率视角下的日本青年政治冷漠现象分析》，《中国青年社会科学》2015 年第 3 期。

陈剩勇、徐珣：《民主的社会基础：利普塞特政治发展理论解读》，《浙江大学学报》（人文社会科学版）2009 年第 2 期。

陈天祥、何红烨：《政府与社会组织关系折射下的政府职能转变——基于珠三角的一项问卷调查》，《四川师范大学学报》（社会科学版）2016 年第 4 期。

陈尧：《社会转型期政治信任结构的变化》，《中国浦东干部学院学报》2009 年第 4 期。

陈志明：《市场经济背景下的政府透明理论研究》，《生产力研究》2007 年第 18 期。

陈自强：《西部民族地区社会政治稳定特点及突出影响因素分析——基于贵州 300 份抽样调查对象资料的基本分析》，《云南行政学院学报》2012 年第 1 期。

程竹汝：《政治信任研究：三个基础性问题》，《中国浦东干部学院学报》2009 年第 4 期。

楚成亚:《当代中国大学生政治亚文化分析》,《青年研究》2003 年第 2 期。

褚松燕:《我国社会团体发展的省际差异比较——北京、浙江、黑龙江》,《国家行政学院学报》2004 年第 6 期。

董光前:《公共政策参与的障碍性因素分析》,《西北师范大学学报》(社会科学版) 2010 年第 3 期。

段文婷、江光荣:《计划行为理论述评》,《心理科学进展》2008 年第 2 期。

方旭光:《政治认同——政治实践的范畴》,《兰州学刊》2006 年第 9 期。

方玉梅、张雨芊:《公民参与公共政策全过程的主要障碍及对策——基于政策过程模型的分析》,《沈阳工业大学学报》(社会科学版) 2017 年第 4 期。

房宁:《规范性与经验性之争——试析政治学研究的基本方法》,《政治学研究》1997 年第 1 期。

房宁:《谈谈当代中国政治学方法论问题》,《政治学研究》2016 年第 1 期。

高旺:《村民参与机制与乡镇政府的职能转变》,《中共青岛市委党校·青岛行政学院学报》2016 年第 5 期。

龚宪军、吴玉锋:《社会资本与大学生网络政治参与研究》,《天津行政学院学报》2013 年第 5 期。

官永彬:《公众参与对民生类公共服务满意度影响的理论分析》,《重庆师范大学学报》(哲学社会科学版) 2014 年第 6 期。

官永彬:《民主与民生:分权体制下公众参与影响公共服务效率的经验研究》,《经济管理》2016 年第 1 期。

郭秋永:《发展中国家的政治参与:S. Huntington 的参与理论》,《人文及社会科学集刊》(中国台湾) 2000 第 3 期。

郭夏娟:《两性政治参与的同与异——从女性主义角度看浙江农村的村民自治》,《开放时代》2003 年第 4 期。

郭小安、张伟伟:《新媒体从业人员的政治效能感与政治参与意愿——一项针对成、渝两地新媒体从业者的调查研究》,《新闻大学》2016 年第 4 期。

郭智:《加快地方政府职能转变的目标及措施》,《人民论坛》2016 年第 11 期。

郝玲玲:《政治沟通与公民参与:转型期中国政府公信力提升的基本途径》,《理论探讨》2012 年第 5 期。

侯江红、刘文婧:《城乡居民对基本公共服务满意度的对比分析——基于

2013 年中国综合社会调查数据》，《华北电力大学学报》（社会科学版）2017 年第 5 期。

胡涤非：《村民政治信任及其对村级选举参与的影响——基于广东省惠州市 P 村调查的实证研究》，《暨南学报》（哲学社会科学版）2010 年第 3 期。

胡荣、王泉超：《村民村级选举参与的影响因素分析——基于武平等四县农村的实证研究》，《中共福建省委党校学报》2008 年第 4 期。

胡荣：《经济发展与竞争性的村委会选举》，《社会》2005 年第 3 期。

胡荣：《理性行动者的行动抉择与村民委员会选举制度的实施》，《社会学研究》2002 年第 2 期。

胡荣：《社会资本与中国农村居民的地域性自主参与——影响村民在村级选举中参与的各因素分析》，《社会学研究》2006 年第 2 期。

胡扬名、李燕凌、谢倩：《我国当代大学生政治参与：概念、功能与生态环境》，《辽宁行政学院学报》2013 年第 6 期。

胡元梓：《中国民众何以偏好信访——以冲突解决理论为视角》，《华中师范大学学报》（人文社会科学版）2011 年第 2 期。

户晓坤：《公共领域建构中的公民参与机制研究——基于公共服务型政府职能转变的视角》，《海南大学学报》（人文社会科学版）2013 年第 6 期。

黄俊尧：《政治稳定视野下的社会各阶层政治参与分析》，《云南行政学院学报》2005 年第 6 期。

姜涛：《偏好结构、信念特征与个体决策模型——基于行为经济学范式的研究综述》，《中南财经政法大学学报》2013 年第 2 期。

金恒江、余来辉、张国良：《媒介使用对个体环保行为的影响——基于中国综合社会调查（CGSS2013）数据的实证研究》，《新闻大学》2017 年第 2 期。

金姗姗：《政治参与行为对政治效能感的影响——基于浙江省间村基层民主选举投票的实证调研》，《甘肃行政学院学报》2012 年第 2 期。

景朝亮、毛寿龙：《从政府职能转变的视角反思社区基本公共服务》，《天津行政学院学报》2015 年第 1 期。

雷洪、徐艳：《农村居民参与基层选举的互动倾向及其差异》，《河南社会科学》2005 年第 2 期。

雷弢：《北京选民选举心态与参与行为调查》，《城市问题》1994 年第 5 期。

雷振文：《政治人的现代化与政治秩序调适——兼论转型期中国政治秩序调

适的主体培育问题》,《晋阳学刊》2008 年第 3 期。

李大治:《公正感研究对公共管理的意义》,《科学学研究》2006 年第 2 期。

李和中:《县(区)人大代表直接选举的调查及其分析》,《政治学研究》1998 年第 4 期。

李洪山、范思阳:《治理理论视角下公民参与政府购买公共服务研究》,《理论导刊》2017 年第 2 期。

李鹏:《增强政府职能转变中的社会参与》,《理论视野》2015 年第 7 期。

李蓉蓉:《农民政治效能感对政治参与影响的实证研究》,《深圳大学学报》(人文社会科学版)2013 年第 4 期。

李月:《从成都曹家巷"模拟搬迁"运行过程看政府职能转变——基于公民参与社会治理的视角》,《重庆行政》(公共论坛)2014 年第 4 期。

李云:《中国"政治人"政治心理的作用及其优化》,《求实》2007 年第 7 期。

梁爱强:《社会冲突理论视域下的青年学生政治认同建构》,《中国特色社会主义研究》2014 年第 5 期。

梁波:《政府职能转变与基本公共服务体系的构建》,《探索》2013 年第 3 期。

梁莹:《公民政策参与中的"信任"因素研究——基于历史坐标中的信任理论之思考》,《社会科学研究》2008 年第 3 期。

林少敏、吉青:《乡村社会对村民选举的回应——对影响村民参与选举的因素的考量》,《福建师范大学学报》(哲学社会科学版)2004 年第 3 期。

刘成文、张英魁:《近十年来大陆"政治沟通"研究述论》,《高校社科动态》2008 年第 2 期。

刘双良、刘丁蓉:《公共服务社会化:推进政府职能转变的新有效进路》,《湖北社会科学》2006 年第 5 期。

刘欣、朱妍:《中国城市的社会阶层与基层人大选举》,《社会学研究》2011 年第 6 期。

刘亚、龙立荣、李晔:《组织公平感对组织效果变量的影响》,《管理世界》2003 年第 3 期。

刘昀献:《当代中国的政治信任及其培育》,《中国浦东干部学院学报》2009 年第 4 期。

卢春天、赵云泽、张志坚:《论教育程度和媒介涵化对社会公平感的塑造》,

《现代传播》（中国传媒大学学报）2017 年第 12 期。

鲁晓、张汉：《政治知识和政治参与的性别鸿沟：社会科学研究与社会治理层面的思考》，《妇女研究论丛》2014 年第 4 期。

陆士桢、王蕾：《青年网络政治参与影响因素研究——基于定量研究的过程分析》，《中国青年政治学院学报》2013 年第 6 期。

吕同舟：《政府职能转变的理论逻辑与过程逻辑——基于国家治理现代化的思考》，《国家行政学院学报》2017 年第 5 期。

罗章、张俊伟：《分析与对策：当代大中学生政治认同研究——以重庆市学生联合会的专项调查为例》，《西南大学学报》（社会科学版）2009 年第 6 期。

麻宝斌、于丽春、杜平：《收入水平、政治社会化与参与意愿——转型期公众政治参与机会认知的影响因素分析》，《武汉大学学报》（哲学社会科学版）2017 年第 4 期。

马得勇、陆屹洲：《信息接触、威权人格、意识形态与网络民族主义——中国网民政治态度形成机制分析》，《清华大学学报》（哲学社会科学版）2019 年第 3 期。

马得勇、王丽娜：《中国网民的意识形态立场及其形成：一个实证的分析》，《社会》2015 年第 5 期。

马发亮、黄保红：《当代大学生网络政治参与状况的调查及对策》，《贵州师范大学学报》（社会科学版）2013 年第 4 期。

孟习贞：《公众参与促进基本公共服务的有效供给》，《生产力研究》2014 年第 11 期。

牟洪章：《政治人的困境与困境中的政治人——重读李普塞特的〈政治人〉有感》，《人民论坛》2012 年第 23 期。

潘忠党：《互联网使用和公民参与：地域和群体之间的差异以及其中的普遍性》，《新闻大学》2012 年第 6 期。

彭劲松：《邓小平论国家稳定的全面含义》，《理论学习与探索》1999 年第 3 期。

彭向刚、张杰：《论我国公共服务创新中公民参与的价值及路径》，《吉林大学社会科学学报》2010 年第 4 期。

彭正德：《论政治认同的内涵、结构与功能》，《湖南师范大学社会科学学报》2014 年第 5 期。

漆国生：《公共服务中的公众参与能力探析》，《中国行政管理》2010年第3期。

沈远新：《论转型期的政治认同危机与危机性认同及对策》，《理论与现代化》2000年第3期。

史卫民：《村民委员会选举选民参选率的综合比较》，《华中师范大学学报》（人文社会科学版）2007年第6期。

苏振华：《中国媒体信任的来源与发生机制：基于CGSS2010数据的实证研究》，《新闻与传播研究》2017年第5期。

孙柏瑛：《公民参与形式的类型及其适用性分析》，《中国人民大学学报》2005年第5期。

孙龙、雷弢：《区县人大代表选举中的选民参与——对北京选民的追踪调查与比较分析》，《江苏行政学院学报》2007年第1期。

孙晓莉：《公共服务中的公民参与》，《中国人民大学学报》2009年第4期。

孙昕、徐志刚、陶然、苏福兵：《政治信任、社会资本和村民选举参与——基于全国代表性样本调查的实证分析》，《社会学研究》2007年第4期。

孙昕聪：《论政治效能感对农民政治参与的影响——基于中国乡镇民主与治理调查数据的多元线性回归分析》，《甘肃理论学刊》2017年第2期。

谭德宇：《维系政治稳定的政治参与机制分析》，《求索》2006年第1期。

唐斌：《政治信任的概念，特征与价值》，《理论月刊》2011年第8期。

汪锦军：《公共服务中的公民参与模式分析》，《政治学研究》2011年第4期。

汪来杰：《公共服务中的公民参与问题分析》，《河南师范大学学报》（哲学社会科学版）2008年第5期。

王彩波、丁建彪：《社会公平视角下公共政策有效性的路径选择——关于公共政策效能的一种理论诠释》，《吉林大学社会科学学报》2012年第2期。

王春虹：《政治人：多维视阈下的研究命题》，《北京行政学院学报》2008年第3期。

王春虹：《转型期中国政治人的人格过渡性及其优化》，《新视野》2013年第6期。

王华华：《政治参与、政治吸纳与政权合法性的相生机理——重读李普塞特的〈政治人〉》，《理论导刊》2017年第7期。

王晶、赵莹、刘彦喆：《关于老龄女性化与农村老年妇女生存状况的思考——基于吉林省百村老年妇女生存现状调查》,《东北师范大学学报》（哲学社会科学版）2010 年第 3 期。

王俊秀：《社会心态：转型社会的社会心理研究》,《社会学研究》2014 年第 1 期。

王丽萍、方然：《参与还是不参与：中国公民政治参与的社会心理分析》,《政治学研究》2010 年第 2 期。

王少泉、董礼胜：《国家治理视域下基层人大选举参与状况研究》,《人大研究》2016 年第 6 期。

王晓洁：《中国基本公共文化服务地区间均等化水平实证分析——基于 1999 年、2009 年数据比较的考察》,《财政研究》2012 年第 3 期。

王鑫、肖唐镖：《民众"国际观"的理论类型与实证分析——2011 年与 2015 年两波全国性抽样调查的分析》,《江西师范大学学报》（哲学社会科学版）2018 年第 4 期。

王雁、王鸿、谢晨、王新云：《大学生网络政治参与：认知与行为的现状分析与探讨——以浙江 10 所高校为例的实证研究》,《浙江社会科学》2013 年第 5 期。

王永莉、梁城城、王吉祥：《财政透明度、财政分权与公共服务满意度——中国微观数据与宏观数据的交叉验证》,《现代财经》（天津财经大学学报）2016 年第 1 期。

王运生：《中国转型时期政治文化对政治稳定的二重作用》,《政治学研究》1998 年第 2 期。

魏珂、林莉：《地方政府职能转变与公共服务能力提升》,《时代经贸》（下旬刊）2008 年第 1 期。

魏淑艳：《当前西方国家公民政策参与的趋势、特点及对我国的启示》,《东北大学学报》（社会科学版）2003 年第 4 期。

魏彤儒、赵冬鸣：《当代大学生政治参与矛盾性的实证分析——以京津冀地区大学生为例》,《学校党建与思想教育》2012 年第 14 期。

魏以宁：《"倒挂"：中国公民政治参与意愿与行为的影响因素研究——基于 CGSS2010 的实证研究》,《改革与开放》2017 年第 17 期。

温忠麟、侯杰泰、张雷：《调节效应与中介效应的比较和应用》,《心理学报》2005 年第 2 期。

吴理财：《服务型政府构建与民众参与——以乡镇职能转变为例》,《学习月刊》2008 年第 7 期。

吴毅：《村治中的政治人——一个村庄村民公共参与和公共意识的分析》，《战略与管理》1998 年第 1 期。

吴雨欣：《中国基层人大选举提名制度运行情况解析》，《甘肃行政学院学报》2014 年第 4 期。

夏守智：《社交媒体、政治效能感与台湾青年的政治参与研究》，《青年探索》2017 年第 6 期。

肖唐镖、王艳军：《地方干部的民主价值观：类型与结构特征——对 1456 个地方干部的问卷分析》，《政治学研究》2017 年第 2 期。

邢春冰、罗楚亮：《社会信任与政治参与：城镇基层人大代表选举的居民投票行为》，《世界经济文汇》2011 年第 4 期。

徐金燕、陆自荣、蒋利平：《居民志愿服务参与意愿与社区公共服务居民满意度：内在影响之实证解析》，《中共成都市委党校学报》2012 年第 6 期。

徐勇：《公共服务购买中政府职能转变的困境与出路》，《中共天津市委党校学报》2015 年第 4 期。

许华、许冲：《90 后大学生政治信仰和政治参与现状分析——基于安徽省高校的调查》，《中国青年政治学院学报》2010 年第 4 期。

许丽娜、张晓琼：《社会性别视角下对农村妇女政治参与状况的考察——基于对山东省部分农村的实证调查》，《北京青年政治学院学报》2010 年第 3 期。

许一飞：《政府回应网络民意的政治沟通模型、特征、问题及路径选择》，《行政论坛》2015 年第 4 期。

杨成、刘潇潇：《论政府购买公共服务中的公众参与》，《行政与法》2016 年第 10 期。

杨炼：《社会组织参与公共服务供给的现实情境》，《重庆社会科学》2016 年第 3 期。

杨志荣：《政府职能转变新趋势下我国公共服务市场化路径探析》，《现代管理科学》2015 年第 12 期。

叶明华、杨国枢：《中国人的家族主义：概念分析与实证衡鉴》，《"中央研究院"民族学研究所集刊》（中国台湾）1998 年第 83 期。

易承志：《政治信任与内在效能感对基层选举投票的影响》，《华中师范大学学报》（人文社会科学版）2015 年第 6 期。

于文轩：《政府透明度与政治信任：基于2011中国城市服务型政府调查的分析》，《中国行政管理》2013年第2期。

于筱莹：《基于社会性别与分层视角下我国女性政治权力参与问题的思考》，《中共青岛市委党校·青岛行政学院学报》2010年第4期。

余敏江、梁莹：《政府信任与公民参与意识内在关联的实证分析——以南京市为例》，《中国行政管理》2008年第8期。

虞崇胜、张星：《社会转型过程中的"政治人"——对"公民"概念中国境遇的政治学考察》，《云南行政学院学报》2011年第5期。

喻包庆：《论当代中国的政治认同危机及其解决路径》，《广西师范大学学报》（哲学社会科学版）2012年第3期。

元修成、张澍军：《解析大学生政治认同的形成机理》，《东北师范大学学报》（哲学社会科学版）2014年第6期。

臧雷振、劳昕、孟天广：《互联网使用与政治行为——研究观点、分析路径及中国实证》，《政治学研究》2013年第2期。

臧雷振、孟天广：《中国农村基层民主选举中经济投票行为研究》，《社会科学》2012年第2期。

曾狄：《"政治人"假设的丰富内涵和价值》，《西南民族大学学报》（人文社会科学版）2005年第1期。

曾国平、王正攀、曹跃群：《中国地区公共服务水平差异及变动趋势的实证检验——基于政府投入角度》，《经济体制改革》2011年第4期。

曾哲、周泽中：《善治的理性：公民参与行政的后果考量》，《求实》2017年第6期。

詹小美、王仕民：《文化认同视域下的政治认同》，《中国社会科学》2013年第9期。

张蓓：《媒介使用与城市居民的政治参与——基于中国综合社会调查的研究》，《学海》2014年第5期。

张凤华：《妇女政治参与的行为分析——以湖北省为例》，《华中师范大学学报》（人文社会科学版）2005年第2期。

张光辉：《参与式民主：实现可持续政治稳定的现实之道》，《中州学刊》2013年第9期。

张互桂：《当代中国妇女的政治参与研究》，《青海社会科学》2011年第4期。

张剑、李后建、邹雨潇：《政治效能感、政治参与和家庭高风险投资决策——基于 CGSS 2010 的实证研究》，《当代经济科学》2017 年第 1 期。

张明新：《互联网时代中国公众的政治参与：检验政治知识的影响》，《中国地质大学学报》（社会科学版）2011 年第 6 期。

张胜利、孙良：《农民工政治参与的现状及对社会稳定的挑战》，《中国青年研究》2008 年第 7 期。

张书维、李纾：《行为公共管理学探新：内容、方法与趋势》，《公共行政评论》2018 年第 1 期。

张书维：《社会公平感、机构信任度与公共合作意向》，《心理学报》2017 年第 6 期。

张廷君：《城市公共服务政务平台公众参与行为及效果——基于福州市便民呼叫中心案例的研究》，《公共管理学报》2015 年第 2 期。

张同龙、张林秀：《村委会选举中的村民投票行为、投票过程及其决定因素——基于全国 5 省 100 村 2000 户调查数据的实证研究》，《管理世界》2013 年第 4 期。

张文雅：《影响农民政府信任的心理机制研究》，《云南行政学院学报》2017 年第 3 期。

张宇：《公共理性：公民政策参与的条件》，《社会科学研究》2011 年第 2 期。

张云武、杨宇麟：《城市居民的政治参与及其影响因素的实证研究》，《内蒙古大学学报》（哲学社会科学版）2009 年第 4 期。

郑慧：《"政治稳定"概念辨析》，《社会主义研究》2002 年第 4 期。

郑建君：《聚焦社会公平：新型城镇化发展现状及其影响效应研究——基于东、西部地区农民群体的调查比较》，《哈尔滨工业大学学报》（社会科学版）2016 年第 4 期。

郑建君：《推动公民参与基层治理：公共服务提升与社会秩序维护——基于苏州市相城区的调研分析》，《甘肃社会科学》2017 年第 2 期。

郑建君：《政治沟通在政治认同与国家稳定关系中的作用——基于 6159 名中国被试的中介效应分析》，《政治学研究》2015 年第 1 期。

郑建君：《政治心理学研究的基本内容、方法与发展趋向》，《政治学研究》2011 年第 4 期。

郑磊、朱志勇：《教育是否促进了中国公民的政治选举投票参与——来自

CGSS2006 调查数据的证据》,《北京大学教育评论》2013 年第 2 期。
郑琦:《公共政策参与的模式及原则分析》,《贵阳市委党校学报》2012 年第 5 期。
中国社会科学院农村发展研究所课题组:《农村政治参与的行为逻辑》,《中国农村观察》2011 年第 3 期。
周浩、龙立荣:《共同方法偏差的统计检验与控制方法》,《心理科学进展》2004 年第 6 期。
周庆智:《基层治理创新模式的质疑与辨析——基于东西部基层治理实践的比较分析》,《华中师范大学学报》(人文社会科学版)2015 年第 2 期。
周义程:《公共服务供给中公民参与有效性的提升路径——基于目标—因素匹配模型构建维度的考量》,《公共管理与政策评论》2016 年第 1 期。
朱畅、丁仁船:《公共服务满意度调查研究——基于 CGSS 调查数据》,《淮海工学院学报》(人文社会科学版)2017 年第 10 期。
朱凤荣:《创新大学生有序政治参与的思想理论教育》,《教育理论与实践》2012 年第 36 期。
朱凤荣:《当代大学生有序政治参与的影响因素分析》,《中国青年研究》2013 年第 7 期。
朱勤文、杜海坤:《试论大学生政治认同的形成机制及教育对策》,《中国高教研究》2014 年第 8 期。
祝基滢:《政治沟通》,《新闻学研究》(中国台湾)1987 年第 38 期。
邹静琴、王静、苏粤:《大学生网络政治参与现状调查与规范机制构建——以广东省八所高校为例的实证研究》,《政治学研究》2010 年第 4 期。
金蕾:《制度环境、社会资本对社区社会组织有效性的影响及其作用机制》,浙江大学,博士学位论文,2017。

Adams, J., Dow, J. and Iii, S. M., "The Political Consequences of Alienation-Based and Indifference-Based Voter Abstention: Applications to Presidential Elections", *Political Behavior*, Vol. 28, No. 1, 2006.

Adman, P., "Investigating Political Equality: The Example of Gender and Political Participation in Sweden", *Acta Politica*, Vol. 46, No. 4, 2011.

Ajzen, I., "Perceived Behavioral Control, Self-Efficacy, Locus of Control, and the Theory of Planned Behavior", *Journal of Applied Social Psychology*, Vol. 32, No. 4, 2002.

Ajzen, I., "The Theory of Planned Behavior", In P. A. M. van Lange, A. W. Kruglanski and E. T. Higgins (eds.), *Handbook of Theories of Social Psychology*, New York: Lawrence Erlbaum Associates, 2012.

Ajzen, I., "The Theory of Planned Behavior", *Organizational Behavior and Human Decision Processes*, Vol. 50, No. 2, 1991.

Akomolafe, C. O. and Ibijola, E. Y., "Rationale for Students' Participation in University Governance and Organizational Effectiveness in Ekiti and Ondo States, Nigeria", *International Journal of Educational Administration & Policy Studies*, Vol. 4, No. 1, 2012.

Alberici, A. I. and Milesi, P., "The Influence of the Internet on the Psychosocial Predictors of Collective Action", *Journal of Community & Applied Social Psychology*, Vol. 23, No. 5, 2013.

Anduiza, E., "Political Participation and the Internet: A Field Essay", *Information Communication & Society*, Vol. 12, No. 6, 2009.

Armitage, C. J. and Conner, M., "Efficacy of the Theory of Planned Behaviour: A Meta-Analytic Review", *British Journal of Social Psychology*, Vol. 40, No. 4, 2001.

Bagozzi, R. P., "Evaluating Structural Equation Models with Unobservable Variables and Measurement Error: A Comment.", *Journal of Marketing Research*, Vol. 18, No. 3, 1981.

Bang, H., "Among Everyday Makers and Expert Citizens", In J. Newman (eds.), *Remaking Governance: Peoples, Politics and the Public Sphere*, Bristol: Policy Press, 2005.

Bekkers, R., "Participation in Voluntary Associations: Relations with Resources, Personality, and Political Values", *Political Psychology*, Vol. 26, No. 3, 2005.

Besley, J. C., Mccomas, K. A. and Waks, L., "Media use and the Perceived Justice of Local Science Authorities", *Journalism & Mass Communication Quarterly*, Vol. 83, No. 4, 2006.

Besley, J. C. and Mccomas, K. A., "Framing Justice: Using the Concept of Procedural Justice to Advance Political Communication Research", *Communication Theory*, Vol. 15, No. 4, 2005.

Bosnjak, M., Galesic, M. and Klicek, B., "Determinants of Online Political

Participation in Croatia - an Extended Planned Behavior Model", *Journal for General Social Issues*, Vol. No. 4 - 5, 2007.

Boulianne, S., "Does Internet Use Affect Engagement? A Meta-Analysis of Research", *Political Communication*, Vol. 26, No. 2, 2009.

Brady, H. E., Verba, S. and Schlozman, K. L., "Beyond SES: A Resource Model of Political Participation", *American Political Science Review*, Vol. 89, No. 2, 1995.

Brockner, J. and Wiesenfeld, B. M., "An Integrative Framework for Explaining Reactions to Decisions: Interactive Effects of Outcomes and Procedures", *Psychological Bulletin*, Vol. 120, No. 2, 1996.

Burns, N., "Gender in the Aggregate, Gender in the Individual, Gender and Political Action", *Politics & Gender*, Vol. 3, No. 1, 2007.

Campbell, R., "Leaders, Footsoldiers and Befrienders: The Gendered Nature of Social Capital and Political Participation in Britain", *British Politics*, Vol. 8, No. 1, 2013.

Caprara, G. V., Vecchione, M., Capanna, C. and Mebane, M., "Perceived Political Self-Efficacy: Theory, Assessment, and Applications", *European Journal of Social Psychology*, Vol. 39, No. 6, 2009.

Catt, H., "Now or Never. Electoral Participation Literature Review", the 6th Child and family Policy Conference, University of Otago, 2005.

Chang, S. P., "Pathways to Expressive and Collective Participation: Usage Patterns, Political Efficacy, and Political Participation in Social Networking Sites", *Journal of Broadcasting & Electronic Media*, Vol. 59, No. 4, 2015.

Chang, S. P. and Karan, K., "Unraveling the Relationships Between Smartphone Use, Exposure to Heterogeneity, Political Efficacy, and Political Participation: A Mediation Model Approach", *Asian Journal of Communication*, Vol. 24, No. 4, 2014.

Chanley, V. A., Rudolph, T. J. and Rahn, W. M., "The Origins and Consequences of Public Trust in Government: A Time Series Analysis", *The Public Opinion Quarterly*, Vol. 64, No. 3, 2000.

Chen, J. and Zhong, Y., "Why Do People Vote in Semicompetitive Election in China?", *Journal of Politics*, Vol. 64, No. 1, 2002.

Cho, J. and Mcleod, D. M., "Structural Antecedents to Knowledge and Participation: Extending the Knowledge Gap Concept to Participation", *Journal of Communication*, Vol. 57, No. 2, 2007.

Choma, B. L. and Hafer, C. L., "Understanding the Relation Between Explicitly and Implicitly Measured Political Orientation: The Moderating Role of Political Sophistication", *Personality & Individual Differences*, Vol. 47, No. 8, 2009.

Chryssochoidis, G., Strada, A. and Krystallis, A., "Public Trust in Institutions and Information Sources Regarding Risk Management and Communication: Towards Integrating Extant Knowledge", *Journal of Risk Research*, Vol. 12, No. 2, 2009.

Cicatiello, L., Simone, E. D. and Gaeta, G. L., "Cross-Country Heterogeneity in Government Transparency and Citizens Political Efficacy: A Multilevel Empirical Analysis", *Administration & Society*, Vol. No. 2, 2016.

Coffe, H. and Bolzendahl, C., "Gender Gaps in Political Participation Across Sub-Saharan African Nations", *Social Indicators Research*, Vol. 102, No. 2, 2011.

Coffe, H. and Bolzendahl, C., "Same Game, Different Rules? Gender Differences in Political Participation", *Sex Roles*, Vol. 62, No. 5-6, 2010.

Cohen, A., Vigoda, E. and Samorly, A., "Analysis of the Mediating Effect of Personal-Psychological Variables on the Relationship Between Socioeconomic Status and Political Participation: A Structural Equations Framework", *Political Psychology*, Vol. 22, No. 4, 2001.

Collin, P., "The Internet, Youth Participation Policies, and the Development of Young People's Political Identities in Australia", *Journal of Youth Studies*, Vol. 11, No. 5, 2008.

Colquitt, J. A., Conlon, D. E., Wesson, M. J., Porter, C. O. L. H. and Yee Ng, K., "Justice at the Millennium: A Meta-Analytic Review of 25 Years of Organizational Justice Research", *Journal of Applied Psychology*, Vol. 86, No. 3, 2001.

Corrigall-Brown, C. and Wilkes, R., "Media Exposure and the Engaged Citizen: How the Media Shape Political Participation", *Social Science Journal*, Vol. 51, No. 3, 2014.

Craig, S. C., Niemi, R. G. and Silver, G. E., "Political Efficacy and Trust: A Report On the NES Pilot Study Items", *Political Behavior*, Vol. 12, No. 3, 1990.

Cropanzano, R., Prehar, C. A. and Chen, P. Y., "Using Social Exchange Theory to Distinguish Procedural from Interactional Justice.", *Group & Organization Management*, Vol. 27, No. 3, 2002.

Curnalia, R. M. L. and Mermer, D., "Integrating Uses and Gratifications with the Theory of Planned Behavior to Explain Political Disaffection and Engagement", *American Communication Journal*, Vol. 15, No. 3, 2013.

Dalton, R. J., "Citizenship Norms and the Expansion of Political Participation", *Political Studies*, Vol. 56, No. 1, 2008.

Dawes, C. T., Loewen, P. J. and Fowler, J. H., "Social Preferences and Political Participation", *The Journal of Politics*, Vol. 73, No. 3, 2011.

Dawson, J. F. and Richter, A. W., "Probing Three-Way Interactions in Moderated Multiple Regression: Development and Application of a Slope Difference Test", *Journal of Applied Psychology*, Vol. 91, No. 4, 2006.

De Cremer, D., Brebels, L. and Sedikides, C., "Being Uncertain About What? Procedural Fairness Effects as a Function of General Uncertainty and Belongingness Uncertainty", *Journal of Experimental Social Psychology*, Vol. 44, No. 6, 2008.

Dickson, B. J., "Who Wants to be a Communist? Career Incentives and Mobilized Loyalty in China", *The China Quarterly*, Vol. 217, 2014.

Dilliplane, S., "All the News You Want to Hear: The Impact of Partisan News Exposure on Political Participation", *Public Opinion Quarterly*, Vol. 75, No. 2, 2011.

Edwards, K., "From Deficit to Disenfranchisement: Reframing Youth Electoral Participation", *Journal of Youth Studies*, Vol. 10, No. 5, 2007.

Espinal, R. and Zhao, S. Y., "Gender Gaps in Civic and Political Participation in Latin America", *Latin American Politics and Society*, Vol. 57, No. 1, 2015.

Finkel, S. E., "Reciprocal Effects of Participation and Political Efficacy: A Panel Analysis", *American Journal of Political Science*, Vol. 29,

No. 4, 1985.

Fowler, J. H., Baker, L. A. and Dawes, C. T., "Genetic Variation in Political Participation", *The American Political Science Review*, Vol. 102, No. 2, 2008.

Frank, R., "How Internal Political Efficacy Translates Political Knowledge into Political Participation: Evidence from Germany", *Europes Journal of Psychology*, Vol. 12, No. 2, 2016.

Galston, W. A., "Political Knowledge, Political Engagement, and Civic Education", *Annual Review of Political Science*, Vol. 9, No. 4, 2001.

Gandhi, J. and Lust-Okar, E., "Elections Under Authoritarianism", *Annual Review of Political Science*, Vol. 12, No. , 2009.

Guan, M. and Green, D. P., "Noncoercive Mobilization in State-Controlled Elections - an Experimental Study in Beijing", *Comparative Political Studies*, Vol. 39, No. 10, 2006.

Guillamón, M., Bastida, F. and Benito, B., "The Determinants of Local Government's Financial Transparency", *Local Government Studies*, Vol. 37, No. 4, 2011.

Halachmi, A. and Greiling, D., "Transparency, E-Government, and Accountability: Some Issues and Considerations", *Public Performance & Management Review*, Vol. 36, No. 4, 2013.

Han, L. Y., Kipps, E. and Kaye, S. B., "Predictors of Intentions to Participate in Politics and Actual Political Behaviors in Young Adulthood", *International Journal of Behavioral Development*, Vol. 37, No. 5, 2013.

Harel, O., "Resources, Political Efficacy and Political Performance: Political Participation on Facebook", Leiden University, Master thesis, 2013.

Harris, J. and Hagger, M. S., "Do Basic Psychological Needs Moderate Relationships within the Theory of Planned Behavior?", *Journal of Applied Biobehavioral Research*, Vol. 12, No. 1, 2007.

Hart, W., Albarracin, D., Eagly, A. H., Brechan, I., Lindberg, M. J. and Merrill, L., "Feeling Validated Versus Being Correct: A Meta-Analysis of Selective Exposure to Information", *Psychological Bulletin*, Vol. 135, No. 4, 2009.

Herman, R. D. and Renz, D. O., "Nonprofit Organization Effectiveness: Contrasts Between Especially Effective and Less Effective Organizations", *Nonprofit Management & Leadership*, Vol. 9, No. 1, 1998.

Hetherington, M. J., *Why trust matters: Declining political trust and the demise of American liberalism*, Princeton University Press, 2005.

Hetherington, M. J., "The Political Relevance of Political Trust", *American Political Science Review*, Vol. 92, No. 4, 1998.

Hetherington, M. J. and Globetti, S., "Political Trust and Racial Policy Preferences", *American Journal of Political Science*, Vol. 46, No. 2, 2002.

Hillygus, D. S., "The Missing Link: Exploring the Relationship Between Higher Education and Political Engagement", *Political Behavior*, Vol. 27, No. 1, 2005.

Hoffman, L. H., Jones, P. E. and Young, D. G., "Does My Comment Count? Perceptions of Political Participation in an Online Environment", *Computers in Human Behavior*, Vol. 29, No. 6, 2013.

Hollander, B. A., "The Role of Media Use in the Recall Versus Recognition of Political Knowledge", *Journal of Broadcasting & Electronic Media*, Vol. 58, No. 1, 2014.

Hong, Z. H., " 'Three Disconnects' and China's Rural Election: A Case Study of Hailian Village", *Communist and Post-Communist Studies*, Vol. 39, No. 1, 2006.

Hooghe, M. and Marien, S., "A Comparative Analysis of the Relation Between Political Trust and Forms of Political Participation in Europe", *European Societies*, Vol. 15, No. 1, 2013.

Howe, P., "Political Knowledge and Electoral Participation in the Netherlands: Comparisons with the Canadian Case", *International Political Science Review*, Vol. 27, No. 2, 2006.

Jackson, R. A., "Clarifying the Relationship Between Education and Turnout", *American Politics Research*, Vol. 23, No. 3, 1995.

Jennings, M. K., "Political Participation in the Chinese Countryside", *American Political Science Association*, Vol. 91, No. 2, 1997.

Johann, D., "Specific Political Knowledge and Citizens' Participation: Evidencefrom Germany", *Acta Politica*, Vol. 47, No. 1, 2012.

Johansen, M. and Leroux, K., "Managerial Networking in Nonprofit Organizations: The Impact of Networking on Organizational and Advocacy Effectiveness", *Public Administration Review*, Vol. 73, No. 2, 2012.

Johnston, R. J. and Pattie, C. J., " 'It's the Economy, Stupid' - but Which Economy? Geographical Scales, Retrospective Economic Evaluations and Voting at the 1997 British General Election", *Regional Studies*, Vol. 35, No. 4, 2001.

Jost, J. T. and Kay, A. C., "Social Justice: History, Theory, and Research", In S. T. Fiske, D. Gilbert and G. Lindzey (eds.), *Handbook of social psychology*, Hoboken, NJ, US: John Wiley & Sons, Inc., 2010.

Jung, N., Kim, Y. and de Zúñiga, H. G., "The Mediating Role of Knowledge and Efficacy in the Effects of Communication on Political Participation", *Mass Communication & Society*, Vol. 14, No. 4, 2011.

Kahneman, D., "Maps of Bounded Rationality: Psychology for Behavioral Economics", *The American Economic Review*, Vol. 93, No. 5, 2003.

Karp, J. A. and Banducci, S. A., "Political Efficacy and Participation in Twenty-Seven Democracies: How Electoral Systems Shape Political Behaviour", *British Journal of Political Science*, Vol. 38, No. 3, 2008.

Kenski, K. and Stroud, N. J., "Connections Between Internet Use and Political Efficacy, Knowledge, and Participation", *Journal of Broadcasting & Electronic Media*, Vol. 50, No. 2, 2006.

Kim, H. S., "Generalised Trust, Institutional Trust and Political Participation", *Asian Journal of Social Science*, Vol. 42, No. 6, 2014.

Klofstad, C. A., "Exposure to Political Discussion in College is Associated with Higher Rates of Political Participation Over Time", *Political Communication*, Vol. 32, No. 2, 2015.

Knobloch-Westerwick, S., Mothes, C., Johnson, B. K., Westerwick, A. and Donsbach, W., "Political Online Information Searching in Germany and the United States: Confirmation Bias, Source Credibility, and Attitude Impacts", *Journal of Communication*, Vol. 65, No. 3, 2015.

Kook, R., "The Fact of Pluralism and Israeli National Identity", *Philosophy & Social Criticism*, Vol. 24, No. 6, 1998.

Krings, A. , Austic, E. A. , Gutiérrez, L. M. and Dirksen, K. E. , "The Comparative Impacts of Social Justice Educational Methods on Political Participation, Civic Engagement, and Multicultural Activism", *Equity & Excellence in Education*, Vol. 48, No. 3, 2015.

Lance Frazier, M. , Johnson, P. D. , Gavin, M. , Gooty, J. and Bradley Snow, D. , "Organizational Justice, Trustworthiness, and Trust: A Multifoci Examination", *Group & Organization Management*, Vol. 35, No. 1, 2009.

Lane, R. E. , *Political Man*, New York: The Free Press, 1974.

Lee, E. , "Gender and Political Participation in Hong Kong", *Asian Journal of Women's Studies*, Vol. 6, No. 3, 2000.

Lee, H. , Kwak, N. , Campbell, S. W. and Ling, R. , "Mobile Communication and Political Participation in South Korea: Examining the Intersections Between Informational and Relational Uses", *Computers in Human Behavior*, Vol. 38, No. 38, 2014.

Leroux, K. M. and Goerdel, H. T. , "Political Advocacy by Nonprofit Organizations: A Strategic Management Explanation", *Public Performance and Management Review*, Vol. 32, No. 4, 2009.

Li, J. and Wang, H. B. , "Home Ownership and Political Participation in Urban China", *Chinese Sociological Review*, Vol. 44, No. 4, 2012.

Li, L. , "Distrust in Government Leaders, Demand for Leadership Change, and Preference for Popular Elections in Rural China", *Political Behavior*, Vol. 33, No. 2, 2011.

Li, L. J. , "The Empowering Effect of Village Elections in China", *Asian Survey*, Vol. 43, No. 4, 2003.

Lu, J. and Shi, T. J. , "Political Experience a Missing Variable in the Study of Political Transformation", *Comparative Politics*, Vol. 42, No. 1, 2009.

Ma, D. and Yang, F. , "Authoritarian Orientations and Political Trust in East Asian Societies", *East Asia*, Vol. 31, No. 4, 2014.

Mccluskey, M. R. , Deshpande, S. , Shah, D. V. and Mcleod, D. M. , "The Efficacy Gap and Political Participation: When Political Influence Fails to Meet Expectations", *International Journal of Public Opinion Research*, Vol. 16, No. 4, 2004.

Mcgregor, S. , "Government Transparency: The Citizen Perspective and Experience with Food and Health Products Policy", *International Journal of Consumer Studies*, Vol. 27, No. 2, 2003.

Mikula, G. , Scherer, K. R. and Athenstaedt, U. , "The Role of Injustice in the Elicitation of Differential Emotional Reactions", *Personality and Social Psychology Bulletin*, Vol. 24, No. 7, 1998.

Moeller, J. , Vreese, C. D. , Esser, F. and Kunz, R. , "Pathway to Political Participation: the Influence of Online and Offline News Media on Internal Efficacy and Turnout of First-Time Voters", *American Behavioral Scientist*, Vol. 58, No. 5, 2014.

Moeller, J. and de Vreese, C. , "Spiral of Political Learning: The Reciprocal Relationship of News Media Use and Political Knowledge Among Adolescents", *Communication Research*, 2015. doi: 10. 1177/ 0093650215605148.

Mushtaq, S. and Baig, F. , "The Relationship of TV News Channels Consumption with Political Participation, Political Knowledge and Civic Engagement", *Asian Social Science*, Vol. 11, No. 12, 2015.

Neufeind, M. , Jiranek, P. and Wehner, T. , "Beyond Skills and Structure: Justice Dispositions as Antecedents of Young Citizens' Volunteering and Political Participation", *Journal of Community & Applied Social Psychology*, Vol. 24, No. 4, 2014.

Niemi, R. G. , Craig, S. C. and Mattei, F. , "Measuring Internal Political Efficacy in the 1988 National Election Study", *American Political Science Review*, Vol. 85, No. 4, 1991.

Nir, L. and Mcclurg, S. D. , " How Institutions Affect Gender Gaps in Public Opinion Expression", *Public Opinion Quarterly*, Vol. 79, No. 2, 2015.

Nor, W. A. A. W. , Gapor, S. A. , Bakar, M. Z. A. and Harun, Z. , "Sustainable Democratic Governance: Some Issues in Women's Political Participation", *Journal of US-China Public Administration*, Vol. 8, No. 4, 2011.

Norris, P. , "Does Television Erode Social Capital? A Reply to Putnam", *Political Science & Politics*, Vol. 29, No. 3, 1996.

Norris, P. , *Critical Citizens: Global Support for Democratic Government: Global Support for Democratic Government*, Oxford University Press, 1999.

Ondercin, H. L. and Jones-White, D. , "Gender Jeopardy: What is the Impact of Gender Differences in Political Knowledge on Political Participation?", Social Science Quarterly, Vol. 92, No. 3, 2011.

O' Brien, K. J. , "Villagers, Elections, and Citizenship in Contemporary China", Modern China, Vol. 27, No. 4, 2001.

Pang, X. P. , Zeng, J. X. and Rozelle, S. , "Does Women's Knowledge of Voting Rights Affect their Voting Behaviour in Village Elections? Evidence from a Randomized Controlled Trial in China", The China Quarterly, No. 213, 2013.

Pavlova, M. K. and Silbereisen, R. K. , "Supportive Social Contexts and Intentions for Civic and Political Participation: An Application of the Theory of Planned Behaviour", *Journal of Community & Applied Social Psychology*, Vol. 25, No. 5, 2015.

Persson, M. , "Education and Political Participation", *British Journal of Political Science*, Vol. 45, No. 3, 2015.

Podsakoff, P. M. , Mackenzie, S. B. , Lee, J. Y. and Podsakoff, N. P. , "Common Method Biases in Behavioral Research: A Critical Review of the Literature and Recommended Remedies", *Journal of Applied Psychology*, Vol. 88, No. 5, 2003.

Porumbescu, G. , "Does Transparency Improve Citizens' Perceptions of Government Performance? Evidence from Seoul, South Korea", *Administration & Society*, Vol. 49, No. 3, 2015.

Quintelier, E. , Hooghe, M. , "The Impact of Socio-economic Status on Political Participation", In K. N. Demetriou (Ed.), *Democracy in Transition*, Springer Berlin Heidelberg, 2013.

Quintelier, E. and Hooghe, M. , "Political Attitudes and Political Participation: A Panel Study On Socialization and Self-Selection Effects Among Late Adolescents", *International Political Science Review*, Vol. 33, No. 1, 2012.

Rahn, W. M. and Rudolph, T. J. , "A Tale of Political Trust in American Cities", *The Public Opinion Quarterly*, Vol. 69, No. 4, 2005.

Raney, T. and Berdahl, L. , "Birds of a Feather? Citizenship Norms, Group Identity, and Political Participation in Western Canada", *Canadian Journal of*

Political Science, Vol. 42, No. 1, 2009.

Rasinski, K. A., "Economic Justice, Political Behavior, and American Political Values", *Social Justice Research*, Vol. 2, No. 1, 1988.

Rothmund, T., Becker, J. C. and Jost, J. T., "The Psychology of Social Justice in Political Thought and Action", In C. Sabbagh and M. Schmitt (eds.), *Handbook of Social Justice Theory and Research*, New York: Springer New York, 2016.

Rudolph, T. J. and Evans, J., "Political Trust, Ideology, and Public Support for Government Spending", *American Journal of Political Science*, Vol. 49, No. 3, 2005.

Scheufele, D. A., Nisbet, M. C. and Brossard, D., "Pathways to Political Participation? Religion, Communication Contexts, and Mass Media", *International Journal of Public Opinion Research*, Vol. 15, No. 3, 2003.

Schlozman, K. L., & Brady, H. E., *Voice and equality: Civic voluntarism in American politics*, Harvard University Press, 1995.

Schlozman, K. L., Burns, N. and Verba, S., "'What Happened at Work Today?': A Multistage Model of Gender, Employment, and Political Participation", The Journal of Politics, Vol. 61, No. 1, 1999.

Schlozman, K. L., Verba, S. and Brady, H. E., "Participation's Not a Paradox: The View from American Activists", *British Journal of Political Science*, Vol. 25, No. 1, 1995.

Schoen, H. and Schumann, S., "Personality Traits, Partisan Attitudes, and Voting Behavior. Evidence from Germany", *Political Psychology*, Vol. 28, No. 4, 2007.

Schoon, I. and Cheng, H., "Determinants of Political Trust: A Lifetime Learning Model", *Developmental Psychology*, Vol. 47, No. 3, 2011.

Shah, D. V., Cho, J., Eveland, W. P. and Kwak, N., "Information and Expression in a Digital Age Modeling Internet Effects on Civic Participation", *Communication Research*, Vol. 32, No. 5, 2005.

Shi, T. J., "Voting and Nonvoting in China: Voting Behavior in Plebiscitary and Limited-Choice Elections", *The Journal of Politics*, Vol. 61, No. 4, 1999.

Shi, T. J. and Lou, D. Q., "Subjective Evaluation of Changes in Civil Liberties and Political Rights in China", *Journal of Contemporary China*, Vol. 19, No. 63, 2010.

Smith, E. S., "The Effects of Investments in the Social Capital of Youth on Political and Civic Behavior in Young Adulthood: A Longitudinal Analysis", *Political Psychology*, Vol. 20, No. 3, 1999.

Smith, S. M., Fabrigar, L. R. and Norris, M. E., "Reflecting on Six Decades of Selective Exposure Research: Progress, Challenges, and Opportunities", *Social and Personality Psychology Compass*, Vol. 2, No. 1, 2008.

Sotirovic, M. and Mcleod, J. M., "Values, Communication Behavior, and Political Participation", *Political Communication*, Vol. 18, No. 3, 2001.

Su, F. B., Ran, T., Sun, X. and Liu, M. X., "Clans, Electoral Procedures and Voter Turnout: Evidence from Villagers' Committee Elections in Transitional China", *Political Studies*, Vol. 59, No. 2, 2011.

Suh, H., Yee, J. and Chang, D., "Type of Trust and Political Participation in Five Countries", *Development & Society*, Vol. 42, No. 1, 2013.

Swapan, M. S. H., "Who Participates and Who Doesn't? Adapting Community Participation Model for Developing Countries", *Cities*, Vol. 53, No. 9, 2016.

Tao, R., Su, F. B., Sun, X. and Lu, X., "Political Trust as Rational Belief: Evidence from Chinese Village Elections", *Journal of Comparative Economics*, Vol. 39, No. 1, 2005.

Taylor, A. B., Mackinnon, D. P. and Tein, J. Y., "Tests of the Three-Path Mediated Effect", Organizational Research Methods, Vol. 11, No. 2, 2008.

Theocharis, Y. and Lowe, W., "Does Facebook Increase Political Participation? Evidence from a Field Experiment", *Information Communication & Society*, Vol. 19, No. 10, 2016.

Tolbert, C. J. and Mcneal, R. S., "Unraveling the Effects of the Internet on Political Participation?", *Political Research Quarterly*, Vol. 56, No. 2, 2003.

Tong, J., "The Gender Gap in Political Culture and Participation in China", *Communist and Post-Communist Studies*, Vol. 36, No. 2, 2003.

Trafimow, D., Sheeran, P., Conner, M. and Finlay, K. A., "Evidence that Perceived Behavioural Control is a Multidimensional Construct: Perceived Control and Perceived Difficulty", *British Journal of Social Psychology*, Vol. 41,

No. 1, 2002.

Tyler, T. R., Rasinski, K. A. and Mcgraw, K. M., "The Influence of Perceived Injustice on the Endorsement of Political Leaders", *Journal of Applied Social Psychology*, Vol. 15, No. 8, 1985.

Tyler, T. R., "Social Justice: Outcome and Procedure", *International Journal of Psychology*, Vol. 35, No. 2, 2000.

Valentino, N. A., Gregorowicz, K. and Groenendyk, E. W., "Efficacy, Emotions and the Habit of Participation", *Political Behavior*, Vol. 31, No. 3, 2009.

Vecchione, M. and Caprara, G. V., "Personality Determinants of Political Participation: The Contribution of Traits and Self-Efficacy Beliefs", *Personality & Individual Differences*, Vol. 46, No. 4, 2009.

Verba, S., Schlozman, K. L. and Brady, H. E., *Voice and Equality: Civic Voluntarism in American Politics*, Cambridge: Harvard University Press, 1995.

Vreese, C. H. D. and Boomgaarden, H., "News, Political Knowledge and Participation: The Differential Effects of News Media Exposure on Political Knowledge and Participation", Acta Politica, Vol. 41, No. 4, 2006.

Vroom, H. V. and Yetton, P. W., *Leadership and Decision-Making*, University of Pittsburgh Press, 1973.

Vroom, V. H., *Work and Motivation*, CA: Jossey-Bass, 1964.

Wang, S., "Political Use of the Internet, Political Attitudes and Political Participation", *Asian Journal of Communication*, Vol. 17, No. 4, 2007.

Weber, C., Johnson, M. and Arceneaux, K., "Genetics, Personality, and Group Identity", *Social Science Quarterly*, Vol. 92, No. 5, 2011.

Welch, E. W., Hinnant, C. C. and Moon, M. J., "Linking Citizen Satisfaction with E-Government and Trust in Government", *Journal of Public Administration Research and Theory*, Vol. 15, No. 3, 2005.

Welch, E. W., "The Relationship between Transparent and Participative Government: A Study of Local Governments in the United States", *International Review of Administrative Sciences: An International Journal of Comparative Public Administration*, Vol. 78, No. 1, 2012.

Wen, N., Hao, X. and George, C., "Gender and Political Participation: News Consumption, Political Efficacy and Interpersonal Communication", *Asian Journal of Womens Studies*, Vol. 19, No. 4, 2013.

Westerwick, A., Johnson, B. K. and Knobloch-Westerwick, S., "Confirmation Biases in Selective Exposure to Political Online Information: Source Bias vs. Content Bias", *Communication Monographs*, Vol. 84, No. 3, 2017.

William, P. E. and Scheufele, D. A., "Connecting News Media Use with Gaps in Knowledge and Participation", *Political Communication*, Vol. 17, No. 3, 2000.

Xu, Q., Perkins, D. D. and Chun-Chung, C. J., "Sense of Community, Neighboring, and Social Capital as Predictors of Local Political Participation in China", *American Journal of Community Psychology*, Vol. 45, No. 3 – 4, 2010.

Yang, D. and Zhang, Y., "Why Does Villager Participate in Grass-Root Election in Rural China? Perspective from Village Public Goods Demand", *Proceedings of 2009 International Conference on Management Science and Engineering*, 2009.

Zaller, J., "Political Awareness, Elite Opinion Leadership, and the Mass Survey Response", *Social Cognition*, Vol. 8, No. 1, 2011.

Zhang, X. Z. and Lin, W. Y., "Political Participation in an Unlikely Place: How Individuals Engage in Politics through Social Networking Sites in China", *International Journal of Communication*, Vol. 8, No. 1, 2014.

Zhong, Y. and Chen, J., "To Vote or Not to Vote - an Analysis of Peasants' Participation in Chinese Village Elections", *Comparative Political Studies*, Vol. 35, No. 6, 2002.

Zimmerman, M. A., "The Relationship Between Political Efficacy and Citizen Participation: Construct Validation Studies", *Journal of Personality Assessment*, Vol. 53, No. 3, 1989.

Zúñiga, H. G. D., Jung, N. and Valenzuela, S., "Social Media Use for News and Individuals' Social Capital, Civic Engagement and Political Participation", *Journal of Computer-Mediated Communication*, Vol. 17, No. 3, 2012.